〈新版〉
社会・地歴・公民科教育法

臼井　嘉一 編著
柴田　義松

学文社

執筆者紹介

	氏名	所属	担当
	斉藤　利彦	学習院大学	第1章第1節
	武藤　拓也	国士舘大学	第1章第2節
＊	臼井　嘉一	国士舘大学	第2章，第3章序節
	初澤　敏生	福島大学	第3章第1節，第4節
	石井　建夫	元日本福祉大学	第3章第2節，第3節
	加藤　公明	東京学芸大学	第3章第5節
	石出　法太	相模原高等学校	第3章第6節
	木内　　剛	成蹊大学	第3章第7節，第8節
	小野原雅夫	福島大学	第3章第9節
＊	柴田　義松	東京大学	第4章第1節
	西内　裕一	福島大学	第4章第2節，第3節

（＊印は編著者）（執筆順）

まえがき

　2008・2009（平成 20・21）年は日本に社会科という教科が設置されてから 60 年を経過し，戦後 8 度目の学習指導要領改訂がなされた年である。この社会科学習指導要領は，戦後成立期の 1947 年版・1951 年版および過渡期の 1955 年版，そして 1958 年版以降のいわゆる法的拘束力が明示された時期の三つに区分されるが，三つ目の時期のものも，1958 年版・1968 年版と 1977 年版・1989 年版・1998 年版に区分されて，後者は「ゆとり教育」と「新しい学力観」が提起された時期でもある。問題は後者の「ゆとり教育」と「新しい学力観」の時期が，今回の 2008 年・2009 年の改訂とどうかかわるのかということで意見が分かれる。つまり 2008 年・2009 年の改訂は，「ゆとり教育」と「新しい学力観」の時期とつながるのか，断絶するのかという問題である。断絶するというとらえ方は，今回の改訂をまさに学力重視の時期としての新しい段階のものとしてとらえるものである。

　ただし，文部科学省は「ゆとり教育」と「新しい学力観」の基本方針を堅持しつつ，いわゆる国際学力テスト「PISA」にも対応していくものとしてとらえている。まさに「ゆとり教育」と「新しい学力観」の基本方針において位置づけられていた「生きる力」の育成，「関心・意欲・態度」の重視と「思考力・判断力」の育成，「総合的な学習の時間」と各教科教育との有機的関連づけの重視が重要な課題として提起されているのである。

　ところで社会科という教科は，1948 年版学習指導要領補説にあるように，「主要目標を一言でいえば，できるだけりっぱな公民的資質を発展させること」と位置づけられるような，まさに日本における民主主義を築き・発展させるための中核的な教科として設置されたものである。その点については，1951 年版において「社会科は，児童に社会生活を正しく理解させ，同時に社会の進展

に貢献する態度と能力を身につけさせることを目的とする。すなわち，児童に社会生活を正しく深く理解させ，その中における自己の立場を自覚させることによって，かれらがじぶんたちの社会に正しく適応し，その社会を進歩向上させていくことができるようになることをめざしているのである」と具体化されている。

　この社会科という教科の位置と役割に関しては，以下に示すように，1953（昭和28）年8月7日の「社会科の改善に関する教育課程審議会答申」においても再確認されており，その後のさまざまな改訂が，時代の発展・変化のなかで行われていったとしても，この教科の基本方針として充実・発展させるべきものとして受けとめたい。

　「社会科は，戦後わが国の教育の目的に大きな変革がもたらされたことに伴い，自主的民主的な国民の形成を目ざす一つの教科として，小・中・高等学校を通じて設けられたものである。」

　「元来，社会科は，わが国における民主主義の育成に対して，重要な教育的役割をになうものであり，その基本的なねらいは正しいのであるから，今後もこれを育てて行きたい。」

　「社会科においては，児童・生徒に地理や歴史の基本的知識や理解，特に地誌や年代史に関する知識や理解を，身につけさせることを軽視してはならない。しかし，過去の教育のように，多くの地理的および歴史的事実を，ただ記憶させることに主力が注がれる教育になってはならない。」

　「社会科の分野では地理と歴史とならんで，政治・経済・社会などの方面が時代とともにますます重要になってきている。」

　以上の1953年8月「答申」においては，社会科の位置と役割にかかわって，民主主義の育成における教育的役割を明確に確定しつつ，そのためにも地理・歴史および政治・経済・社会に関する基本的知識や理解が必要であると述べられている。

　ただし，本書において重視している社会科カリキュラム論の立場からみて，

ここに欠落しているのは「一般社会科」の意義と可能性についてである。それは，私たちの社会科カリキュラム論の立場からいえば，「融合社会科」の欠落であり，ひいては「融合社会科」と「統合社会科（系統社会科）」を統一する「総合社会科」カリキュラムの否定にもつながる。

たしかに1953年の時点においては，この「融合社会科」カリキュラムの研究は必ずしも明確なものとはなっておらず，したがって「一般社会科」カリキュラムの積極的意義を見出すところまでには至らなかったともいえる。なお，後に「科目・現代社会」が1978（昭和53）年版において登場するが，そのときにおいても，「一般社会科」カリキュラムの意義を再評価して登場したわけではないことは，1989（平成元）年版以降に「高校社会科」が「地理歴史科」「公民科」に再編成され，しかも「科目・現代社会」の位置づけが次第に低下していくことからも明らかである。

本書は，1953年「答申」をふまえ，なおかつ「一般社会科」（融合社会科）の意義を再確認するところから，「社会科」カリキュラムと授業をとらえなおしてみたいという問題意識のもとに編まれているが，以上のような問題意識の基底には，まさに日本の民主主義の育成にとって，このような社会科カリキュラムのとらえ方が必要であるという方法意識が据えられている。

2000年代に入って，日本の教育界においてはシティズンシップというカタカナ語がしばしば見受けられるようになるが，このシティズンシップ教育への着目は「NPO活動に代表される市民的活動」の展開と軌を一にしており，そこでは日本における民主主義の新たな発展が必要とされているように思える。

今日の「生活科」「社会科」「地理歴史科」「公民科」そして「総合的な学習の時間」は，日本における民主主義の新たな発展において，それぞれの位置と役割を果たすことが期待されているのではなかろうか。

2009年3月

編著者

目　　次

まえがき

第1章　中等社会・地歴・公民科教育の歴史―――――――――――――9

第1節　戦前日本の中等地理・歴史・公民科教育　……………………9

1　明治期　9
2　大正期　12
3　昭和期　14

第2節　戦後日本の中等社会・地歴・公民科教育　………………………18

1　戦後教育改革と中等社会科教育の成立　18
2　中等社会科の展開と地歴科・公民科の登場　26

〈章末資料〉　公民教育刷新委員会答申（1945年12月22日）………………29

第2章　中等社会科カリキュラムの内容と構造―――――――――――33

序　節　「中等社会科カリキュラム」の全体構造をどうとらえるか　……………33

第1節　中学校社会科カリキュラムの内容と構造　…………………………35

はじめに――戦後中学校社会科カリキュラムをどうとらえるか　35

1　「一般社会科」が含まれているカリキュラム
　　――1947年版・1951年版・1955年版　　35

2　「三分野社会科」が〈ザブトン型〉で実施されるカリキュラム
　　――1955年版・1958年版・1969年版　　38

3　「三分野社会科」が〈パイ型〉で実施されるカリキュラム
　　――1969年版・1977年版・1989年版・1998年版・2008年版　　39

　　　　4　新学習指導要領の特徴と実践上の課題　43
　第2節　高校社会科・地歴・公民科カリキュラムの内容と構造……………45
　　はじめに──戦後高校〈社会科〉カリキュラムをどうとらえるか　45
　　　1　「一般社会科」が含まれているカリキュラム
　　　　──1947年版・1952年版・1955年版　45
　　　2　「一般社会科」も「現代社会」も含まれないカリキュラム
　　　　──1960年版・1970年版　48
　　　3　「現代社会」が含まれているカリキュラム
　　　　──1978年版・1989年版・1999年版・2009年版　49
　　　4　「地理歴史科」と「公民科」のカリキュラム
　　　　──1989年版・1999年版・2009年版　49
　〈章末資料〉「高等学校社会科」再編成に対する参考意見（第106回国会　参議院文教委員会）……………………………………………………………53

第3章　中等社会科・地歴・公民科の授業づくりと方法────83

　序　節──中等社会科と各分野・科目の授業づくり………………………83
　第1節　中学校社会科地理の授業づくりと方法………………………………85
　　　1　中学社会科地理授業づくりの目標とポイント　85
　　　2　中学社会科地理学習の内容と教材づくりのポイント　91
　　　3　中学社会科地理の学習指導案の作成　97
　第2節　中学校社会科歴史の授業づくりと方法………………………………101
　　　1　中学社会科歴史授業づくりの目標とポイント　101
　　　2　中学社会科歴史学習の内容と教材づくりのポイント　103
　　　3　中学社会科歴史の学習指導案の作成　108
　第3節　中学校社会科公民の授業づくりと方法………………………………111
　　　1　中学社会科公民授業づくりの目標とポイント　111

2　中学社会科公民学習の内容と教材づくりのポイント　112
　　3　中学社会科公民の学習指導案の作成　118
第4節　高校地理の授業づくりと方法 …………………………………120
　　1　高校地理授業づくりの目標とポイント　120
　　2　高校地理学習の内容と教材づくりのポイント　125
　　3　高校地理の学習指導案の作成　134
第5節　高校日本史の授業づくりと方法 ………………………………144
　　1　高校日本史授業づくりの目標とポイント　144
　　2　高校日本史学習の内容と教材づくりのポイント　146
　　3　高校日本史の学習指導案の作成　149
第6節　高校世界史の授業づくりと方法 ………………………………152
　　1　高校世界史授業づくりの目標とポイント　152
　　2　高校世界史学習の内容と教材づくりのポイント　157
　　3　高校世界史の学習指導案の作成　158
第7節　高校現代社会の授業づくりと方法 ……………………………161
　　1　高校現代社会授業づくりの目標とポイント　161
　　2　高校現代社会学習の内容と教材づくりのポイント　162
　　3　高校現代社会の学習指導案の作成　164
第8節　高校政治経済の授業づくりと方法 ……………………………171
　　1　高校政治経済授業づくりの目標とポイント　171
　　2　高校政治経済学習の内容と教材づくりのポイント　172
　　3　高校政治経済の学習指導案の作成　174
第9節　高校倫理の授業づくりと方法 …………………………………180
　　1　高校倫理授業づくりの目標とポイント　180
　　2　高校倫理学習の内容と教材づくりのポイント　184
　　3　高校倫理の学習指導案の作成　186

第4章　中等社会科教育の課題―――191

第1節　青年期の発達課題と社会科教育　………191
1　青年期の発達課題　191
2　社会認識の発達と教育　194
3　日本の社会科教育のすすむ道　197

第2節　中等社会科教育と生活指導　………200
1　「公民的資質」の形成と生活指導　200
2　中等社会科の授業と生活指導　203

第3節　社会科教育とマルチメディアの活用　………207
1　情報化社会の課題とメディア・リテラシー　207
2　社会科の授業とマルチメディアの活用　210

〈巻末資料〉　………217

1951年版中学校・高等学校学習指導要領（「一般社会科」含む）　217
1977年版・78年版中学校・高等学校学習指導要領（「現代社会」含む）　226
2008年版中学校・2009年版高等学校学習指導要領（「三分野社会科」「地理歴史科」「公民科」）　242

第1章　中等社会・地歴・公民科教育の歴史

第1節　戦前日本の中等地理・歴史・公民科教育

1　明治期

　明治期の地理・歴史教育は，日本の近代教育の始まりを象徴する意味をもっていた。これらの教育が，近代社会への国民の認識を開く扉としての役割をもっていたからである。

　そのことは，たとえば福沢諭吉の『西洋事情』(1867年)，『世界国尽』(1869年) といった啓蒙的な地理・歴史書が，当時のベスト・セラーとして多くの読者を得たことからもうかがうことができよう。

　こうした時代状況の下で，日本の近代学校制度を最初に法制化したのが「学制」とそれにもとづく「小学教則」(1872年) であった。そこでは，まず地理の分野で下等小学に「地学大意」を，上等小学に「地理学の大意」という教科を設置し，「日本国尽を授く」「世界国尽を授く」「世界地図の用法を示す」ことなどを教育内容として定めた。

　歴史の分野では，「史学輪講」が下等・上等小学ともに設置され，「国史略」「万国史略」などの教科書が指定されていた。また，公民分野の教育として，下等小学に「国体学」を，上等小学に「政体大意」の教科を設置した。なお，上等小学の4級は，現在でいう中学校1年の年齢にあたるものである。

　これを受け，中学校では下等中学で「地学」「史学」「国体学」「国勢学大意」を，上等中学では「経済学」という教科を設けていた。それらの教育内容は，多くは従来どおりの儒教的内容のものであった。しかし，「地学」では「ギュ

ヨ氏普通地理書」「クレーデン氏地理書」といった，西洋地理学の教科書が用いられ，「史学」では文明史として有名な「パーレー万国史」や「テュリュー氏小万国史」といった翻訳教科書が指定されていた。また先の福沢の著作も多く採用されており，そこには近代的な社会認識を育成する内容も含まれていたということができる。

　その後，制度改正が行われ，1881（明治14）年の「中学校教則大綱」では，初等中学校のなかに「地理」「歴史」が設けられ，高等中学にも「本邦法令」「歴史」「経済」の教科が設けられた。

　1886（明治19）年になると，文部大臣森有礼による教育改革が行われ，尋常中学校制度が成立した。その際「尋常中学校の学科及其程度」の規定によって，「地文及政治地理」を内容とする教科としての「地理」と，「日本及外国の歴史」を内容とする「歴史」の教科が，それぞれ週1時間から2時間の枠で設けられた。だがその一方で，政治的内容を含む公民的教科は，当時の自由民権運動の活発化という状況の下で，生徒を政談から遠ざけるという思惑によって全面的に廃止されるにいたった。

　明治後期になると，1901（明治34）年の「中学校令施行規則」において，「地学」「歴史」あわせて週3時間が配当されることになった。そこで掲げられた目標は，「地理は地球の形状，運動並びに地球表面及人類の状態を理会せしめ我国及諸外国の国勢を知らしむるを以て要旨とす」ることであり，その教育内容は「日本地理並に我国と重要の関係ある諸外国の地理の大要を知らしめ又地文の一斑を授くべし」というものであった。

　具体的な内容構成としては，第1学年では「緒論」（大洋，大州，島嶼，両極，赤道，三帯，経緯度，地図の描き方読み方）と「日本地理」の内容が，第2学年以上では週1時間の「外国地理」，そして第5学年で「地文」の総論（天文，地球，大気，海，生物等）が教授されることになった。たとえば，「日本地理」の具体的な内容構成はつぎのようなものであった。

位置	位置　境域　広狭
地勢	海岸　地形　山系　水系
気候	温度　海流　雨量　風
天産物	
住民	種族　人口　教育　宗教
政治	国体　政体　区画　兵備
生業	農業　鉱業　林業　水産業　工業　商業
交通	道路　鉄道　航路　郵便　電信　電話
地方誌	北海道，台湾及府県の区分に依り地方の天然上及人事上国民の生活に関する事項を授くべし

　このように，地形や気候等の自然地理的な内容から入り，各地の住民の暮らしや生産物等の人文地理的内容へと展開する構成をとっていた。また，「教授上の注意」として，以下のような点があげられていた。
　一　地理を授くるには生徒既知の事実と関係ある事実に及さんことを旨とし此要目の順序に依ることを要せず
　二　地理を授くるには成るべく事実の比較連合を力め特に外国地理を授くるに当たりては我が国の情勢を以て比較の基礎となすべし
　三　日本地理及外国地理を授くるには常に地文に関する事項及実業に関する事項に留意し濫に細密繁多なる事実数量を記憶せしめることは之を避くべし

　ここには，暗記偏重の内容に終わらせず，生徒の既知の事実との関連や比較を通して具体的に分からせていこうとする配慮がみられる。
　一方，「歴史」科の教育では，「歴史上重要なる事蹟を知らしめ社会の変遷，邦国，盛衰の由る所を理会せしめ特に我国の発展を詳にし国体の特異なる所以を明かにするを以て要旨とす」ることが目的とされた。内容の構成は，第1学年と第2学年で「日本歴史」，第3学年で「東洋歴史」，第4学年で「西洋歴史」，第5学年で「日本歴史」と「西洋歴史」を教えるというものであった。

この「日本歴史」の具体的な内容は,「国体の特異なる所以を明かにする」という目標からもうかがえるように,何よりも天皇親政の編年的通史を中心とするものであった。たとえば,「太古」の単元では「神代,皇基の遼遠」を,「上古」の単元では「神武天皇,崇神天皇,景行天皇,日本武尊,熊襲及蝦夷,成務天皇,神功皇后,韓土内附,仁徳天皇,雄略天皇,韓土の変遷,帰化人及其の子孫……」といった,天皇の治績を教えるというものであった。

ところで,この時期公民教育のための教科として,新たに「法制及経済」が第5学年で週3時間設置されたことは注目に値する。これは1889(明治22)年の大日本帝国憲法の発布や市制・町村制の施行等にあらわれた,立憲制を担う国民育成の課題が,教育の場でも重視されるようになったからであった。この教科では,「法制及経済に関する事項に就き国民の生活に必要なる智識を得しむる」ことや,「現行法規の大要及理財,財政の一斑を授く」ことが目標とされた。ただし,この教科は「当分之を欠くことを得」とされており,本格的な公民教育の実施はまだ先に待たなければならなかった。

2　大正期

大正期に入ると,第1次世界大戦での連合国側での参戦や国際連盟への加入,さらには「大正デモクラシー」とよばれる時代思潮の下で,国際化や民主化の動向に一定の進展がみられるようになった。そのなかで,時代の動静が反映される地歴や公民教育のあり方にも変化が起きてきた。

たとえば,西欧の自由主義的な教育思潮の影響の下,知識の注入に傾きがちであった教授方法への反省が起こり,生徒の興味や理解を重視する教育が唱導された。また,直感的で具体的な教材・教具を使った授業も取り組まれるようになった。

こうした教育方法の改善はありながらも,教育内容に関してはこの時期の地理・歴史教育に大きな変化はなかった。その一方で公民教育の分野では,従来「当分之を欠くことを得」とされていた「法制及経済」が1923(大正12)年に必

修となった。これは，当時における立憲主義の拡張，さらには 1925（大正 14）年に男子普通選挙制度が実施されたことの影響で，公民教育が強化されたことのあらわれであった。同時に，中学校のみならず勤労青年を対象とする実業補習学校でも公民教育が重視されるようになったことが重要であろう。

　すなわち，1920（大正 9）年に「実業補習学校規定」が改訂され，「適当なる学科目に於て法制上の知識其の他国民公民として心得べき事項を授け又経済観念の養成に力むるを要す」るという方針が打ち出された。これによって，実業補習学校での「公民科」新設が決定され，1922 年に設置された公民教育調査委員会の審議にもとづき，1924 年には「実業補習学校公民科教授要綱」が制定されたのである。わが国ではじめてというべき，この「公民科」の教育内容は，つぎのような単元内容から構成されていた。

第1学年	第2学年	第3学年
1　人と社会	1　我が町村	1　我が国家
2　我が家	2　町村の自治	2　天皇
3　親子	3　公民	3　臣民，領土
4　親族	4　議員の選挙	4　立憲政治
5　戸籍，相続	5　町村会	5　帝国議会
6　財産	6　町村役場	6　国務大臣，枢密顧問
7　職業	7　町村の財政	7　行政官庁
8　生産	8　町村の財産	8　国法
9　一家の生計	9　租税	9　裁判所
10　保健と衛生	10　産業組合	10　国防
11　警察	11　金融	11　国交
12　神社，宗教	12　農会	12　交通
13　教育	13　農村の開発	13　我が国産業
14　農村と青年	14　府県の行政	14　社会改善
15　我が郷土	15　我が府県	15　世界と日本

このように,「公民科」の内容は,①家,②郷土,③職業,④地方自治,⑤社会,⑥国家,⑦国際の項目から構成されており,また「我が家」からはじまり,「我が郷土」「我が府県」「我が国家」を経て「世界と日本」にまでいたる,いわゆる「同心円拡大」的な構成原理をもったことがうかがえよう。むろん,網羅的な内容構成との感は免れないが,近代立憲国家の機構,さらには近代経済への客観的認識を育成しようとする志向を見ることができるのである。

3 昭和期

昭和期にはいると,日本は「満州事変」(1931年),「日中事変」(1937年),さらには「太平洋戦争」(1941年)を次々と引き起こし,その国家主義的・軍国主義的風潮は教育界にも強く浸透することとなった。

地理教育においては1931(昭和6)年に「中学校教授要目」の改正が行われ,そこでは「地理の教授は重きを日本地理に置き比較的之を精深に教授するものとす」として,自国中心主義の傾向が明瞭となりはじめた。

さらに1937(昭和12)年の教授要目改正では,「教授方針」として「自然及び人類生活の状態を理解せしめ,両者の相互関係を明らかにし,特に人類が自然を利用開発して世界各地の文化を形成せる所以を知らしめ」という普遍的な目的が掲げられる一方で,結局のところそれは「我が国民性,国民生活,国勢発展の因由を明瞭にし,諸外国との比較によりて我が国の地位を正しく把握せしめ,以て国民精神を涵養し,国家の隆盛と民族の発展とに資する」ためであると規定された。ここには,地理教育が「国家の隆盛と民族の発展とに資する」ためにおこなわれるという,いわば国家主義と民族主義への従属の姿をみてとることができる。

歴史教育においては,先の1931年の教授要目改正において,従来の「日本の歴史」が「国史」と改められ,「国史を授くるには特に国体の特異なる所以及大義名分を明らかにするを主と」すると規定された。ここでも,国体や国の歴史の特殊性(それは日本の優位性として示されるものであった)を掲げ,それに

収束させようとする教育内容が重視されるにいたったのである。

さらに1937年の改正では,この傾向はいっそう押し進められていった。そのことは,つぎのような歴史教育の目的の提示からも明瞭にうかがうことができる。

　一　特に我が国運進展の跡を詳にし我が国の歴史と諸外国の歴史との異なる所以を明瞭にし世界に於ける我が国の使命を自覚せしめ国民的信念を鞏固ならしめることを要す
　一　常に御歴代の聖徳と国民の忠誠とを明にし以て国民精神の涵養に資すべし
　一　諸外国と比較して我が国体の世界無比なる所以を悟らしめ（以下略）

ここには,自国優越の歴史観と,国家,天皇への忠誠を教育内容とする歴史教育が過剰なまでに示されている。その具体的な内容構成は,つぎのようなものであった。

国　　史	外　国　史（西洋史）
神代	古代東方諸国
神武天皇の創業	ギリシャとローマ
皇威の発展	ゲルマニヤ民族の建国
文物の伝来	サラセン帝国とマホメット教
蘇我氏の専権及其の滅亡	キリスト教会と封建制度
政治上の革新	十字軍
奈良遷都	新航路の発見
奈良時代の文化	文芸復興と宗教改革
平安遷都	諸国家の興隆と植民地経営
藤原氏の擅権　中央及地方の情況	北米合衆国の独立
平安時代の文化	近世の文化
院政	フランス革命
源平二氏の興起	ナポレオン一世
平氏の擅権及其の滅亡	英国の興隆と其の国民性
鎌倉幕府の創立	仏国の興隆と其の国情
鎌倉時代の文化	イタリア王国の建設
鎌倉幕府の越権　承久の変	ドイツ帝国の建設と其の国民性

建武の中興
吉野の朝廷
室町幕府の創立
室町時代の外交と文化
室町幕府の失政　応仁の乱
群雄の興起と織田豊臣二氏の統一
織田豊臣時代の外交と文化
江戸幕府の創立
江戸時代の外交
江戸時代の文化
江戸幕府の失政
学問の興隆と尊皇思想の勃興
大政奉還
明治維新
明治大正時代の内治
明治大正時代の外交
明治大正時代の文化
現代の情勢

ロシア帝国の発展と其の国情
近世文化の進歩
列強の世界政策
欧州大戦
大戦後における列国の現勢
現代文化の趨勢
世界における我が帝国の地位

　一方，公民科については，1930年には実業学校に，翌31年には中学校および師範学校に，32年には高等女学校に，と，その設置の動きは拡大していった。また教育内容においても，不徹底ながらも近代的な政治認識を育成しようとする傾向もみることができた。たとえば，この教科の目的は「遵法の精神と共に共存共栄の本義とを会得せしめ」，「善良なる立憲自治の民たるの素地を育成する」こととされていた。具体的な単元は，先の実業補習学校「公民科」と類似のものであった。

　しかし，1943（昭和18）年に「中等学校令」が制定されたことによって，公民科は廃止され，また地歴教育の内容も大幅に改訂されることになった。まず，「中学校の教育方針」がつぎのように規定された。

　一　教育の全般に亘りて皇国の道に修練せしめ国体に対する信念を深め至誠尽忠の精神に徹せしむべし

　二　皇国の東亜世界に於ける使命を明にし皇国民たるの責務を自覚せしめ職

分を尽して皇運を扶翼し奉るの信念と実践力とを涵養すべし

　さらに,「国民科」という教科のなかに,地理・歴史の分野が統合されることになった。すなわち,「国民科は我が国の文化並に中外の歴史及地理に付て習得せしめ国体の本義を闡明して国民精神を涵養し皇国の使命を自覚せしめ実践に培うを以て要旨とす」というようにである。このように,地歴教育は,ますます「皇国の使命を自覚」するという目的に奉仕するものとされ,その学問的・科学的な基礎を完全に奪いさられたのであった。

参考文献
海後宗臣『歴史教育の歴史』東京大学出版会,1969年
松野　修『近代日本の公民教育』名古屋大学出版会,1988年

第 2 節　戦後日本の中等社会・地歴・公民科教育

1　戦後教育改革と中等社会科教育の成立

敗戦と教育改革

　1945（昭和 20）年 7 月，日本に降伏を求める連合国のポツダム宣言が発表されたが，鈴木貫太郎内閣はこれを無視した。アメリカは 8 月 6 日と 9 日に広島と長崎へ原子爆弾を投下し，8 日にはソ連が日ソ中立条約を破り日本に宣戦布告した。日本政府は，降伏しても「国体護持」の可能性があると判断して，15 日にポツダム宣言を受諾した。これによって日本は GHQ（連合国軍総司令部）の統制下におかれることになった。同日，文部省は訓令「終戦ニ関スル件」を発し，国体護持を強調した。ポツダム宣言の受諾は紛れもなく「敗戦」を意味し，それは天皇制国家日本の敗北と，教育も含むあらゆる制度の解体を不可避とするはずのものであった。しかし，この時点で日本政府・文部省は現実をリアルに受け止めることができなかった。このことは，敗戦後の教育改革における GHQ の積極性と日本側の消極性との摩擦として立ち現れた。

　8 月 17 日に成立した東久邇宮（皇族・陸軍大将）内閣は，終戦は国民を思う天皇の「聖断」によるものであり，敗戦の責任について「一億総懺悔」すべきだとした。文部省は 9 月 15 日に「新日本建設ノ教育方針」を発表し，「従来ノ戦争遂行ノ要請ニ基ク教育施策ヲ一掃シテ文化国家，道義国家」をめざすと宣言し，「科学的思考力」の育成を強調した。しかしその一方で「今後ノ教育ハ益々国体ノ護持ニ努ムル」ことを求めた。さらに，9 月 20 日には「終戦ニ伴フ教科用図書取扱方ニ関スル件」を通牒し，教科書等の軍事的，戦意昂揚的内容の抹消を指示した（いわゆる「墨塗り教科書」）。そのような箇所さえ抹消すれば，従来の教育内容でかまわないとの認識を示したものといえる。

GHQは10月4日,天皇に関する自由討議,政治犯の釈放,特高警察の廃止等を内容とする覚書を発したが,東久邇宮内閣はその実行を拒んで総辞職し,幣原喜重郎内閣に交代した。GHQは,さらに10月11日,民主化のための5大改革指令(婦人の解放,労働組合の奨励,教育の自由主義化,圧政的諸制度の撤廃,経済の民主化)を発した。さらに10月22日から,いわゆる教育民主化に関する4大指令を順次発した。これらの指令は,軍事教練の禁止や教科書の軍国主義的・超国家主義的内容の削除,軍国主義的教員の追放,国家と神道の分離,修身・日本歴史・地理の授業停止と教科書の回収(「三教科停止」)等を指示して,日本の教育の全面的改革を求めるものであった。

新しい歴史教育

幣原内閣は11月に「新時代に即応」する「国史教育の方針」を打ち出した。そこでは,政治史に偏らずに社会的経済的文化的史実を重視すること,庶民生活への着目,客観的合理的理解等を強調していたが,「我が国家社会の発展が皇室を中心とする一大家族形成の過程たる史実」を明らかにすると述べて,依然として皇室中心主義に立脚することを表明していた。文部省図書編修課はこのような観点から日本史の教科書改訂作業にあたったが,考古学に基づく記述と神話・伝説が併記されている点などがアメリカ側から批判され,1946(昭和21)年5月にはGHQのもとに新しい編集委員が集められて教科書改訂作業に従事し,小学校,中学校,師範学校用の日本史教科書を作成した。小学校(当時はまだ旧制の国民学校)用の書名は『くにのあゆみ 上下』とされていた。10月12日,GHQは教科書の完成とともに日本史の授業再開を許可した。この教科書はそれまでと異なり,神話からではなく考古学的な叙述からはじめていた。戦後における新しい歴史教育は,実証的・科学的な歴史叙述への転換から再スタートしたのである。しかし,この教科書に対しては歴史学者たちからの厳しい批判もあった。批判の要点は,歴史を社会の形成と発展の観点からとらえ,それを支える民衆の生活を描くべきだということであった。これは戦後の歴史教育をつくりあげていくうえでの重要な問題提起でもあった。

公民教育構想と公民教育刷新委員会

　戦後日本の教育をどうするのか，どのような人間像をめざすのかという課題認識に基づき，日本政府は敗戦後の早い時期から公民教育の振興を唱えていた。1945（昭和20）年9月，前田多聞文部大臣は「新教育方針中央講習会」において公民科の強化とその内容一新について宣言し，文部省内では「公民教育ニ関スル調査」について審議を開始した。11月には教科書局を中心として「国民学校および中等学校の道徳教育をどうするか，すなわち公民教育をどうするかという観点から，新しい教科書のプランを作る」ことを目標として公民教育刷新委員会を設置した。同委員会は文部大臣に対し，12月22日に第一号答申を，12月29日に第二号答申を提出した。第一号答申は戦前の公民教育に関し，形式主義に流れて生徒の自主性を軽視し，しかも，満州事変以後は「軍国主義的思潮ヤ極端ナル国家主義的傾向」に歪曲されたと総括した。そこで，1943年の中学校令において廃止されて修身に包摂された公民科を復活すべきだとした。ただし，修身も統合して公民科を設置すべきだとの考えを示しており，公民科は三教科停止により授業実施が不可能となった修身に代わって道徳教育を担う科目として構想されていた。第二号答申は学校教育における公民教育に関して提案するものであり，公民教育の目標・内容・方法の大綱を提示して，その基本方向を示すものであった。公民科の目標として「普遍的一般的原理に基づく理解の徹底」「合理的精神の涵養」等が掲げられ，内容に関して次の10項目が示された。

　1. 人と社会，2. 家庭生活，3. 学校生活，4. 社会生活，5. 国家生活，6. 近代政治，7. 近代経済，8. 社会問題，9. 国際生活，10. 社会理想。

　1946年2月には，答申に基づいて公民教育要目委員会が設置され，そこでの審議を経て3月に「中等学校公民科教材配当表」が発表された。それは，特に第二号答申の内容を反映しており，社会科学的認識を重視するものとなっていた。これに基づいて，9月には『国民学校公民教師用書』が，10月には『中等学校・青年学校公民教師用書』が発行されるにいたった。

このような施策と平行して、文部省は1946 (昭和21) 年5月から1947 (昭和22) 年2月にかけて、敗戦後の新しい教育に関する教師のための手引き書として『新教育指針』を発行し、全国の教員と師範学校生徒に配布した。この冊子はGHQの教育民主化に関する4大指令と深く結びついて作成されたものであり、その「第1部後編第2章公民教育の振興」では、「社会を構成してゐる一員として、社会の協同生活をりっぱにいとなむために必要な知識や技能や性格を身につけさせる」ことが公民教育の目的であると述べていた。同時に、戦時中の軍国主義教育について、「特色ある文化を発展させ、世界人類のためにつくさうとするものであるかぎり、正しい運動であつた」とも述べていた。この時点では、普遍的一般的原理や合理的精神を強調しつつ、依然として政府・文部省は国体護持と教育勅語擁護の立場に立っており、戦前的なものを払拭しきれていなかった。敗戦直後の公民科構想が道徳教育を担うものとして構想されたことも、教育勅語擁護という当時の文部省の立場と関連していたのである。戦前的なものと戦後的なものとの矛盾をはらみつつ公民教育のあり方が模索されたのであった。

日本国憲法と教育基本法の成立

公民教育構想は、戦前的なものの払拭を伴いつつ、歴史や地理も統合した総合的な教科である社会科の新設へと転換していった。その背景には、日本国憲法と教育基本法の成立という画期的情勢があった。

1946 (昭和21) 年の年明け早々、GHQはアメリカ政府に対して日本への教育使節団派遣を要請し、これを受けて3月5日に教育関係者27名からなる第1次アメリカ教育使節団 (以下、使節団) が来日した。使節団は約1カ月間日本各地で教育状況調査を行い、報告書をGHQ総司令官マッカーサーに提出した。この報告書は、これ以後の日本の教育改革に関する最重要参照資料とされた。また、使節団への協力を目的として「日本教育家委員会」(文部大臣所轄) が設置された。8月には、使節団の報告書を参考にして日本側が主体的に教育改革構想を立案するため、「日本教育家委員会」を母体として「教育刷新委員

会」が設置された（1949年6月に「教育刷新審議会」と改称）。この委員会は教育に関するあらゆる分野の代表的な権威者を網羅し，かつ，非官僚的なものとされた。

　教育刷新委員会は9月の審議開始とともに，戦後教育の基本理念について検討を開始した。教育勅語の取り扱いが検討の焦点であった。芦田均や天野貞祐をはじめとする委員の多数は教育勅語擁護の立場に立っていた。「時勢」の変動に応じての修正はやむを得ないが教育勅語の「原則」は正しい，あるいは，「時勢」に応じた教育勅語の「活用」をめざすなどとしていた。これに対して森戸辰男や務台理作等，少数ではあったが教育勅語否定の立場に立つ者もいた。彼らは，敗戦によって「国体（国家体制）」が根本的に変革されたのだから，教育においても新しい理念を提示するべきだと主張したのである。

　このような対立をはらみつつ，最終的に，教育刷新委員会は教育勅語否定の観点から教育基本法の審議を行うことを決定した。教育勅語擁護の立場に立っていた委員も，主権在民を掲げる新憲法制定に向けた動向をにらみながら，教育勅語否定に消極的ながら同調した（国会において教育勅語等の教育に関する詔勅類の一括排除・失効確認がなされたのは1948年6月のことであった）。

　国民主権・平和主義・基本的人権の尊重を三大原理とする日本国憲法は，1946（昭和21）年11月3日に公布され，翌年5月3日に施行された。1947（昭和22）年3月31日には教育基本法と学校教育法が公布された。教育基本法前文には次のように日本国憲法と教育基本法の関係が明示された。「われらは，さきに，日本国憲法を確定し，民主的で文化的な国家を建設して，世界の平和と人類の福祉に貢献しようとする決意を示した。この理想の実現は，根本において教育の力にまつべきものである。…中略…ここに，日本国憲法の精神に則り，教育の目的を明示して，新しい日本の教育の基本を確立するため，この法律を制定する」。

　教育基本法は，戦前教育の反省に基づき，憲法を具体化して，戦後日本における教育の基本原則を定めたのであった。

第2節　戦後日本の中等社会・地歴・公民科教育　23

社会科の新設

　先に述べた公民教育要目委員会の教師用指導書編纂作業と前後して，文部省は教科課程改正準備委員会を組織し（1946年4月），使節団の報告書を参考にしつつ教育課程の改正について検討を進めた（6月に教科課程改正委員会となる）。検討はCIE（GHQ民間教育情報局）と調整・交渉を行いながら進められたが，その過程で社会科の設置が中心的論点の一つとなった。CIE側は，編纂作業が進められていた『中等学校・青年学校公民教師用書』の内容を高く評価し，これに地理・歴史等も統合して総合的な教科である社会科に発展させるよう強く示唆した。これに対して日本側は歴史と地理を独立させることにこだわって抵抗した。結局，9月27日にCIEと文部省の間で教育課程の大綱について合意し，初等・中等教育段階を通じて社会科を設置しつつ，中学校2・3年に国史を設置することが確定した。この合意に基づき，10月21日，文部省は社会科委員会を設置し，社会科学習指導要領の編集を開始した。1947（昭和22）年3月には日本国憲法と教育基本法に依拠することを明示した『学習指導要領一般編（試案）』（以下，『要領一般編』）が発行され，そのなかに新教科社会科を設置することが示されていた。社会科委員会はCIEから示されたアメリカの社会科プランも参考にしながら作業を進め，5月5日に『学習指導要領社会科編Ⅰ（試案）』（序論と小学校）を，6月22日に『学習指導要領社会科編Ⅱ（試案）』（中学校と高等学校の概要）を発行するにいたった（以下，『要領Ⅰ』および『要領Ⅱ』）。

　社会科は日本国憲法と教育基本法の基本的精神を体現した「戦後民主教育の花形」と形容された。

社会科の特徴

　『要領Ⅰ』の「第1章序論第1節社会科とは」において，社会科とはいかなるものであるか述べている。まず，社会科の「任務」を「青少年に社会生活を理解させ，その進展に力を致す態度や能力を養成すること」とし，そのために「社会生活の中にあるいろいろな種類の，相互依存の関係を理解することが，最もたいせつである」と述べていた。相互依存の関係とは，具体的には次の三

つの関係である。1．人と他の人との関係，2．人間と自然環境との関係，3．個人と社会制度や施設との関係。この相互依存の関係の重視は，参考にしたアメリカ社会科の第1の目標であったが，日本の社会科の独自性として「人間性の自覚，個人の尊厳の認識を，その前提としなければならない」とされた。

また，「現在の青少年として，その青少年らしい人間生活，社会生活を営んで行けるようにするもの」であると述べ，社会科は将来のための単なる準備学習ではないことを強調していた。これは，「青少年は未来の社会人であるばかりでなく，現在すでに社会人であり，その日その日の生活それ自身が，もっと人間らしいものへという追求の生活である」という青少年観に拠っていた。このような観点は，従来の教科の内容や構造に関する考え方の全面的転換に結実した。「社会科はいわゆる学問の系統によらず，青少年の現実生活の問題を中心として，青少年の社会的経験を広め，また深めようとするもの」であり，従来の教科の寄せ集めではなく，「いままでの修身・公民・地理・歴史の教授のすがたは，もはや社会科の中には見られなくなる」とされたのである。社会科は，青少年の生活における具体的な問題を取り上げて，その解決をめざして学習していく総合的な教科として誕生したのであった。

『要領Ⅱ』の「第1章序論1一般社会科の意義」においては，小学校から始まる社会科の総合的な学習は，中学校の全学年と高等学校の第1学年でも継続して行われるものとし，これを「一般社会科」と称した。「生徒が自分の力で社会の問題を解決しうるためには，従来のいくつかの教科の教材が総合され，融合されて来なくてはならない」がゆえに「一般社会科」は生み出されたのであり，したがって「一般社会科」は「総合社会科」とよばれてもよいとしていた。

いっぽう，中学校第2・3学年に「一般社会科」とは別に「国史」をおいたことや，高等学校第2・3学年における社会科の選択科目として東洋史・西洋史・人文地理・時事問題を設定していたことにみられるように，『要領Ⅱ』は分化的な構造ももち，問題を解決するために系統的な知識も重視していた。こ

のように、『要領Ⅰ』と『要領Ⅱ』の性格には異なる要素もあった。これには初等段階と中等段階との相違だけでなく、教科観の相違も影響しており、後に社会科をめぐって展開された総合か分化かという論争の要因ともなった。

なお、『要領一般編』『要領Ⅰ』『要領Ⅱ』には、すべて「(試案)」と記されていた。『要領一般編』の冒頭に述べられた「この書は、……新しく児童の要求と社会の要求とに応じて生まれた教科課程を、どんなふうに生かして行くかを教師自身が自分で研究して行く手引きとして書かれたものである」という発想が、この「(試案)」という表記には込められていた。戦前の上意下達の発想とは大きく異なって教師の主体性を重視しており、これを多くの教師たちが好意的に受け止めて自主的教育研究運動が盛んとなり、さまざまな実践を生み出していった。

社会科と教師たち

学習指導要領の発行後、ただちに社会科を実験的に実施した学校もあり、文部省も全国の数箇所で社会科の伝達講習を実施した。そうして1947年9月の2学期から社会科の授業が正式に始まった。同時に、アメリカ社会科の単なる翻訳にすぎず、日本的ではないとの批判も多く提示され、これ以降、多くの論争も含みつつ以下に示すようなさまざまな社会科プランが生み出されていった。

日常生活の問題を軸とし生活経験をとおして学習する教育課程の構成をめざすコア・カリキュラム(コア＝核となる課程と周辺課程から構成されるカリキュラム)運動が盛んとなり、全国に大きな影響を与えた。そのなかで「桜田プラン」(東京都港区桜田小学校)や「明石プラン」(兵庫師範学校女子部附属小学校)などが生まれた。

地域と結びついて、地域の課題から教育課程を構成しようとする地域教育計画運動のなかでは、「川口プラン」(埼玉県川口市)や「本郷プラン」(広島県本郷町)などが生まれた。

民教(民主主義教育研究会)と、そこから発展した民教協(日本民主主義教育協会)は、社会問題を基盤に内容を構成し、現状を改めることをめざす社会科プ

ランづくりに取り組んだ。代表的なプランとして今井誉次郎がかかわった「西多摩プラン」（東京都西多摩郡西多摩小学校）などがある。

これらのほかにも数多くの研究団体が生まれ，さまざまな社会科プランがつくられ実践された。学習指導要領の「（試案）」という位置づけが象徴する，自由と主体性が大事にされる環境のなかで，教師たちの生き生きとした実践が生み出されていった。

2　中等社会科の展開と地歴科・公民科の登場

社会科の転換

社会科の学習指導要領はその成立以降改訂を重ねていった。その詳細は次章で示される。ここでは改訂に伴う主要な変化について確認しておく。

社会科は1950年代に入って大きな転換点を迎えた。1950（昭和25）年6月の朝鮮戦争勃発に伴い，アメリカから国家警察予備隊設置指令およびレッドパージ勧告を受けた。9月には日米安全保障条約調印という情勢のもと，日本政府は再軍備のために愛国心や国防意識を重視し，そのためには日本の「歴史」「地理」「国語」が重要であると主張した。これを受けて教育課程審議会が設置され，同審議会は社会科学習指導要領の改訂を求める答申を行った。これに基づき中学校と高等学校の学習指導要領が改訂されて1955年より発行された。中学校社会科では，従来の「一般社会科」に加え，「三分野社会科」（地理，歴史，政治・経済・社会）を設置した。高等学校社会科では，従来の「一般社会科」と「時事問題」を統合し，さらに倫理的内容も加えて「社会科社会」を設置した。系統性のある知識と道徳教育の重視がこの改訂の特徴であった。なお，この学習指導要領から「（試案）」の表記が消滅して「官報告示」とされ，上意下達の性格を示すようになった。

系統性・知識のさらなる強調と徳育・公民的資質の重視

以上のような系統性のある知識の重視は，1958（昭和33）年の改訂および1968（昭和43）年の改訂において，さらに徹底する。中学校社会科では「一般

社会科」が消滅し,「三分野社会科」に完全に転換した。高等学校社会科では「社会科社会」が消滅し,それに代わって「政治・経済」と,1955（昭和30）年改訂における倫理的内容の付加をさらに推し進めて「倫理・社会」が登場した。なお,1958（昭和33）年の改訂で中学校に「道徳の時間」が特設されたことは,この間の道徳教育重視の傾向を最もよく示すものであった。

「現代社会」の登場

1970年代後半,中学校（1977年）と高等学校（1978年）の社会科学習指導要領が大きく改訂された。そのなかで最大の変化は,高等学校社会科における新科目「現代社会」の登場であった。現代の社会問題を多角的に学ぶことをめざした科目であったが,それゆえに,教育内容が非系統的であるとの批判もあった。このような総合的広領域科目は,高等学校社会科学習のまとめとして3年次で学習する可能性もあったにもかかわらず1年次設置を指定したことに対しても批判があった。「現代社会」の総合的な性格には,かつての「一般社会科」や「時事問題」と類似性もあったが,一方で,「政治・経済」と「倫理・社会」に置き換えてもよいと位置づけていたことは,この科目の性格を曖昧なものとしてしまった。しかしながら,このような学習指導要領の限界を乗り越えて,創造的で総合的な実践も数多く生み出された。

地歴科・公民科の登場—高等学校社会科の「解体」

臨時教育審議会（1984年に中曽根康弘首相の主導で設置された内閣総理大臣の私的諮問機関）の答申を受けて学習指導要領の改訂が進められ,1989（平成元）年に告示された。その最大の特徴は,高等学校社会科が廃止され,それにかえて「地理歴史科」と「公民科」の2科目が設置されたことである。

また,中学校においては,3年次に選択教科がおかれ,各教科から選択して履修させることとなり,「生徒の特性等に応じ多様な学習活動が展開できるよう,……分野間にわたる学習,自由研究的な学習,見学・調査,作業的な学習などの学習活動を学校において適切に工夫して取り扱うものとする」とされた。このような位置づけから,「選択・社会」には総合的な社会科学習の可能性も

あったが，十分に機能しないまま縮小されつつある。

参考文献
上田薫編集代表『社会科教育史資料1』東京法令出版，1974年
日本民間教育研究団体連絡会編『社会科の歴史 その40年と今日の課題 上』民衆社，1988年
片上宗二編著『敗戦直後の公民教育構想』教育史料出版会，1984年
片上宗二『日本社会科成立史研究』風間書房，1993年
歴史教育者協議会編『歴史教育五〇年のあゆみと課題』未來社，1997年

〈章末資料〉

◇**公民教育刷新委員会答申**（1945 年 12 月 22 日）

第一号答申

　　　　答申（第一号）
一．公民教育ノ目標

　公民教育ハ総テノ人ガ家族生活・社会生活・国家生活・国際生活ニ於テ行ツテキル共同生活ノヨキ構成者タルニ必要ナル智識技能ノ啓発トソレニ必須ナル性格ノ育成ヲ目標トスベキデアル

　我ガ国ニ於テハ、従来官尊民卑ノ風、或ハ封建的傾向強ク、国民一般モ上カラノ命令ニヨツテ動クコトニ慣レ、「公民」トシテノ自発的積極的活動ハ政治的、経済的、社会的ニ永ク阻止サレテキタ。カクシテ学校ニ於ケル公民教育ハ、直輸入ノ或ハ形式的ニ流レ易ク、コレヲ是正スル力ヲ有セズ、ソノ成果モ十分発揮スルニ至ラナカツタ。シカモ他面伝統的ナ傾向即チ上カラノ訓練ニヨツテ、国民ノ練成ヲ目ザス傾向ガ強マリ、特ニ満洲事変以後ハ公民教育ノ内容モ軍国主義ノ思潮ヤ極端ナル国家主義的傾向ニ歪曲サレタモノトナリ、上層カラノ指導ノミガ重ンゼラレテ各人ノ自発性ヲ重ンズベキ公共生活上必要ナ性格陶冶ハ軽視セラレ、今次戦争下昭和十八年改正ノ中等学校令ニオイテハ、公民科ナル科目ハ廃止セラレ、若干ノ公民科ノ教材ガ修身科ニ含マレルニ過ギナクナツタ。

　平和的文化国家建設ヲ目ザス今日ニ在ツテハ、国民ノ教養ヲ高メ、社会意識ヲ深メ、以テ健全ナル共同生活ヲ建設スルニ役立ツ資質ヲ啓培スル為ニ、何ヨリモ先ヅ公民教育ヲ刷新シテ、ソノ本来アルベキ姿ヲ実現セシメネバナラヌ。即チ各自ノ社会ニ於ケル地位ヲ具体的ニ理会セシメ、各人ガ如何ニ有機的ニ関連シテキルカ、社会全体ノ動キガ如何ニ各人ノ行動ニヨツテ左右サレテキルカヲ理会セシメルコトガ必要デアル。此ノ理会ト自覚トニ基イテ各人ハ共同生活ノ秩序ヲ維持シナガラ、自主的、自発的協力ニヨツテ共同生活ノ向上発展ニ努ムベキデアルコトヲ、具体的実践ヲ通シテ確信スルニ至ラシメネバナラヌ。カクノ如ク社会意識ヲ深メ、生活ト行動トヲ自覚的ニ社会化スルコトニヨリ、ハジメテ健全ナル共同生活ヲ実現スルコトガデキル。ソレ故徳目ノ教授ヲ通シテノ道義心ノ昂揚ト、社会ノ知識技能ノ修得並ビニソノ実践トヲ抽象的ニ分離シテ取扱フガ如キ従来ノ傾向ハ是正サルベキデアル。

二．学校教育ニ於ケル公民教育
　（一）　公民科教育

　道徳ハ元来社会ニ於ケル個人ノ道徳ナルガ故ニ、「修身」ハ公民ノ知識ト結合シテハジメテ其ノ具体的内容ヲ得、ソノ徳目モ現実社会ニ於テ実践サルベキモノトナル。従ツテ修身ハ「公民」ト一体タルベキモノデアリ、両者ヲ統合シテ「公民」科ガ確立サルベキデアル。

　従来ノ公民科教授要目ハ細目ヲ網羅セントシタ余リ、教科書ノ叙述ヲシテ多クハ抽象的定義ノ羅列ニ止マラシメタ。又ソノ内容モ生徒ノ興味ヲ喚起スルコト少ク、教授者ヲシテ法制経済ニ関スル断片的智識ノ教授ニ終ラシメル観ガアツタ。

　今後公民科教育ニ於テ改革サルベキハ次ノ諸点デアル。

1　教授要目ノ規定ハ大綱ニ止メル（但シソノ内容ニ就キテハ第二回答申ニ譲ル）。
2　教科書ニ於テ必須ナル少数重要事項ヲ選ビ、

各事項相互ノ連絡ヲ重ジ可成詳細且ツ具体的ニ叙述スルコト。
3 　教科書ハ多クノ権威アル学識経験豊カナル者ノ執筆或ハ参画ニヨツテ編纂スルコトヲ要ス（文部省ニ於イテコレヲ検定スル場合ハ，ソノ制度ニツキ別途考慮スルコト）。
4 　公民科ハアラユル他ノ学科ト関聯スルガ故ニ，ソノ教授ニ当ツテハ他学科担任者ト緊密ナル連絡ヲトルコト。
5 　常ニ新聞ノ重要記事ニ関スル解説ヲ行フコト。公共ノ問題ニ対スル関心ヲ高メルコト。
6 　生徒ガ興味ヲ以テ積極的ノ自発的ニ学習，研究，質疑，討論ヲ行フヤウニ教育方法上工夫研究スルコト。
7 　公民科教員ノ再教育。
（二）　公民ノ実習
公民教育ノ目的ヲ達成センガ為ニハ，学校組織運営ノ全体ガ公民的実践ニ好適ナル場トナラネバナラヌ。公民ノ実習ノ機会，方法トシテハ次ノモノガ挙ゲラレル。
1 　生徒代表。級長（組長），班長等ノ選挙。
2 　寄宿舎，消費組合，農場，図書室等ノ生徒ニヨル自治ノ管理及経営（但シ，公共ノモノヲ取扱フニ当ツテハ，努メテコレヲ大切ニ保存，修理スル精神ヲ養ヒ，ソノ習慣ヲ得シメル様ニ実習セシメネバナラヌ。従ツテ喧嘩，乱雑，不衛生，紛失，破損等ヲ放任スルガ如キ，共同生活ノ福祉増進ニ逆行スル形式的ニシテ無責任ナル自治ノ弊ニ陥ラザルヤウ厳戒ヲ要ス。）
3 　遠足，見学，旅行等ノ企画，地理，歴史ニ関スル研究，調査ニ於ケル生徒ノ参加。
4 　校友会ニ於ケル各種ノ研究会，読書会，講習会，討論会，学校祭典，運動競技会等ノ開催ニ於ケル責任アル自治的運営。
三．　社会教育ニ於ケル公民教育
（一）　青少年ノ公民教育ニ於テハ，青少年ノ団体ノ運営ヲ通シテ団体生活ニ必要ナル公徳心，社会的連帯性ノ自覚ノ涵養ト，食衣住生活ニ必須ナル科学的知識技能ヲ習得セシメルコトガ必要デアル。
（二）　成人ヲ対象トスル公民教育ニ於テハ，地域的，職能的，文化的団体ノ運営ヲ通シテ民衆ノ自発的，積極的活動ヲ促シ，各人ノ日常生活ガ政治ト直結スルコトヲ自覚サセルコトニヨリ，具体的ナ公共ノ問題ニツイテ自由ニ討論セシメル習慣ヲ育成スルコトガ必要デアル。
（三）　公民教育施設
社会教育ニ於ケル公民教育ノ施設トシテハ，次ノ如キモノヲ活用スベキデアル。
1 　大学，高等専門学校等ニ於ケル拡張講座，通信講座，母親学級。
2 　政治，社会，宗教，産業，スポーツ等ノ団体ニヨツテ行ハレル講演，映画，幻灯，紙芝居，小冊子，ポスター。
3 　図書館（移動文庫，良書推薦），博物館，美術館等。
（四）　公民教育専任ノ世話係ヲ市町村ニ置クコト。

第二号答申

答申（第二号）

学校教育に於ける公民教育の具体的方策

今やわが国は文化国家，平和愛好国家として，道義の昂揚に努め，普遍的にしてしかも個性豊かなる文化を創造発展して，世界の平和と人類の文化に貢献せねばならぬ。それには何よりも先づ普通人間性の自覚に基く国際協調の精神に徹底すると共に世界の進運に心を啓き，封建的遺制を克服し，基本的人権の尊重に立つて社会態勢を民主主義化し，国民生活を合理化してその安定と向上とを図らねばならぬ。公民教育の刷新が意図されるのもまさにかかる要請に基くのである。

公民教育は広く共同生活の構造と作用とを理解せしめ，これに必要なる資質を啓培するを目

的とする。それ故公民教育は国民教育の根幹たるの位地を占めるものである。わが国民教育が「教育に関する勅語」の趣旨に基く限り公民教育もまたその立場に立つて行はるべきであるのはいふまでもない。それと共に従来の観念的形式的な道徳教育乃至社会教育の欠陥を反省批判し、公民教育の真にあるべき姿を実現せねばならぬ。この目的を達成するため、今後公民教育に於て、次の如き根本方向を確立することが絶対に必要である。

一．普遍的一般的原理に基く理解の徹底

道徳・法律・政治・経済に関する諸問題に就て普遍的一般的原理を理解せしめ、偏狭なる独断的思考及び見解を排除せねばならぬ。それと共にわが国の社会事象を世界との聯関に於て具体的に把握せしめることが大切である。

（例へばわが国民道徳・わが国体・国法に就いても、一般的・普遍的原理に基いてこれを理解せしめ、また家計と国民経済、国民経済と世界経済との具体的な繋りを把握させる、等。）

わが国の特殊性に就ても科学的・実証的な説明を要する。

二．共同生活に於ける個人の能動性の自覚

個人が自ら構成してゐる家族・国家・超国家的社会に対して、個人は受動的立場にあるのではなく、能動的立場にあることを自覚せしめねばならぬ。

共同生活に於いて個人の自主独立性の大切な所以を認識せしめることが必要である。

公共に対する義務と責任の意識を涵養するとともに、個人相互の自由を尊重し合ひ、相互協力の精神に培ふことが社会の進歩、国家の平和にとつて極めて大切なことを明らかにせねばならぬ。

三．社会生活に対する客観的具体的認識とそれに基く行為の要請

社会生活に於ける一定の秩序を実証的客観的に認識せしめ、恣意的独断的な思考や行為を排除すること。

（例へば、道徳教育に於て、徳目を社会組織から抽象遊離せしめることなく、行為の仕方としての徳を具体的な秩序をもつ人間聯関の場に於て把へること。また、経済に就ても、個人と国民経済全体との具体的な聯関を明かにし、国民経済の一定の秩序を理解せしめて、経済道義を抽象的な掛声に終らしめることは避けねばならぬ。）

四．合理的精神の涵養

権威や伝統に囚はれぬ自由な観察・合理的な験証の精神を涵養し、数量的観察に習熟せしめ、思考と行為とに推理力を働かしめ、非合理的感情的な態度を排除すること。

（特に、経済現象に対しては、数量的観察を奨め、個々人の生活に就いても、「生産」と「消費」との両面に亙つて、〔例へば「労働時間」と「睡眠時間」との関係の如く〕量的観念を与へて推理力を養はしめること。

道徳現象の理解に就いても数量的な調査を行はしめ、具体的現実的に道徳的判断力を啓培すること。

更に、合理的な合目的的計画の能力を強化し、社会の組織化・生活の共同化の問題を理解せしめて、これを促進せしめること。）

五．科学の振興と国民生活の科学化

特に基礎的部門に於ける科学の振興を企画すると共に、科学の有する社会的意義及び社会の進歩にとつての意義を認識せしめ、更に人道の実践、国際協和にとつて科学のもつ重大な使命を理解せしめて、科学尊重の念を喚起すること。

わが科学水準を率直に認識せしめ、進取創造の気風を興さしめ、やゝもすれば陥り易き退嬰的態度を反省し、迷信・占易等の因習に対する批判的精神を啓発し、国民生活を合理化すること（更に衛生観念の徹底、適切な性教育の実施等を考慮すること）。

特に経済と技術との聯関を理解せしめ、経済

文化の発達が人間労力を機械や組織に置き換へて行くところにあることを認識せしめて，封建的な暗い勤労主義・能率無視の態度を払拭せしめること。

六．純正なる歴史的認識の重視

歴史的認識に於ても実証的合理的な精神を徹底せしめて事実を歪曲し真実を隠蔽するが如き態度や誤つた精神主義を排除し，正しい歴史的認識に基いて現実を判断せしめること。

（例へば，封建的道徳の意義と価値とは其の時代に即して，歴史的に理解さるべきであつて，今日のわが国に当為として課せらるべきではない。日本経済に就ても，明治以降の資本主義経済としての発展史を認識せしめ，わが経済の質的量的立おくれ，海外市場への依存性を教へて，自給自足政策に対する批判を徹底して世界経済との関聯を理解せしむること。

社会問題に対する歴史的認識を与へ，その発生と発展とを理解せしめ更に資本主義経済との関係を明かにすること。）

七．公民教育の方法に就ての若干の指漂

（一）社会的現象（道徳・法律・政治・経済・文化）の相関関係を，多角的綜合的に理解せしめること。しかも問題を網羅的に並列することなく，重要な若干の事項に重点を置き，これを立体的に理解せしめ綜合的な知識を与へること。

（二）道徳・法律・政治・経済に関する抽象的理論的な問題も，具体的な卑近な事象を通して理解せしめ青少年の興味と関心とを喚起するやう考慮すること。

即ち現実社会の組織及び機能は複雑であつて青少年に直ちに理解されないので，直観的な模型や模範を用ひて説明することである。この場合，従来の道徳教育に於ては模型や模範が説明の手段であることを忘れて，現実の社会生活や模倣出来る行為の仕方としてそれに止まる弊があつた。これを反省して模型を現実と誤認させ模範を当為と混同させぬやうに注意せねばならぬ。

公民教育の内容としては左の如きものが望ましい。

一．人と社会……人格（精神と身体）
　　　　　　　　自律と共同生活
二．家庭生活……家族
　　　　　　　　食衣住・生計
　　　　　　　　家族制度
三．学校生活……修学・師弟・朋友
　　　　　　　　規律と自治
　　　　　　　　職業の選択
四．社会生活……連帯性・公徳・公益
　　　　　　　　隣保と地方自治
五．国家生活……国家の発展
　　　　　　　　人権と民主主義
六．近代政治……近代国家の政治形態
　　　　　　　　我が国の憲法（国憲・国法）
七．近代経済……経済の発達と経済の秩序・技術
　　　　　　　　資本主義
　　　　　　　　世界経済と国民経済
八．社会問題……社会政策
　　　　　　　　社会改革の思想
九．国際生活……国家と人類社会
　　　　　　　　国際平和
十．社会思想……人間性
　　　　　　　　文化（科学・芸術・宗教）
　　　　　　　　共同生活の理想

第2章　中等社会科カリキュラムの内容と構造

序　節　「中等社会科カリキュラム」の全体構造をどうとらえるか

　「社会科」という教科が日本において新設され，実施されたのは1947（昭和22）年9月（「6・3制」という新しい学校制度は1947年4月からであるが，「社会科」の実施は2学期・9月）である。その目標・内容・方法を明示しているのが文部省より発行された『学習指導要領社会科編Ⅰ』と『同Ⅱ』という2冊の冊子であった。前者の『社会科編Ⅰ』は日本で初めて設置される「社会科」の理念と全体像といういわば総論について述べている。後者の『社会科編Ⅱ』はその「社会科」のなかの「中等社会科＝中学校・高校社会科」のあり方といういわば各論について述べている。なお「高校社会科」は1948（昭和23）年4月より実施されている。

　「社会科」という新教科は「青少年に社会生活を理解させ，その進展に力を致す態度や能力を養成すること」をその理念としているが，その理念を踏まえて「一般社会科」構想を提起している。

　すなわち「一般社会科」構想とは，「生徒の経験を中心として数個の大きな問題を総合して」（下線―引用者）扱うもので，従来のような「歴史・地理・公民など」という「教科そのものの内容によって系統だてるような」扱い方とは異なるものである。たとえば「『われわれの政治はどのように行われているであろうか』という問題」（下線―引用者）を学習・研究するためには，あらゆる角度からの知識が必要であり，したがって「政治史の知識」「地理的な背景，地理的な区分」「経済的な面」「多くの集団の社会関係」というように，「生徒が自分の力でいろいろな材料を総合して全体を理解できるように」していくも

のが「一般社会科」構想なのである。

ところで、戦後最初の1947年版学習指導要領から最新の2008年版学習指導要領までの、「中等社会科カリキュラム」の全体構造について、次のような3つの視点からとらえることを提案したい。

第1の視点—戦後初期社会科の「一般社会科」カリキュラムを原型とする<融合社会科カリキュラム>という視点で、その特徴は、地理・歴史・政治・経済等の系統別に分けない<社会問題の多角的学習によって進められるカリキュラム>であるという点。

第2の視点—「分野社会科」カリキュラムを原型とする<統合社会科カリキュラム>という視点で、その特徴は、地理・歴史・政治・経済等の系統別に分ける<地理・歴史・政治・経済等の系統的学習によって進められるカリキュラム>であるという点。

第3の視点—上記の第1の視点（融合社会科カリキュラム）と第2の視点（統合社会科カリキュラム）とが統一された、いわば<総合社会科カリキュラム>の視点。

戦後の中等「社会科」「地理歴史科」「公民科」のカリキュラムの変遷を概観するとき、1947年版～1977年版までが「中等社会科」時代のカリキュラムであり、1989年版～現在までが「中学校社会科」と「高等学校地理歴史科・公民科」との並立時代のカリキュラムであるが、そのなかで、1977年版の「高等学校社会科」は、一方で「科目・現代社会」という<融合社会科的科目>を配し、他方で「科目・日本史、世界史、地理、政治経済、倫理」という<統合社会科的科目（系統別科目）>を配し、筆者のいう、<総合社会科>という形態が成立していた。しかし、次の1989年版改訂で「地理歴史科」と「公民科」が分割され<融合社会科的科目＝現代社会>の性格と位置づけがあいまいになった。この点については臼井嘉一はその改定時に参議院文教委員会で参考人として証言している（p. 53〈章末資料〉参照）。

第1節　中学校社会科カリキュラムの内容と構造

はじめに——戦後中学校社会科カリキュラムをどうとらえるか

　戦後中学校学習指導要領の社会科構造を次の視点からとらえてみる。
第1の視点—「一般社会科」が含まれているカリキュラム（1947年版，1951年版，1955年版）
第2の視点—「三分野社会科」が＜ザブトン型＞で実施されるカリキュラム（1955年版，1958年版，1969年版）　ただし1955年版，1958年版の「政治・経済・社会的分野」は，1969年版から「公民的分野」に改称される。
第3の視点—「三分野社会科」が＜パイ型＞で実施されるカリキュラム（1969年版，1977年版，1989年版，1998年版，2008年版）

　以上の3つの視点から中学校社会科学習指導要領のカリキュラム構造の変遷を整理してみる。

1　「一般社会科」が含まれているカリキュラム——1947年版・1951年版・1955年版

　1947年版学習指導要領（1947年6月22日発行）における中学校社会科の全体像は，一方では〈3年制〉一般社会科を内容とし，他方では2・3年設置の〈2年制〉「国史（日本史）」をその内容として構想されている。ただし後者の「国史（日本史）」の具体的内容は，次期改訂の1951年版においてはじめて成案化されることになる。(p. 37「C案」参照)

　そして1951年版学習指導要領（以下単に「○○年版」と略す）も1947年版の理念をさらに発展させようとするもので，1947年版と1951年版は合わせて「初期社会科」もしくは「成立期社会科」とよばれる。

　この1951年版の一つの特質は，1947年版においてその内容を提示しえなか

表 2-1　1947 年版

中学校	3年	「一般社会科」（140 <4>） 「国史」　　　（ 70 <2>）
	2年	「一般社会科」（140 <4>） 「国史」　　　（ 35 <1>）
	1年	「一般社会科」（175 <5>）

表 2-2　1951 年版

中学校	3年	「一般社会科」（175～315） 「日本史」　（同上に含まれる）
	2年	「一般社会科」（140～280） 「日本史」　（同上に含まれる）
	1年	「一般社会科」（140～210）

った，いわば社会科歴史教育（日本史教育）の内容を正式に提示していることにある。

1951 年版中学校社会科の全体構造は表 2-2 のとおりである。「歴史・地理・公民など」と系統だてない「一般社会科」（融合社会科）は，中学校 1 年〜3 年に設定し，併せて中学校 2・3 年ではそれとは別に「日本史」を設定するという構成となっている。

ただし「日本史」の設定については，1951 年版では「一般社会科とは別個に指導計画をたててもよいことになっている。これには，そうしなければならない積極的理由があるわけではない」が，「一応，日本史としての指導計画の例を示すことにした」と述べられている。

この「日本史」の別立てについては，歴史教育の系統学習を重視する立場から，その意義を認めつつも，その系統学習が「一般社会科」に解消されてしまうことへの懸念が表明されているが[1]，「社会科」という教科における系統的歴史教育の位置づけの必要性をめぐっての一つの問題提起であろう。すなわち今日，社会科のなかにおいて「歴史的分野」を位置づけることは当然のことであるが，当時は「一般社会科」のなかに歴史教育を解消して，いわゆる系統的歴史教育（日本史教育を含めて）を廃止することすら議論されていたからである。

もっとも今日からみて，銘記すべきことは「一般社会科」（融合社会科）という従来存在しなかった新しい社会科領域の新設を含めた「社会科」という新教科の成立の意義についてであろう。

1951 年版における「一般社会科」の内容は，前の 1947 年版を発展させてつぎのように提示されている。

> 第1学年　主題　われわれの生活圏
> 　第1単元　学校や家庭の生活を明るくするにはどうすればよいか。
> 　第2単元（国土）　第3単元（世界の衣食住）　第4単元（世界の諸地域）
> 第2学年　主題　近代産業時代の生活
> 　第1単元　都市や村の生活は，どのように変わってきたか。
> 　第2単元（近代工業）　第3単元（天然資源）　第4単元（職業と生活）
> 第3学年　主題　民主的生活の発展
> 　第1単元　われわれは民主主義を，どのように発展させてきたか。
> 　第2単元（政治）　第3単元（経済）　第4単元（文化遺産）
> 　第5単元（世界の平和）

　この一般社会科の内容から，従来の地理・歴史・政治・経済・社会の系統的視点とは異なる新しい視点が明示されていることに注意する必要がある。

　ところで1951年版の中学校社会科日本史教育の内容は「A案」「B案」「C案」という3案が提示され，そのなかの「C案」はさらに「展開例」まで例示されている。どの案にもはじめての社会科としての「参考単元題目」が示されているが，この「C案」では5つの単元が示されている。

> 1　石器や貝塚をのこした人々はどのようにして生活を切り開いていったか。
> 2　奈良や京都のような都はどのような世の中でつくられたか。
> 3　各地に城が建てられたころの世の中はどのようであったか。
> 4　新聞やラジオのつくられた世の中はどのようにして生まれたか。
> 5　どこの町や村でも中学校が建てられるような世の中になったのはなぜだろうか。

　以上の1951年版に対して，つぎの1955年版は，この「一般社会科」を廃止することを含む新しい提案となっている。その全体構造は表2-3のとおりである。

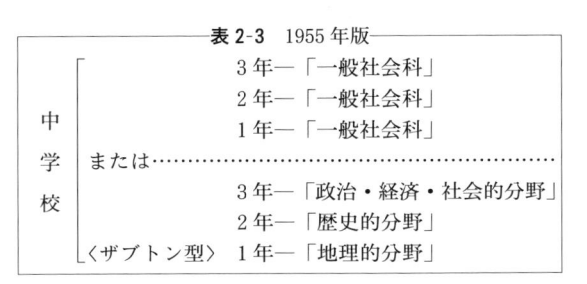

表2-3　1955年版

中学校		
	3年	「一般社会科」
	2年	「一般社会科」
	1年	「一般社会科」
	または	
	3年	「政治・経済・社会的分野」
	2年	「歴史的分野」
〈ザブトン型〉	1年	「地理的分野」

2 「三分野社会科」が〈ザブトン型〉で実施されるカリキュラム
　　——1955年版・1958年版・1969年版

　まず1955年版では，従来の「一般社会科」の方向に加えて新たに「一般社会科」を廃止して，社会科地理，歴史，政治・経済・社会という「三分野社会科」の方向が提示された。この後者の方向こそ現在の「歴史」「地理」「公民」という三分野社会科の出発点になっている。

　1955年版ではこの2つの方向の現場での取扱いに関してつぎのように述べて現場における複数の方向をも許容しうる対応を提起している。

　「従来は『一般社会』と『日本史』との指導計画を別個に立ててもよいことになっていたのを，社会科の指導計画を一本化し，日本史も社会科の指導計画の中に織りこんで計画するようにした。」

　「地理的分野，歴史的分野，政治・経済・社会的分野に分けて示し，各学校において，いろいろの指導計画が立てられるように幅をもたせた。」

　ただし現実の方向は「三分野社会科」の方向に展開していったともいえる。
　1958年版・1969年版の全体構造を整理すると表2-4, 5のとおりである。

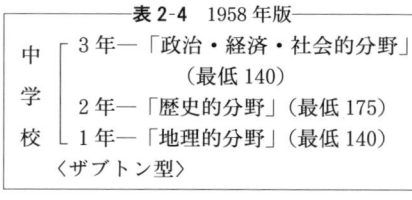

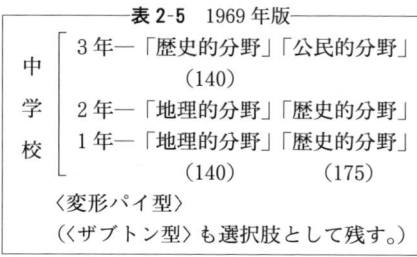

```
─── 表2-4　1958年版 ───
中 ┌ 3年—「政治・経済・社会的分野」
学 │        （最低140）
校 │ 2年—「歴史的分野」（最低175）
　 └ 1年—「地理的分野」（最低140）
〈ザブトン型〉
```

```
─── 表2-5　1969年版 ───
中 ┌ 3年—「歴史的分野」「公民的分野」
学 │         （140）
校 │ 2年—「地理的分野」「歴史的分野」
　 └ 1年—「地理的分野」「歴史的分野」
          （140）      （175）
〈変形パイ型〉
（〈ザブトン型〉も選択肢として残す。）
```

　1958年版が，それまでの中学校社会科カリキュラムと決定的に異なる点は，従来の「一般社会科」が完全に廃止されたことにある。

　この1958年版は中学校社会科における「ザブトン型」カリキュラムを確立させたものでもある。「ザブトン型」とは，ザブトンを重ねるように「地理」「歴史」「公民」を1年・2年・3年と重ねて学ぶところから現場において名づけられた用語であ

る。

　この1958年版において「歴史」カリキュラムという,「日本史」と「世界史（外国史）」とを統合したようなカリキュラムが正式に成立したことも注目すべきことである。

　このような「歴史」カリキュラムに対して,「日本史」の流れのなかに「世界史」がサンドウィッチのように挟まれている形態なので, その「世界史」を重視するためには,「歴史」カリキュラムからの「世界史」の独立を, という主張すら生まれたことがある[2]。

3　「三分野社会科」が〈パイ型〉で実施されるカリキュラム
　　　――1969年版・1977年版・1989年版・1998年版・2008年版

　1969年版は,「ザブトン型」に対して「パイ型」とよばれるカリキュラム形態を提示したものである。数学用語（ギリシャ語）の「π」の形のように, 1年・2年と並行して「地理」「歴史」を学習した後, 3年という最終学年で「公民」によってまとめられるような形態であるために名づけられた用語であり, 正式には「地歴並行学習」とよばれている。そして実際には「歴史」が3年1学期まで履修されるという3年まで食い込む形態のため「変形パイ」とよばれることもある。

　この1969年版はこの「パイ型」カリキュラムの成立という特質とともに, その「パイ」という形態のまとめ段階の3年での「分野」名を従来の「政治・経済・社会」から「公民」へと変更したことも大きな特徴である。

　なお, この要領では「各分野」の履修形態について「第1, 第2学年を通じて地理的分野と歴史的分野を並行して学習させ, 第3学年において歴史的分野および公民的分野を学習させることを原則とするが, この場合, 歴史的分野の学習を第2学年で終了すること, または, 第1学年地理的分野, 第2学年歴史的分野, 第3学年公民的分野の学習をさせることなど, 学校の実態に即して適切に定めることができる」と述べられている。

この「パイ型」カリキュラムの成立に当たっての履修形態の指摘は注目すべきものである。それは，「変形パイ型」を原則としつつも，「学校の実態に即して」，「歴史的分野の学習を第2学年で終了する」という「純粋パイ型」や従来の「ザブトン型」をも許容しうるようなものとなっているからである。まさに「地理」「歴史」「公民」の履修形態は，「学校の実態に即して」選択しうるということである。

また1969年版の地理的分野の内容の冒頭に位置づけられている従来（1958年要領）の「1 郷土」（野外観察・郷土における生活と自然・郷土と他地域との関係・郷土の地理的諸問題）というネーミングが，「1 身近な地域」（野外の観察と調査・地域の特色と変化・他地域との関連）に変更された。

1977年版・1989年版の全体構造を整理すると，表2-6，7のとおりである。

1977年版は全体として教科の総合性という観点が強調されている。その象徴的事例として小学校の低学年の合科的指導の提起と中学校の「純粋パイ型」の提起および高校1年の「科目・現代社会」（かつての「一般社会科」的科目）の新設があげられる。まさにパイ型社会科という教科構造がこの時期の「総合性」の象徴として強調されたといえる。

1977年版はその点にかかわって「指導計画の作成に当たっては，小学校の内容との関連性及び各分野相互の有機的な関連を図るとともに，地理的分野及び歴史的分野の基礎の上に公民分野の学習を展開するこの教科の基本的な構造に留意して全体として教科の目的が達成できるようにする必要がある」と述べられている。

表2-6　1977年版

中学校
- 3年—「公民的分野」（105）
- 2年—「地理的分野」「歴史的分野」
- 1年—「地理的分野」「歴史的分野」（140）　　（140）

〈原則＝純粋パイ型〉

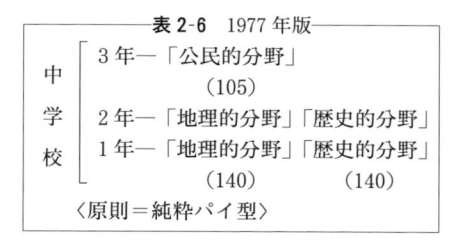

1989年版は全体として，戦後社会科教育史上最大のカリキュラム改編がなされたものである。それは中学校というよりも小学校・高校におけるもので具体的には小学校1・2年において社会科が廃止され生活科

が新設されたことと，高校社会科が地理歴史科と公民科に再編されたことをさしている。

1989年版の中学校社会科は，教科の全体構造そのものは変化していないが，その内容については，1977年版から地理的分野では「日本とその諸地域」に先立って「世界とその諸地域」を学習する，い

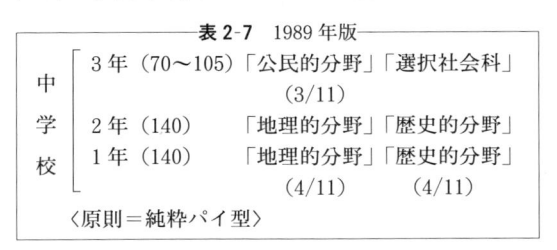

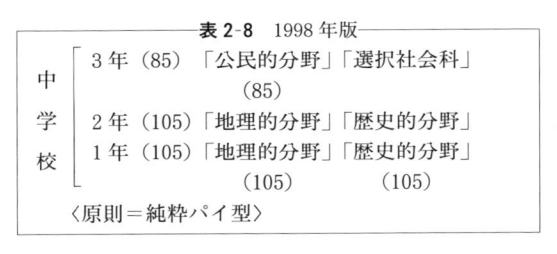

表2-7　1989年版
中学校	3年（70〜105）「公民的分野」「選択社会科」 （3/11）
	2年（140）　　「地理的分野」「歴史的分野」
	1年（140）　　「地理的分野」「歴史的分野」 （4/11）　　　　（4/11）

〈原則＝純粋パイ型〉

表2-8　1998年版
中学校	3年（85）　「公民的分野」「選択社会科」 （85）
	2年（105）「地理的分野」「歴史的分野」
	1年（105）「地理的分野」「歴史的分野」 （105）　　　（105）

〈原則＝純粋パイ型〉

わゆる「世界地理」先習が成立したものを今回も継続しつつ，新たにその「世界地理」学習を「世界の州や大陸を幾つかに区分して設定したまとまりのある地域又は国のうちから三つ程度を選んで取り上げる」という，いわゆる「大観させる学習」にしている。

また歴史的分野でも1977年版から「我が国の歴史を，世界の歴史を背景に理解させ，それを通して我が国の伝統と文化の特色を考えさせる」というように，歴史的分野では「世界の歴史を背景に」した，「我が国」（日本史）の理解に重点がおかれ，この方法は1989年版にも継承されている。

1998年版は2002（平成14）年4月より実施されたが，この改訂は「完全学校5日制」に対応するものであり，ここでは教育内容の「厳選」方針にもとづいて大幅な整理・再編がめざされた。

この「厳選」は，中央教育審議会第1次答申の提起をふまえて①単なる知識の伝達や暗記に陥りがちな内容，②各学校段階または各学年，各教科間で重複する内容，③学校外活動や将来の社会生活で身に付けることが適当な内容，に焦点化して進められつつある。その新しい内容構成の視点を例示するとつぎの

ような諸点が考えられる。

「地理的分野」

＊国土の特色を世界と比較して大きくとらえ，またいくつかの地域事例を通して地域的特色を明らかにする視点や方法を学ぶ。

＊「世界と日本の地域構成」「諸地域の調べ方・学び方」「世界と比較してみた日本」という観点からの再構成

「歴史的分野」

＊時代区分を大きくとって内容を再構成し，時代の特色を大きな単位でとらえるようにする。

＊「歴史の流れと地域の歴史」「古代・中世・近世・近現代の日本史」という観点からの再構成

「公民的分野」

＊地理・歴史・公民における現代の日本の世界に関わる部分を全体として融合的・総合的に再構成する。

＊「現代社会と私たちの生活」「国民生活と経済」「現代の民主政治」という観点からの再構成

以上の中学校社会科の再構成は，併せて今回新設の「総合的な学習の時間」とどう関連づけて有効に進めうるかがきわめて重要な課題となっている。

この「総合的な学習の時間」とは，新しい教育課程における教科・道徳・特別活動全体を貫く課題として「国際理解・外国語会話，情報，環境，福祉など児童生徒の興味・関心等に基づく課題」を設定し，「横断的・総合的な学習」を推進していくうえでの，いわばコア（中心）とでもいえる「時間」である。

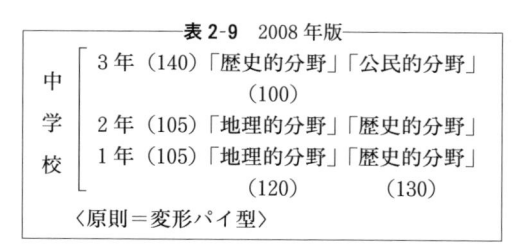

また，新学習指導要領である2008年版の全体構造は表2-9のとおりである。一方で

表2-9 2008年版

中学校	3年（140）「歴史的分野」「公民的分野」（100）
	2年（105）「地理的分野」「歴史的分野」
	1年（105）「地理的分野」「歴史的分野」（120）　　　（130）

〈原則＝変形パイ型〉

「選択社会科」が廃止されつつ，他方で「地理的分野」とともに「歴史的分野」の時数が再び増加されて「変形パイ型」になっていることに注意してほしい。

4　新学習指導要領の特徴と実践上の課題

　2008（平成20）年3月に小・中学校学習指導要領が文部科学省＜告示＞として官報に公示され，「法的拘束力を有する国家基準」として発表された。

　新学習指導要領は前回までの学習指導要領が1947年3月公布・施行の「教育基本法」をふまえて公示されていたのに対し，今回は2006年12月公布・施行の「改定教育基本法」をふまえて公示されている。この「改定教育基本法」の「第二条（教育の目標）」のなかに「五伝統と文化を尊重し，それらをはぐくんできた我が国と郷土を愛するとともに，他国を尊重し，国際社会の平和と発展に寄与する態度を養うこと」という規定があり，この規定についてはその改定時に，疑問もしくは反対の意見が提出されていたものである。

　社会科の目標には「我が国の国土と歴史に対する理解と愛情」とあって，当然のごとく「理解」もふまえて「愛情」が位置づけられている。実は社会科教育においてこのような形式で「理解と愛情」が登場したのは，1977（昭和52）年の学習指導要領以降であり，それ以前に目標の一部に「郷土や国土に対する愛情」が加わったのは，1958（昭和33）年の＜告示＞形式の学習指導要領以降である。

　この目標をふまえるうえで重視すべきことは，かつて1930年代のアメリカ社会科教育において主張されていた―「ジュニアスクールにおいては，シティズンシップの教育は重要な位置を占めているが，そのシティズンシップ教育では国旗への敬礼とか感情満ち溢れる愛国心というような態度を育てるのではなく，個人が社会の中の自ら引き受けるべきポジションに対応しつつ，高度に組織された工業的，民主的社会で自らゆだねられる義務と責任を果たすことである」―を念頭において実践を進めることであろう。

　つまり「閉じられた愛国心」ではない，「開かれた愛国心」ということをふ

まえてこそ，民主主義的な公共精神の育成を伴う社会認識の教育がなされるのである。

ところで新学習指導要領は，「基礎的・基本的知識，概念の習得及び活用」という点の重視もその特徴として指摘できるが，これは国際的な学力テスト（PISA）での学力低下に対する対応ともとらえられているものである。そして，その具体的措置として，一方では従来の「選択社会科」を廃止し，「総合的な学習の時間」時数を削減させつつも，他方で「三分野社会科」の授業時数を増加し，その内容的充実を図ろうとしている。

実践上の課題として指摘したいことは，今回の学習指導要領では，一方で教科教育の授業において「習得」と「活用」が強調され，他方で総合的な学習の時間のみで「探究」という用語が強調されることによって，教科教育の授業においてややもすると「探究」という観点が軽視ないし排除が危惧されないかということである。日本の教師たちは社会科の授業においてこの「探究」という観点をふまえた授業の充実をこれまでも努力してきたことをふまえれば，「習得」「活用」と「探究」を機械的に切り離さないような配慮が望まれる。

第2節　高校社会科・地歴・公民科カリキュラムの内容と構造

はじめに——戦後高校＜社会科＞カリキュラムをどうとらえるか

　戦後高等学校学習指導要領の社会科構造を次の視点からとらえてみる。
第1の視点—「一般社会科」が含まれているカリキュラム（1947年版・1952年版・1955年版）
第2の視点—「一般社会科」も「現代社会」も含まれないカリキュラム（1960年版・1970年版）
第3の視点—「現代社会」が含まれているカリキュラム（1978年版・1989年版・1998年版・2008年版）
第4の視点—「地理歴史科」と「公民科」のカリキュラム（1989年版・1999年版・2009年版）
　以上の4つの視点をふまえて，次に高等学校＜社会科＞学習指導要領のカリキュラム構造の変遷を整理してみる。

1　「一般社会科」が含まれているカリキュラム
　　——1947年版・1952年版・1955年版

　1947年版と1952年版のカリキュラムの全体構造は，表2-10と表2-11のとおりである。両者とも「一般社会科」―「選択社会科」という全体構造として整理しうる。
　また表2-10と表2-11をふまえて指摘しておきたいことは，<u>「高校社会科」1年～3年の全体をとおして〈融合科目〉が存在するのは，1947年版と1951年版のみであり</u>，このような「高校社会科」を初期高校社会科とよぶことができよう。

表 2-10　1947 年版

高校
- 3 年―　選択社会科（1 科目以上）
- 　　　　「東洋史」(5)「西洋史」(5)
- 2 年―　「人文地理」(5)「時事問題」(5)
- 1 年―「一般社会科」(必修)(5)

（未実施）

表 2-11　1952 年版

高校
- 3 年―　選択社会科（1 科目以上）
- 　　　　「日本史」(5)「世界史」(5)
- 2 年―　「人文地理」(5)「時事問題」(5)
- 1 年―「一般社会科」(必修)(5)

表 2-12　1955 年版

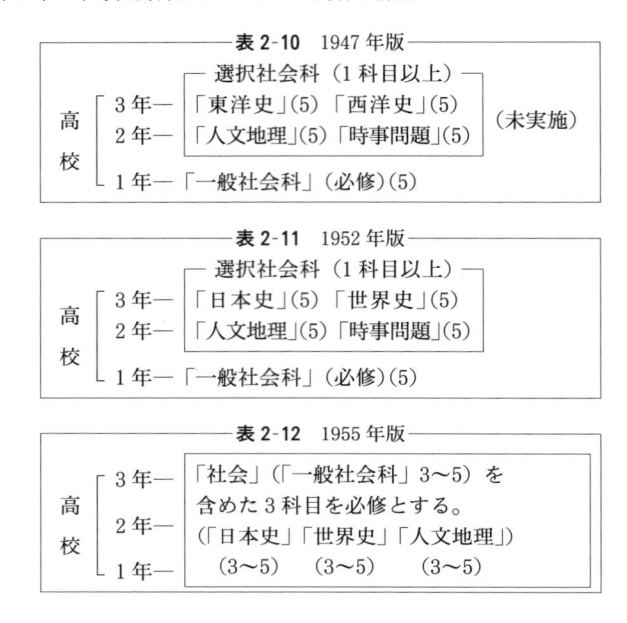

高校
- 3 年―　「社会」（「一般社会科」3～5）を
- 2 年―　含めた 3 科目を必修とする。
- 　　　　（「日本史」「世界史」「人文地理」）
- 1 年―　　(3～5)　(3～5)　(3～5)

　この高校 2・3 年にまで〈融合社会科〉が位置づくような初期高校社会科が，つぎの 1955 年版では 1 年にのみ〈融合科目〉がおかれ，その他は〈系統別科目〉となる。

　すなわち高校 1 年新設の「社会科社会」は，従来の「一般社会科」と「時事問題」との統合科目として設置され，そのことによって 1955 年版にも一応〈融合社会科〉という観点が継承されることになる。ただし，その「社会科社会」の全体構成は従来のものとは異なり，意識的に「政治」「経済」「社会」という観点から構成されるものとなっており，そのうえでこの 3 つの観点に加えられた新しい観点は「倫理」という観点であった。

　この 1955 年版を整理すると表 2-12 のようになる。

　すなわち 1955 年版では「(社会科) 社会」は上で述べたように「政治・経済・社会」に加えて新たに「倫理」という「人生観や行為の基準となる道徳や思想について深く考えさせる機会を持たせる」観点をつけ加え，従来の一般社会科

が継続された。そして「日本史」は「中学校よりも程度の高い歴史的知識を与え，日本史をより深く，科学的，系統的に理解させる」科目として，「世界史」は「世界史をより深く，科学的，系統的に理解させ――また世界の諸民族，諸国家が――互いに交渉をもちながら発展してきたことを認識させる」科目として，さらに「人文地理」は「日本および世界が当面している諸問題に学習領域の重点を置いて――特に国際関係に留意して，人文地理学を主とする関係諸科学の業績を背景に，より深く，系統立てて理解させる」科目として，それぞれ設定されている。

なお，ここで改めて指摘しておきたいことは，「（社会科）社会」という科目は〈融合科目〉と一応規定することはできるものであるが，そのカリキュラム編成と授業運営が，現実にはどのようにすすめられたかは批判的に検討すべき問題である。つまり，「（社会科）社会」は，もしかして，単に「政治」「経済」「社会」「倫理」という分野の寄せ集め程度にしか認識されなかったかもしれないからである。その点で1951年版において記されたつぎのような3つの記述（「その1」～「その3」）に含まれている観点をどう発展させるかが大きな課題としてあったように思える。

―― その1 ――
各項目の組織・配列は，単元の例を示すものではなく，また，それぞれの項目を，分解したり，相互に組み合わせて指導してもよい。

―― その2 ――
単なる専門的知識の講義だけに終わったり，特定の領域の学習だけに片寄ってはならない。さまざまな基本的問題の学習を通して，一般社会科の目標がよく達成されるようにすることがたいせつである。

―― その3 ――
低学年に履修させる場合と，高学年に履修させる場合とでは，他の教科との関連を考慮するほか，社会科の他の科目との連絡をじゅうぶん考えて社会科として一貫した指導計画をもち，そのねらいがよく達成されるようにすることが必要である。

以上のいわば3つの観点の具体化は戦後高校社会科カリキュラム史全体を貫く課題であり，この課題がどの程度実現しえたかは，たえず念頭におくべき研究的実践的観点でもあった[4]。

つまりここには，社会科という教科カリキュラムにおける単元構成の一貫性と学年段階にそっての体系性とでもいえる課題が含まれているのである。

2 「一般社会科」も「現代社会」も含まれないカリキュラム ──1960年版・1970年版

1960年版・1970年版の全体構造を整理すると表2-13，14のとおりである。

1960年版が，それまでの高校社会科カリキュラムと決定的に異なる点は，従来の〈融合科目〉が廃止されたことにある。すなわち先述の「社会」という〈融合科目〉は，「政治・経済」と「倫理・社会」という科目に分化されて〈系統別科目〉に再編成され，他の「日本史」「世界史」「地理」と同様の〈系統科目〉となって，ここに「一般社会科」は完全に廃止された。

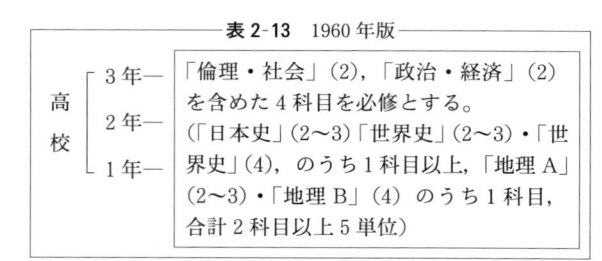

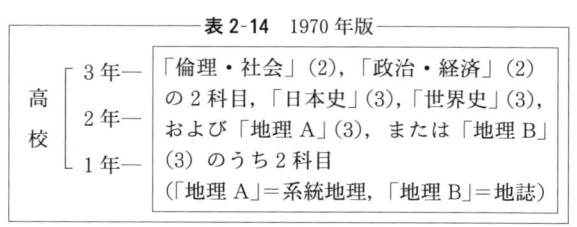

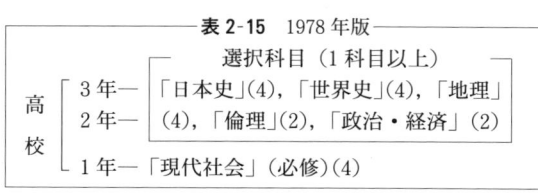

なおここでの〈系統別科目〉の履修形態は表2-13のように「倫理・社会」「政治・経済」の4単位必修と「歴史」関係1科目・

```
─── 表2-13　1960年版 ───
高校
 3年─┐
 2年─┤「倫理・社会」(2)，「政治・経済」(2)
 1年─┘を含めた4科目を必修とする。
      (「日本史」(2〜3)「世界史」(2〜3)・「世
      界史」(4)，のうち1科目以上，「地理A」
      (2〜3)・「地理B」(4) のうち1科目，
      合計2科目以上5単位)
```

```
─── 表2-14　1970年版 ───
高校
 3年─┐
 2年─┤「倫理・社会」(2)，「政治・経済」(2)
 1年─┘の2科目，「日本史」(3)，「世界史」(3)，
      および「地理A」(3)，または「地理B」
      (3) のうち2科目
      (「地理A」=系統地理，「地理B」=地誌)
```

```
─── 表2-15　1978年版 ───
高校        選択科目 (1科目以上)
 3年─┐  「日本史」(4)，「世界史」(4)，「地理」
 2年─┤  (4)，「倫理」(2)，「政治・経済」(2)
 1年─┘  「現代社会」(必修)(4)
```

「地理」関係1科目が必修というものとなった。

　つぎの1970年版は，表2-14のように「倫理・社会」「政治・経済」の4単位必修に加えて，その他の4つの〈系統別科目〉から2科目必修というものになっている。また「地理」系の2科目は「A」が「系統地理」科目，「B」が「地誌」科目とに再編成された。

3　「現代社会」が含まれているカリキュラム
　　――1978年版・1989年版・1999年版・2009年版

　1978年版の全体構造を整理すると表2-15のとおりである。

　1978年版は高校社会科の歴史において新たな時期を画するものである。それは第1に「現代社会」という〈融合科目〉が再登場したこと，第2に高校社会科カリキュラムにおいてはじめて「1科目のみ必修」を認めるものとなったことである。すなわち「現代社会」の履修だけでも卒業しうる高校社会科カリキュラムとなったが，併せて「倫理・社会」は「倫理」という科目に再編成された。

4　「地理歴史科」と「公民科」のカリキュラム
　　――1989年版・1999年版・2009年版

　つぎの1989年版は，1978年版以上に，戦後改革以来の大きな改訂となったが，それは「高校社会科」が廃止され，「地理歴史科」と「公民科」という新しい2教科に再編成されたからである。

　1978年版の「高校社会科」の目標が「広い視野に立って，社会と人間についての理解と認識を深め，民主的，平和的な国家・社会の有為な形成者として必要な公民的資質を養う」とされていたのに対し，新「公民科」は「広い視野に立って，現代の社会について理解を深めさせるとともに，人間としての在り方生き方についての自覚を育て，民主的，平和的な国家・社会の有為な形成者として必要な公民としての資質を養う」，新「地理歴史科」は「我が国及び世

界の形成の歴史的過程と生活・文化の地域的特色についての理解と認識を深め，国際社会に主体的に生きる民主的，平和的な国家・社会の一員として必要な自覚と資質を養う」と改訂された。

　ここには，前もって，2つの教科に分けることを決定した後，それぞれの目標の文言を手直ししていることがうかがわれる。問題は，このように「地理歴史」と「公民」が内容的には区分されたとしても，この両者をいかに関連づけて実践するのかということにある。戦後初期の総合的な「高校社会科」の初志を改めて再確認する必要がある。

　さて1989年版の全体構造を整理すると表2-16のとおりである。

　「地理歴史科」は「世界史」が2～4単位必修となった。それに加えて「日本史」「地理」から1科目選択必修となっているが，今回の新科目では「世界史」「日本史」「地理」のいずれにも「A2単位」と「B4単位」の科目が設置され「日本史」「世界史」では「近現代史」に重点をおく「A」と「歴史全体」に重点をおく「B」に分け，地理の場合は1970年版のような「系統地理」「地誌」のような分け方とは異なり，「A」は「世界の人々の生活・文化にかかわる地域的特色と諸地域の共通の課題」について重点をおき，「B」は「従前の『地理』の趣旨」をふまえたものとしている。

　また「公民科」は「4単位必修」となって「現代社会4単位」か「政治・経済2単位，倫理2単位計4単位」のいずれか選択となって，1978年版のような「現代社会」必修は廃止された。したがって「現代社会」という〈融合科目〉の必修制はここで終了した。

　1999年版は「完全週5日制」に対応するものである。教育内容の「厳選」方針に基づいて「地理歴史科」においては「生徒の興味・関心を生かして学習できるよう，科目内で内容を選択して学習する仕組み」が一層拡充する方向で改革が検討され，また「公民科」においては「他教科と内容が重複するものについては精選する」という方向で改革がすすめられた。

　「高校社会科」という教科は1948（昭和23）年4月より実践されている戦後の

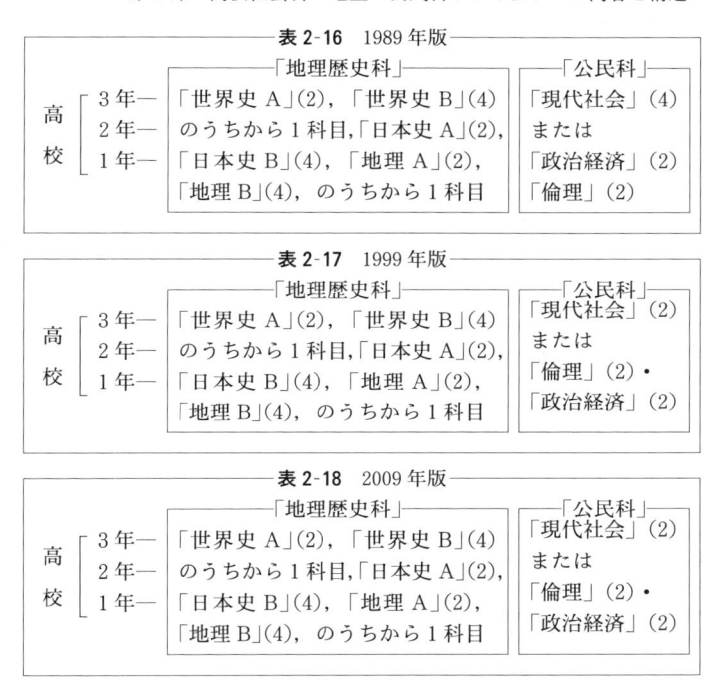

第2節　高校社会科・地歴・公民科カリキュラムの内容と構造　51

表 2-16　1989年版
高校
3年―
2年―
1年―
「地理歴史科」
「世界史A」(2)，「世界史B」(4)
のうちから1科目,「日本史A」(2)，
「日本史B」(4)，「地理A」(2)，
「地理B」(4)，のうちから1科目

「公民科」
「現代社会」(4)
または
「政治経済」(2)
「倫理」(2)

表 2-17　1999年版
高校
3年―
2年―
1年―
「地理歴史科」
「世界史A」(2)，「世界史B」(4)
のうちから1科目,「日本史A」(2)，
「日本史B」(4)，「地理A」(2)，
「地理B」(4)，のうちから1科目

「公民科」
「現代社会」(2)
または
「倫理」(2)・
「政治経済」(2)

表 2-18　2009年版
高校
3年―
2年―
1年―
「地理歴史科」
「世界史A」(2)，「世界史B」(4)
のうちから1科目,「日本史A」(2)，
「日本史B」(4)，「地理A」(2)，
「地理B」(4)，のうちから1科目

「公民科」
「現代社会」(2)
または
「倫理」(2)・
「政治経済」(2)

新教科であるが，この実践において徐々につくり上げられた観点は，本節において述べてきたように，1つ目は，〈融合社会科〉という社会問題領域の多角的学習カリキュラムの観点であり，2つ目は，いくつかの〈系統別科目〉を社会科として統合するいわば〈統合社会科〉カリキュラムという観点であり，さらに3つ目は，以上の第1と第2を総合するいわば〈総合社会科〉カリキュラムという観点である。

以上の3つの観点をふまえて，今後もその「社会科」的カリキュラム編成をすすめていく必要があるが，「総合的な学習の時間」の登場により，その学習と社会科カリキュラムの内容編成とのかかわりも問われることになった。

なお，2009年版の全体構造は，表2-18のとおりである。

注

1) 高橋磌一『新訂歴史教育論』河出書房新社，1970年所収の論文「社会科の壁を破るもの」(『歴史評論』15号，1948年）において「現在中学の社会科にはセパレートコースとして『国史』を置いているか，社会科が本来あるべき形としては完全に統一された教科として一本の社会科でなくてはならぬとされているのであって，歴史という独立の教科の存在は認めようとしない」と述べられている。
2) 加藤文三「サンドウイッチよさようなら（一）〜（三・完）」『歴史地理教育』74号〜76号，河出書房新社，1962年6月，7月，8月
3), 4) 和井田清司他『高校初期社会科の研究』学文社，1998年参照

〈章末資料〉

「高等学校社会科」再編成に対する参考意見

第106回国会　参議院文教委員会会議録第3号
　　　　　　　（「官報」原文は縦組み）

平成元年12月12日（火曜日）
　午前十時三分開会

　委員の異動
　12月12日
　　辞任　　　　　　　補欠選任
　　池田　　治君　　　笹野　貞子君

――――――――――――――

　出席者は左のとおり。
　　委員長　　　　　　柳川　覺治君
　　理　事
　　　　　　　　　　　木宮　和彦君
　　　　　　　　　　　田沢　智治君
　　　　　　　　　　　粕谷　照美君
　　　　　　　　　　　山本　正和君
　　委　員
　　　　　　　　　　　井上　　裕君
　　　　　　　　　　　石井　道子君
　　　　　　　　　　　大浜　方栄君
　　　　　　　　　　　狩野　明男君
　　　　　　　　　　　世耕　政隆君
　　　　　　　　　　　会田　長栄君
　　　　　　　　　　　小林　　正君
　　　　　　　　　　　西岡瑠璃子君
　　　　　　　　　　　森　　暢子君
　　　　　　　　　　　塩出　啓典君
　　　　　　　　　　　高木健太郎君
　　　　　　　　　　　高崎　裕子君
　　　　　　　　　　　池田　　治君
　　国務大臣
　　　　文部大臣　　　石橋　一弥君
　　政府委員
　　　　文部大臣官房総
　　　　　　　　　　　佐藤　次郎君
　　　　務審議官
　　　　文部省初等中等
　　　　　　　　　　　菱村　幸彦君
　　　　教育局長
　　　　文部省教育助成
　　　　　　　　　　　倉地　克次君
　　　　局長
　　　　文部省高等教育
　　　　　　　　　　　坂元　弘直君
　　　　局長
　　　　文部省高等教育
　　　　　　　　　　　野崎　　弘君
　　　　局私学部長
　　事務局側
　　　　常任委員会専門
　　　　　　　　　　　菊池　　守君
　　　　員
　　参考人
　　　　東京大学教養学
　　　　　　　　　　　木村尚三郎君
　　　　部教授
　　　　横浜国立大学教
　　　　　　　　　　　市川　　博君
　　　　育学部教授
　　　　武庫川女子大学
　　　　　　　　　　　梶原　康史君
　　　　文学部教授
　　　　福島大学教育学
　　　　　　　　　　　臼井　嘉一君
　　　　部助教授

――――――――――――――

〇委員長（柳川覺治君）　ただいまから文教委員会を開会いたします。

――――――――――――――

〇委員長（柳川覺治君）　教育職員免許法の一部を改正する法律案を議題といたします。〔中略〕
　それでは、まず木村参考人よりお願い申し上げ

ます。木村参考人。

○**参考人（木村尚三郎君）** ただいま御紹介いただきました東京大学教養学部教授の木村尚三郎でございます。西洋史が私の専門でございます。

このたびの高等学校の教員免許状に係る教科につきまして社会を地理歴史及び公民に改めるという案につきまして，私は賛成の立場から意見を述べさせていただきます。

教育課程審議会のメンバーにもさせていただきまして，この問題につきましては終始，賛成の意見を述べさせていただきましたが，その趣旨は，現代という時代が大きな歴史の転換期に差しかかっているということでございます。

技術文明それ自体が，今，世界的に成熟いたしておりまして，前途がいま一つはっきり見えない。大思想が今どこにもないという状況がございます。そういう中におきまして，過去の人のさまざまな生きる知恵を掘り起こす，そういった意味で，今，掘り起こしの時代が来ているということが全世界的に言えるように思うわけでございます。ヨーロッパにおきましても日本におきましても，そのような意味におきまして，現在，歴史に対する関心が非常に大きくなっている状況でございます。

かつてヨーロッパにおきまして，14世紀，15世紀にイタリアルネッサンスというものがございました。これもまた，その時代におきまして開墾運動がストップし，人々に食物が渡らなくなり，栄養失調に陥り，ペストがはやる，こういった状況の中で，昔のギリシャ，ローマの人たちの知恵を掘り起こす，そしてその時代に生かす，それがイタリアルネッサンスというものであったと思います。ルネッサンスはまさに掘り起こしという意味でございます。

そういった意味では，今また再び全世界的に掘り起こしが必要な時代に来ているのではないか。つまりセカンドルネッサンスのときが来ているというふうに言っていいと思います。どの国も，今，自力だけで未来に向けて自分の主義，主張を実現していくという状態ではないはずでありまして，調和と連帯，対話と協調というものを一方で求められ，そして，それぞれの地域の知恵も必要であり，また過去の知恵も必要であるという意味で，現在セカンドルネッサンスの時代，第二の掘り起こしの時代が来ているというふうに言っていいと思うわけであります。

つまり，生きる上での常識の問い直しといいますか，あるいは生きる知恵の掘り起こしというものが，今，大事でありまして，先ほど申しましたように，大思想がないだけに過去の知恵を掘り起こすということが，今，切実に求められていると思うわけであります。

ところで，現行の高等学校の社会科の教科書，世界史の教科書を見ますと，まさに社会科という枠が一つはめられているせいもあると思いますが，全体に社会経済についての記述は非常に詳しいわけですが，肝心の今申しました生きる知恵を掘り起こすための文化あるいは宗教，思想，こういった面での記述が極めて乏しい。あるいは技術の歴史を掘り起こすという意味での技術史の記述も乏しいと思うわけであります。

今，人間の学としての歴史学はまさに諸学の基礎でありまして，もちろん文科系，例えば人文諸科学にとりましても歴史の掘り起こしが大事であると同時に，社会科学におきましても概念とか概念操作の方法についてやはり過去からの問い直しが大事でございます。自然科学におきましても，御承知のように，例えば都市工学というものは，かつての日本の町屋の研究などを通しまして，狭い場所にどのようにして自然の太陽を取り入れるかということを，今，研究しているわけでございまして，どの分野におきましても，今もう一度歴史を問い直す，そして新しい常識をつくっていくということが必要ではなかろうかと思うわけであります。

その意味では，やはり社会科の中に歴史研究とか歴史教育というものを枠の中に置いておくとい

うことは，今，必ずしも適当ではない，むしろそういったものから外して，歴史，そして歴史と深く関係のあります地理，これを独立の教科とすることが必要であるまいかということが言えるだろうと思うわけでございます。このことが，現在大きな転換期の中におきます学問と教育の点で，歴史，地理というものを新しく社会科の枠からは外してそして独立の教科にする，あるいは地理歴史，公民とに社会科を改めるということの必要の第一だろうと思うわけでございます。

　第二は，現在，転換期と申しましたが，これは日本だけではないわけでありまして，世界じゅうが今そういう状況にございます。ことしはフランス革命200年祭でございましたが，フランス革命が起こりました200年前なるものは，カトリックの普遍主義の中から国民国家をつくり出すということが当時の人々の大目標でありました。それこそがフランス革命の意味だったと思うわけでございます。今はそれは全く逆転いたしまして，国民国家をヨーロッパの場合には大陸の中に生かす，つまり大陸的な複合国家の中に自分たちの国家のありようを生かしていく，そして繁栄を図っていくというのが現代でありまして，その精神のあらわれが1992年のECの市場統合ということでございます。

　アメリカはもともと複合国家でございますが，ことし1月から米加自由貿易協定によりましてカナダとの一体化が図られ出したわけでございます。どこでも先進諸国は大陸型の複合国家の中で自国を生かさざるを得ない。それは先ほど申しましたように，大きな意味で技術文明が成熟し，一国だけで未来を実現するということが，今，不可能になってきたからでございます。

　日本ももちろん，これから後，国際社会の中に，世界の中に生きていくために，たくさんの友達国をふやし，そしてまた相互の依存関係のあり方について真剣に考えねばならないというふうに思うわけであります。いかにして日本の外交能力を高めていくかということが，多分これからの日本にとりまして一番大きな課題の一つであろうというふうに思います。

　そのためにも，ほかの国の生き方の特性というものを，我々は今，知らなければいけないわけでございます。中国の人たちはどのような生き方というものをかつての歴史を通して培ってきたか，あるいはイスラムの人たちがどのような考え方というものを過去の歴史を通して培ってきたかといったことを，今，知らないわけにはいかないわけでございます。

　もちろん，一般社会といいますか政治とか経済を通しましてもアメリカとかヨーロッパについてのさまざまな生き方というものは十分に理解できると私も思うわけでございます。つまり，そこでの自由の概念であるとか，議会制民主主義のあり方であるとかはもちろん政治経済を通して理解できるわけでございますが，こういった先進諸国以外の国々，今申しました中東は一体何を考えているのか，あるいは中国は一体どういうメンタリティーを持っているのか，ラテンアメリカはどうかという問題になりますと，現在の政治・経済を履修するだけでは，実際，十分ではないものがあるように思うわけでございます。

　こういったものを実際，今，考える場といたしましては世界史しかないわけでありまして，世界史で初めてその国々あるいはその文化圏におきますところのさまざまな思想であるとか宗教であるとか，あるいは生活態度であるとか，こういったものを履修できるわけでございます。

　これまで私どもは，世界の一員として日本人がどのような公民的意識を持つべきであるかということについてさまざまに教育し，また議論をしてきたわけでございます。しかしこれからは，今まで私たちが未知といいますか余りよく知ることのなかったさまざまな国々の一つ一つにつきまして，それぞれそこでの生き方を考えた上で，これからのおつき合いの仕方，相互依存関係，相互扶助の

関係というものを新たにつくっていかなければならない。先ほど申しましたように、そういった国家間の新しい形での調和と連帯の時代が、今、始まりつつあるわけでございます。

国民国家の時代から、新しい、世界の中で国民国家を生かしていく、こういった時代へと、今、移りつつあるわけでありまして、私たちの歴史にとりましてもまさに明治以来と言っていい大きな歴史的な転換期が来ているのではないか。それは同時に新しい常識の形成ということでありまして、これまでの公民教育を受けまして、それを新しい常識の場の中でさらに生かしあるいは発展させていくということが、今、望まれているように思うわけであります。

その点から申しますと、やはり世界史というもの、これをこれから重視していく必要が大いにあるだろう、それ以外に高等学校におきましてさまざまな諸地域の常識を履修する場はほかには十分に見当たらないのではないかというふうに思うわけでございます。

ところで、歴史教育は今まででもそれなりに重視されてきたわけでございますが、これからのあり方といたしましては、小学校では、まず地元の地域の地理と歴史を重点に置きまして、同時にまた近代日本を形づくるに当たりまして功績のありました人物などを履修する。中学に入りますと、今度は日本全国の成り立ち、そして今日に至る過程、これを教え、そしてそれとのかかわりにおきまして、特に16世紀、17世紀以降の世界の動向もある程度教えていく、これが中学校だろうと思うわけであります。

高等学校になりますと、今度は世界諸地域のさまざまな成り立ち、そしてそこでの考え方の特性、こういったものを学ばせ、そしてそれを通して日本の私たちの生き方の特性というものをはっきりさせる、外側から日本の特性をはっきりさせ、同時にこれからの相互依存関係のありようを生徒に考えさせていくというふうになるのではないかというふうに私は考えているわけでございます。

その意味におきましては、世界史というものを本格的に習う場所は高校しかないということになりますので、この際、今これを必修ということにさせていただきたいということでございます。

もちろん日本史は私たち日本人にとりまして一番大事なものでございますが、しかし、小学校、中学校におきまして概略を習ってきているということがあるのに対しまして、世界史の方はどちらかというと人名、地名等なじみのないものも多く、今のまま選択としておきますと新しい常識をつくる上で欠けるような教育になるのではないかということでありまして、世界史の方が日本史よりも重要という意味ではございませんが、今まで必修に当たるものが世界史についてはありませんものですから、世界史を必修とさせていただくことが大事ではないかというふうに思うわけでございます。

全体といたしまして歴史を勉強するに際しましては、地理的な素養といいますかあるいは知識といいますか、これは不可分でございます。もちろん地理の方からいたしましても歴史的な理解の中で地理というものを学んでいくということが不可分でありまして、もともとフランスの歴史研究というものはまさに地理・歴史一体となったものでございます。

全体に、アメリカを除きますと、今、高等学校におきまして歴史という教科を独立に扱いますのはソ連も含めてヨーロッパでは一般的でございます。したがいまして、大きな歴史の転換期の中におきまして、歴史そして地理というものを教員免許法におきましても独立させたものとし、そして教員のより専門性を高めていくということが、今まさに歴史の転換期であるからこそ求められているのではないかというふうに思う次第でございます。

15分でございますので、一応、私の意見を述べさせていただきました。

ありがとうございました。
○委員長（柳川覺治君）　木村参考人，ありがとうございました。
次に，市川参考人にお願い申し上げます。市川参考人。
○参考人（市川博君）　横浜国立大学で社会科教育の研究，教育に当たっております市川でございます。どうぞよろしくお願いいたします。〔中略〕
この法案は，高等学校の従来の社会科の教科構造を根本的に変更して地歴，公民に分化し，教科として独立させて教育しようとするもので，教育上多くの大きな疑義があり，非常に大きな問題点があるのではないかという立場から申し上げたいというふうに思っております。
そこで，先生方にあらかじめ資料をお配りいたしましたけれども，それに沿いながら，大きく五つの柱に分けて話をさせていただきたいというふうに思っております。
その第1の柱は，社会科の意義についてでありますが，今日，戦後教育の総決算として社会科がやり玉に挙がっておりますけれども，私は今日でも，いや，今後ますます，社会科が高等学校の段階でも教育の基本的理念を体現するものとして重視されていくべきだというふうな考えでおります。
社会科が正式に成立したのは1947年，昭和22年の3月でありますが，その契機はGHQの下部機関であったCIEの指導にあったことは確かであります。しかし，日本側にもかつて教育の遺産としてそういう社会科の理論と実践が積み重ねられてきておりますし，また戦前の教育についての反省から，やはり新しい教育の一つの方向として社会科が，主体的に日本の方からも考えられていたのではないかというふうに考えることができます。
その戦前の教育についての反省につきましては，お手元の資料の②にありますけれども，戦前の教育は，青少年に与えていた知識が学問の成果に立脚していたかどうかいろいろ検討の余地はありますけれども，少なくともいわゆる学問の知識の注入を図るものだったということ，また，知識を自分なりに統一して個性的に把握していきながら，状況を的確に分析，理解し問題解決に生かしていく力として育てることができなかったという反省であります。

それからいま一つは戦前の遺産についてでありますが，社会科は戦後あらわれたというふうに，またアメリカによって押しつけられたと言う方もいらっしゃいますけれども，実はそうではなくて，その原点は既に明治の20年代の末から30年代以降に，そういう社会科の原点とされていいものが理論的に実践的に高められてきたというふうに考えられております。③のbに挙げている樋口勘次郎とか，木下竹次の「学習原論」，それから生活つづり方運動とか国民学校下の総合学習，そういうものによくあらわれているのではないかと思います。
しかし，そういう社会科の原点に当たるものがいわゆる軍国主義的で画一的な教育のために開花できなかったわけですけれども，戦後になってやっとそれが可能になった。だからこそ，文部省で公民科のためのプランづくりをした勝田守一らの原案が，CIEによって，余りにもアメリカのソーシャルスタディーズに似ていると評価されたことが契機となって社会科が成立してきたわけであります。こうしたことも私たちとしてはきちっととらえておく必要があるのではないかしらというふうに考えております。
そして，そうした立場に立って新しい社会科が新教育の花形として登場してきたわけであります。それは一言で言うならば，学問の系統よりも教育の系統ということが重視されてきたというふうに考えることができます。
それは具体的にはどういうことであるかといいますと，昭和22年の学習指導要領に出ていますけれども，「社会科はいわゆる学問の系統によらず，青少年の現実生活の問題を中心として，青少年

の社会的経験を広め、また深めようとするものである。したがってそれは、従来の教科の寄せ集めや総合ではない。」ということで、青少年の日常生活そのものを充実させるということであります。その下の引用のところにありますけれども、「その日その日の生活それ自身が、もっと人間らしいものへという追求」が必要であるということ、これは今日においても非常に大切なことではないかというふうに思っております。

登校拒否とか非行とか、教育の荒廃が叫ばれておりますけれども、まさにこの原点を私たちはもう一回再確認し、またそれを具体的に教育の場で明らかにしていく、また実行していくということが大切なのではないかしらと思います。

旧来のように、学問の体系に即して教育を行うということでは生徒は育たないわけであります。これも昭和22年の学習指導要領に、「別々な教科で教え、その結果、生徒が自分の力でいろいろの材料を総合して全体を理解できるようになるのは、、限られた経験しか持っていない生徒にとってはほとんど不可能な仕事である。」とありますように、系統的ということは地歴科ができる大きな理由になっておりますけれども、やはりそれは高等学校の生徒においてもまだ難しいのではないか。大学に行っても最近の大学生で本当にできるかどうかわからないと思うのですけれども、ともかくこれは非常に難しいことである。もっとそれよりも子供たちの問題意識に即した形で教科編成を行うべきではないかというふうに考えております。

その今の生活そのものを充実させるということによって、将来への生きる力、また学問する力というものが育つのだというのが社会科の原点であります。同時に、これは今日もますます尊重していかなければいけないことではないかしらというふうに思います。

そういう視点から、今度は第2の柱、高校社会科の意義の方にいきたいと思いますけれども、ここでは高等学校の社会科の意義、また地歴、公民科に分化した問題について話をしたいというふうに思っております。

選択になってしまった現代社会でありますけれども、これは今日においても社会科の理念を体現するものとして非常に大事なことではないかしらと思います。

その重要であるということにつきまして私は五点に分けて話をしたいと思うのですけれども、一つは現代社会について豊かな知識、体験を獲得するということ、これは非常に大切なことです。そして2番目に、その豊かな知識、体験をもとにして生徒の関心や問題意識を喚起する。そして3番目として、その上に立って2年次以降の諸科目の学習の視点や問題意識というものを育成する。自分は例えばフィリピンのバナナ栽培のことを学んだがいろいろ大きな問題がありそうだということから、経済の勉強をしたり地理の勉強をしたり、または歴史の勉強をしたりするというような形のやはり問題意識の喚起ということが必要ではないか。

それからまた、4番目に、問題解決に必要な知識、能力を教科・科目の枠を超えて獲得し生かしていく力、単に教科だけの勉強をするのではなくて、それを総合していく、統合していくという力が非常に大切なのではないかというふうに思います。それから5番目でありますけれども、わからないものを執拗に追求していく力であります。最近の学生を見てみますと、難しい問題をどうも逃げてしまう、そういう傾向があります。ちょっと考えさせたりすると頭が痛くなったとか、わからない問題に入っていくと泥沼に入っていくようで怖いとか、そういうことを学生が言っております。それはやはり高等学校段階までの、社会科だけではありませんけれども、教育に大きな問題点があったのではないかというふうに思います。

今、私が申し上げましたのは現代社会のことについてでありますけれども、これがやはり社会科全体に貫かれていくべきではないかというふうに

思います。しかし，そういう現代社会を学習した上における科目ということは必要になってくるわけでありますけれども，このたびそれを地歴，公民科という形で新しい教科として独立させた。しかしどうも学習指導要領を読んでみましても，どうして地歴科ができたのかそれについての納得のいくような回答とか，それがどうも明確になっていないようであります。

また，諸沢氏の「現代のエスプリ」251号の発言を見てみましてもこういうことをおっしゃっております。これは多分懇談会でいろいろ問題になったところだと思いますけれども，林健太郎さんの後でこのように言っています。地理，歴史が大切なんだということに対して，

> その点については，審議の過程ではあまり地歴一体を主張するとかえって社会科存続論を強化させることになるのではないかと思いました。時間と地域といいますが，やはりその中の政治も経済もみんな結びつきがあるという意味においては，一つのグループにしてなぜ悪いのだと，今の通りで目標をもう少しはっきりすれば，社会科だっていいわけではないかということになりかねないと思いました。

ということでこれを余り触れなかったとおっしゃっております。

まさにここに諸沢さんの苦しみがあったのではないかというふうに私は考えております。私もまさに，社会科の中で，今，木村先生のおっしゃったことだって十分できるのではないかしらというふうに考えております。

そしてまた，世界史を必修にするということでありますけれども，どうも教科の論理が先行している，科学の論理が先行してしまう，知識を与えればいいではないかという論理があるようでございます。やはり「現代のエスプリ」で林健太郎さんと諸沢さん両方とも，ともかく知識を与えておけばそうすればそれが視野を広げていくのだというふうになっておりますけれども，果たして本当にそうなんでしょうか。

私はそうとは思わない。かえって問題意識を喪失させてしまう，または問題を解決する力を喪失させてしまうのではないかしらというふうに思っております。これは「世界」の11月号で私が，新潟大学の社会科教育研究室の調査をもとに，知識を与えれば与えるほど歴史への関心が低くなってきているということを紹介させていただいたところでもあります。

それから第3番目の柱として，地歴，公民が分化したことによる教育現場への影響であります。

それは幾つかあるのですけれども，まず，小規模校，それから商業や工業などの職業を主とする高等学校，または定時制，こういう学校においては相当困ってくるのではないかしらというふうに思っております。中学校でも今，免許状を持たない教科で授業を行っている先生が13,4％いるというふうに言われております。教科が分かれれば分かれるほど学校の現場でそれに対応するのは非常に難しいわけであります。

そのことについても「現代のエスプリ」で，そういう現場の声もあるけれどもそれは大したことはないんだとおっしゃっていますが，私はやはり現場の混乱を起こさないで行うということが非常に大切なことではないか，教育を充実させるためにはやはり先生方が教育しやすいような体制をつくっていくということが非常に大切なことではないかというふうに考えております。

また，いわゆる学力の低い生徒が入学している高等学校におきましては，ただ自分が世界史が得意だから世界史だけやっていればいいというわけにはいかなくなっている，また地学が好きだから地学だけやっていればいいというわけじゃない，やはり自分の得意なところではなくても全科目，それからまた学年持ち上がりで，高等学校一年生から持ち上がっていかないとクラス経営ができない，生徒をきちっと掌握できないということを私は何回かそういう高等学校からお聞きしておりま

す。

そういうことを考えますと、やはりこのように教科を分けるということは教育上大きな問題があるのではないかというふうに思っております。

それから4番目の柱でありますけれども、このたびの社会科の解体というか地歴、公民科への分化、これは決定のプロセスに非常に大きな問題があったと言わざるを得ないのではないか。

それについてはマスコミその他でいろいろ紹介されておりますし、また、私たち社会科教育学会、私もその一会員でありますが、その学会とか地理教育学会とかその他の学会から、また現場からもいろいろ意見が寄せられておりますけれども、やはりそういうことについてももう少しお聞きいただいて慎重な審議が必要だったのではないかしらというふうに思っております。

また、私は、先ほど申し上げましたように教免法の改定に伴うカリキュラムの再編成を大学で行っておりますけれども、非常に大きな問題点を抱えております。そういう点でもう一回これについては再検討していただきたいというのが私の意見でありまして、このたびの法案についてはやはり大きな疑義があるということを申し上げたいと思います。

どうも失礼いたしました。

〇委員長(柳川覺治君) 市川参考人、ありがとうございました。

次に、梶原参考人にお願い申し上げます。梶原参考人。

〇参考人(梶原康史君) 梶原でございます。

私は、今回の教員免許法の改正がスムーズに行われますことについて賛成する立場から意見を申させていただく次第でございます。

私は高等学校の教員生活を14年間やりまして、その後、教育委員会の指導主事をやりましたり事務局の中の課長とか次長をやってまいりました。現在、大学におきまして教育系の学科を教えているわけでございますが、昭和24年から38年にかけて私が高等学校で社会科を直接教えておりましたときの経験から申させていただきたいと思います。

社会科というのは、先ほどからもお話のありましたように、民主社会における正しい人間関係というものを理解させていく、そして有能な社会人として必要な態度とか能力、技能等を身につけさせるのでございまして、従来の公民とか地理、歴史等の教科をただ寄せ集めてやっていくというだけではなくて、それをうまく融合して、そして生徒がその中から社会的な良識といいますか社会認識を身につけていく、そういう総合的な性格を持った教科と承知しているわけでございます。

そういう教科としての社会科の中で、一般社会とか世界史とか日本史というものを卒業したての私が教えていったわけでございますが、その場合、例えば世界史をやっておって、本当に子供たちの理解を深めさせていく、子供たちが本当に興味づいてくれるというところに持っていきますためには、どうしてもその教科の中に、歴史の系統、あるいは地理なら地理の、例えば気候なら気候区分のそういう広い視野からのものを基盤に据えてやらないというと、子供たちの納得がうまくいかなかったわけでございます。

このことは、単に歴史の分野だけではなくて一般社会におきましても、一般社会は比較的この目標に迫りやすいので私も案外その点はやりやすいなと思ったのでございますが、中を考えていけばいくほど、経済学とか法律学とかあるいは歴史学とかといったものなどのそういう基盤を十分に私の方が持っておって、そしてそのことを子供たちの方にぶつけていくのでなかったら、高等学校の子供たちというのは本当にそういう教科に対して親しんでくれないなという気持ちをつとに持ったのでございます。

その後、私は、先ほど申しましたように昭和38年から指導主事として県下の高等学校の先生方とも接する機会がございまして、私のこういう

考えというのはどうなのだろうということでいろいろと話し合いをいたしますときに、ほかの先生方もそういうことにおいて疑問を持っておる方もいろいろとございましたりするものですから、それでは、私も所属しておりました当時の高等学校社会科研究会でこういう問題についていろいろともんでいったらどうだろう。

もう一つ、この社会科研究会のほかに高等学校歴史教育研究会とか地理教育学会といったものなんかがあるのでございますが、そういうことで学会が分かれておるからうまくいかないのじゃないのか、学会というもの、学会といいますか教育の研究会というものは一つになっていって、そして大同団結の中で社会科の中身をいろいろと見ていくべきじゃないかということを提唱いたしまして、指導主事としての立場上いろいろと先輩たちに申し上げ、当時の会長さん方にもお願いしたりしたわけでございますが、ところがやはりそれはお家の事情というのがございましたのでしょう、うまくいきませんでして、結果どうにもならなかったわけでございます。

しかし考えてみますというと、高等学校というところはそういう教科というくくりと同時にもう一つ、むしろ科目の性格というものが強くあるように思うのでございます。この辺のところがどうも私には、社会科というものを担当しておきながら腑に落ちないというか、うまくまとめていけない課題でございました。

ところが、指導主事でございますから中学校の方も見るのでございますが、中学校は、地理的分野、歴史的分野、公民的分野と分かれてはおるのですが、その分かれておる中に、社会認識とか正しい人間関係というものを貫いていくいわゆる社会科としての精神をうまくまとめておるのでございます。

それでは中学校のように高等学校が分野的な扱いでいけるかとなりましたときに、先ほど私が申しましたように、高等学校の生徒というのはかなりそこのところが、何も程度を高くするというのではありませんが、グラウンドの広いしっかりした基盤の上に立って物を見ていくということをしてやらなかったら子供たちは納得しないということを私は痛感した次第でございまして、中学校の社会科の成立のあり方というものについては、これは十分に考えなきゃならないというより、むしろこれはよくできておると私は考えるわけでございます。

それから私は51年から義務教育課長として小学校のカリキュラムを見ることになったわけでございます。この51年という時期は現行の学習指導要領ができ上がってくるときでございます。したがって、その当時の小学校のカリキュラムを見ますと社会科というのは、低学年において身の回りの生活からそして身の回りの人たちの暮らしというものを見ていって、それからだんだんと市町村あるいは都道府県のそういう政治とか経済的な仕組みというものに触れていって、そして郷土の産業とか歴史にかかわりながら国の産業とかあるいは国の成り立ちというものなんかを見ていくというように、実にその構成が発達段階に即してうまくできておる。

社会科が言っている総合的に物を見ていくという見方も、歴史とか地理とか公民とかいったような一つに偏るのではなくて、本当に融合して、子供がその中に座り込んで、自分を中心に据えて物を見ていくという見方が本当によくできておるなという感じを持ちました。これこそ私は本当の社会科だ、私が愛すべき社会科だという感じを持ったものでございます。

ところがその当時も、実はそうとはいいながら問題があるわけでございまして、だんだんとそういう社会科も机上の社会科になりつつございました。社会科というのは本当のところ、人間というものがどういう暮らしをしておるか、どういう関係にあるかということを事実に基づいて観察し調べて、そこから物事を見きわめていく目を育てな

ければならないわけでございますが、だんだんとこれが机上化していっている、教科書だけで学んでいっている。

ということになりますというとこれはゆゆしい問題だと。だから、覚える社会科じゃなくてもっと足を運んで調べる社会科、観察する社会科にしなきゃならない。となりますというと、それこそ低学年においてしっかりと自分たちの生活にかかわっていく、自分たちの経験を生かしていく、そういう社会科を本当に考えなきゃならない。

そうなりまして、これは後のことになりますけれどもコミュニティー生活科が誕生いたしました。そして身の回りのそういう物事の見方、あるいは人々の暮らしというものなんかを率直に見ていくという中で、自己を中心に据えて、自分とのかかわりにおいて物を考えていく考え方、そういう自立性の基礎がここにつくられていくということは、本当にこれは時宜を得たといいますか、要を得たねらい方である。だから、生活科ができて、これによって社会科というものがこれから存立していく基盤あるいは土壌ができ上がったということで、私はその意義を感ずるものでございます。

さて、その後、教育次長ということなんかをさせられたものでございますから、小学校、中学校、高等学校の学習指導要領全体に触れながら、先生方の御授業なんかも見せてもらう、また勉強しなきゃならないということが起こったわけでございます。

その際に、中学校の公民の分野というものと高等学校の現代社会というのが、公民は3年生で、現代社会は高等学校1年生と非常に接近した中で行われるのでございます。だからやっていきますときによく高等学校の方から、これは親たちからも言われましたり先生方からも聞いたり、いろいろと意見があったわけでございますが、高等学校の現代社会というのは中学校の公民の焼き写しなのか、復習なのかとか、あるいは中学校の方がおもしろく展開できたけれども高等学校というのは何でこんな羅列的なことばかりやるのだとか、あるいはもう少しその中に本当に高等学校にふさわしい系統的なものなんかを入れられないのかとか、いろんな意見が出てきたりした次第でございました。

しかし、この現代社会というのは高等学校で各科目を学んでいきます一番の基礎として、その総括的な立場を踏まえそれをもとにしてそれから高等学校の各科目がずっと展開されていくのでございますから、そういう意味から申しましたらこの現代社会の持っておる意味は大きく取り上げなきゃならない。ところがその現代社会というのが中学校の3年生の公民科と非常に接近した中身になってくるというと、そこのところのいわゆる発達段階に即した物の見方というのが果たしてどうなっておるのかなということが、私にとってみましたら一つのやはり疑問として残るのでございます。

そういうことなんかを踏まえて考えてみますときに、カリキュラムというものは、学問の論理ではなくして教育の論理として、子供の総合的に物を見ていくという段階から、だんだんと大きくなっていくにつれてそれが分化していって、そしてその中に徐々に専門的な内容が入っていくのが、私はこれが教育の論理に踏まえられたところのカリキュラムではないのかということを思うのでございます。子供の発達段階ということを基盤に据えて物事を考えていく、これが私は教育の上で一番大事だと考えるものでございます。

そうして考えますと、中学校のあの分野別の上に立って、今、科目別になっておる高等学校のその科目をもう少し、どう言いますか、系統化といいますかあるいは専門性といいますか、そういういわゆる裏づけというものをしっかり持たせて、子供たちが学んでいく上で興味づいていく、あるいは中身を本当に十分に理解していける、そういう体制をこそとるべきではないかというように考える次第でございます。

とするならば、今までずっと社会科という帽子

をかぶってまいりました。その帽子は子供のときには好きだ，大事だ，きれいだ，いい帽子だと思ってかぶっておりますけれども，高等学校段階ではもう頭が大きくなってきておりますからちょっと上に乗っかっただけである。とするのだったら帽子を取って，そのかわりに，社会科の中で築かれてきました公民的資質に先ほど申しました系統的な，あるいは専門性を生かすようなそういう中身をしっかり盛り込んでいく。

先ほどいろいろ出ておりましたけれども，今の子供たちにとって社会認識の非常に大事なときでございますから，したがって公民的資質はより一層充実していかなきゃならない。一方，世界的に国際化が進んでいっておる中でございますから，そういういわゆる人文科学の中に関する知識についてといいますか学び方についても，あるいはそれをもとにした態度形成というものなどについても，今しっかりと子供たちがやっていってくれなきゃ困る。高校生が身につけてくれなきゃ困る。

ですから，社会科学的な内容あるいは人文科学的な内容というものは，この際，分けておいて，そしてそのかわりに，何も私は専門性によって程度の高いものをせよと言うのじゃなく，本当にそういうものの裏づけを持った教科の中身，科目の中身というものを構成していく必要があるということを考える次第でございます。そのことは国際化が進んでいきます時代的な要請でもございますし，一方また，今日の社会というものが非常に社会認識を大事にしておる時期でございますから，その面からの要請でもございます。

そしてこのことは教員の養成という点から考えましても，社会科はいろいろな学問のそういう裏づけというものを背景にしておりますから，社会科の先生方というのは非常に御苦労です。法律の知識も経済の知識も，あるいは歴史学の内容も地理学の内容も，そういういろいろなものを含め，特に先ほど申しました社会科学と人文科学の両方を踏まえてやっていらっしゃるのですから本当に

御苦労です。ですから何とかこの際二つに分けてあげて，そして本当に専門性を生かして授業に臨んでもらえる先生をつくってこそ私は教育行政上の意義を持つだろうと思うのでございまして，そういう立場から今回の法律案の改正について賛成するものでございます。

〇委員長（柳川覺治君） 梶原参考人，ありがとうございました。

次に，臼井参考人にお願い申し上げます。臼井参考人。

〇参考人（臼井嘉一君） 福島大学教育学部の臼井と申します。〔中略〕

本日は，教育職員免許法の一部を改正する法律案に対し反対の立場から，大きく四つの柱で私の意見を申し述べさせていただきたいと思います。

第1の柱は，世界史重視・専門性重視と高校社会科とのかかわりについてでございます。

改訂学習指導要領においてもこの世界史重視・専門性重視が強調され，それゆえに地理歴史科，公民科という新しい教科が設置されるということでございますが，私はこの世界史重視・専門性重視についてはそれ自身もっともなことだと考えておりますし，そしてまた今後，充実発展させるべき点であると考えています。例えば昭和24年の高校社会科出発時に，昭和22年の指導要領では，日本史が欠落し，東洋史，西洋史，人文地理となっていたのに対しまして，東洋史と西洋史を統合して世界史を新設し，日本史も新たに加えて，世界史，日本史，人文地理として始まっておりますが，その世界史重視・専門性重視の立場は今日まで続いておると考えております。

ただし現行の昭和52年・53年改訂版では，内容の精選ということで，小学校六年では世界地理が削除され，中学校で歴史分野が日本史中心に精選され，高校では世界史は選択必修から外され現代社会のみの必修となったことで，確かに世界史重視の立場がやや後退しましたが，それも高校社会科そのものの問題ではありません。なぜなら，

世界史という科目は高校社会科の中に存在していますし、それを必修にするということができるからでございます。

また専門性重視に関しましても、例えば昭和31年改訂版の日本史、世界史、人文地理の部分で次のように述べられております。まず日本史では、「中学校よりも程度の高い歴史的知識を与え、日本史をより深く、科学的、系統的に理解させる」とありますし、世界史でも、「中学校におけるこれらの学習の成果をじゅうぶん生かしながら、世界史をより深く、科学的、系統的に理解させ」とあります。さらに人文地理でも、「人文地理学を主とする関係諸科学の業績を背景に、より深く、系統立てて理解させる」となっております。すなわち、小学校、中学校段階とは異なる高校段階独自の専門性重視についても、小学校、中学校と異なる世界史、人文地理などの設置というように、高校社会科において強調されていたと言えます。

したがって、今回の改訂学習指導要領で強調されております世界史重視・専門性重視は、世界史、日本史、人文地理などの系統学習というような高校社会科そのものが内在的に持っていた観点でありまして、決してそのことのみの理由で地理歴史科、公民科への分割を根拠づける観点とは言えないと思います。ただし、申し上げるまでもないところでございますが、そのような日本史、世界史あるいは人文地理などの内容をどのような内容にするのかということは、今までも検討されてまいりましたし今後も検討する必要があるということは言うまでもありません。

第2の柱は、今日までの高校社会科が社会科として存在してきた基本原理は何かということでございます。私は、その基本原理を次の2点でとらえております。その一つは、地理的、歴史的、公民的諸領域の相互関連づけという原理であります。そしてもう一つは、子供を取り巻く社会的現実、社会的問題を多角的に学習するという原理であります。

前者の地理的、歴史的、公民的諸領域の相互関連づけという原理は、社会関係諸学問を、いわば系統的のみならず総合的にも内容編成し子供に教授していくという成果を積み重ねてまいりましたし、また、後者の子供を取り巻く社会的現実、社会的問題を多角的に学習するという原理は、子供自身に自分の身の回りの社会的現実、社会的問題に目覚めさせ、自分自身の力でその実態を調べさせながら自分自身の考え方を形成するという主体性をはぐくんできたと言えます。

私は、以上の二つの原理が、社会科においては教育基本法の要請する国民主権を担う主権者の育成を保障してきたのではないかと考えております。かかる観点からしますと、今回の地理歴史科、公民科への分割は、地理、歴史領域と公民領域の相互関連づけを分離するという点で第一原理に背きますし、子供自身に社会的問題を主体的に学習することを保障してきた科目現代社会を地理歴史科から切り離し公民科の科目に限定したりその必修制を取り外したことは、第二原理に背くのではないかと思います。その点では、社会科から地理歴史科、公民科への変更は、高校社会科の解体と言っても過言ではなかろうと私は考えております。

第3の柱は、従来の社会科あるいは今日の社会科における科目構成と、今回の地理歴史科と公民科における科目構成の違いについてでございます。

私はその最も大きな違いは、ただいま申し上げました二つの原理、すなわち地理、歴史、公民諸領域の相互関連づけの原理と、子供を取り巻く社会的現実、社会的問題を多角的に学習するという原理に基づいてなされているかどうかということでございますが、それにつけ加えてもう一つの原理について申し上げたいと思います。

それは高校社会科全体の構造的特徴に関することでございますが、さきに申し上げました子供を取り巻く社会的現実、社会的問題を多角的に学習するという原理に基づく現代社会のような科目を中核として、それとのかかわりで社会関係諸学問

の系統的学習が組み立てられているという原理でございます。すなわち、現代社会という高校生を取り巻く社会的現実、社会的問題を高校生自身が主体的に学習することを大切にしながら、それとのかかわりで、世界史、日本史、地理、政治経済、倫理の系統的な学習を進めるという構造でございます。このような構造的原理を踏まえることによって、高校社会科において社会関係諸学問を系統的に、なおかつ相互関連的に学習することが保障されるものと私は思います。

第4の柱は、大学における教員養成教育の充実、発展という点に関してであります。ここでは二つのことに限定して述べさせていただきます。

一つは、社会科教科専門科目の教育において、社会科という総合的教科を意識した上での総合的教育の努力や、社会科教育法での歴史、地理、公民領域の関連づけへの総合的努力というものが、今回の改正においてややもすると無にされかねない効果を生み出さないかということでございます。私どもは、単なる個々の学問のみにとどまらない総合化への成果を少しずつ生み出すことによって広い視野に立つ社会科教員を養成し始めてきておりますのに、今回の措置は、専門性重視の名のもとに再び古い殻に閉じこもっていくおそれなしとは言い切れなくなりそうでございます。

二つ目は、地理歴史科と公民科の新設によって、今まで他教科と同じく中学校社会科のみで高校社会科の免許も同時取得が可能であったのが、別教科になることによってそのことは不可能となり、中学校社会科教科専門科目40単位に加えて地理歴史科の40単位と公民科の40単位が加えられ、あわせて、社会科教育法に加えて地理歴史科教育法と公民科教育法が純増することによって、学生と教員の大きな負担増が生じることになります。

特に教員はこの新しい事態での人員増が必ずしも見込まれていない状況で、甚だ遺憾な状況に陥ると思われます。結局は特定の教員の負担増に終わるのかと思いますが、果たしてそのような人員増を含めた条件整備の不十分なままで真の教員養成がなされるのか、心配な状況でございます。したがって、大学にいる立場からも今回の教科名変更は望ましいものとは言えず、できるだけそのことを避けてほしいと願っております。

以上、4点にわたって参考意見を申し述べてまいりました。以上で私の意見陳述を終わります。

どうもありがとうございました。

〇委員長（柳川覺治君）臼井参考人、ありがとうございました。

以上で参考人からの意見聴取を終わりました。

これより質疑を行います。

なお、参考人の皆様に申し上げます。

各委員の質疑時間が限られておりますので、恐れ入りますが、お答えはできるだけ簡潔にお願い申し上げます。

それでは、質疑のある方は順次御発言を願います。

〇小林正君〔中略〕まず、どなたもお触れにならなかった問題として、今の大学入試へ向けてのいわゆる高校の受験体制というものが、社会科教育とかかわって、今日までどういう影響を社会科教育はこうむってきたのか、その点について各参考人から手短にコメントをいただきたいと思います。

〇参考人（木村尚三郎君）高校社会科におきましては、私は歴史が商売でありますが、ともかくも一応、基礎知識をすべて学ばねばならないという点が中心になっておりまして、したがいまして、先ほど申しました例えばキリスト教の問題であるとか、あるいは文学についての動向であるとか、そういったことの中身には入れないということがございます。つまり、形は記憶するのですがしかし、例えば世界史の中でのそれぞれの国とか民族の心といいますか、こういったものまでは、今、踏み込めない状況ではないか。いわゆる知識偏重といいますか、こういったことが現在の体制では強いられているように私には思えます。

以上でございます。

○**参考人（市川博君）** 急なことであれですけれども、一つは、やはり共通一次試験の問題点があるのではないかしらというふうに思います。それまでは各大学で独自に試験問題を出しておりました。例えば東洋史の古代の先生が非常にそろっている大学では古代を中心に出したり、あるところでは近代史を出したりする。それぞれの大学の独自性が確保されていたのじゃないか。受験生もそれに向かって、自分は古代史をやりたいとか近代史をやりたいといってそこに行けた。ところが今度、共通一次、また新テストになりますとそれが不可能なんですね。

そういう特殊性が出せなくなって、ともかく単に知識を覚えるということになってしまっている。従来ですと、採点委員の先生方の努力によりまして記述式の試験もできたわけでありますけれども、そういうことができなくなってしまっている。

それからあと3番目に、その記述式の試験と重なってきますけれども、考える力というものを試そうと思ってもそれができないということが大きな問題ではないか。

ともかく共通一次という知識中心のあの関門を通過しないと次のところに行かれない、それが非常に大きな問題じゃないかと思います。記憶力のいい者、わからないけれどもともかく記憶してそれを書いてくる、そういう生徒が有利なような教育、そこら辺に大きな問題点があるのじゃないかと思います。

私たち大学でもいろいろ問題になっていますけれども、共通一次になってから悪くなったという意見が随分あります。やはりそれは高校以前の教育が共通一次のそういう体制の中に丸め込まれてしまっている、がんじがらめにされているというところに大きな問題があるのじゃないか、こういうように思っております。

○**参考人（梶原康史君）** 大学の入試問題の質というものがいろいろと影響するわけでございますが、多くの場合、どちらかと申しますと知識の断片的なものといった、言葉が悪いかもしれませんけれども、それに類するような問題といいますかそういう性格が出てきておりますものですから、そのことのために、つい記憶中心的な学習になりがちであるというような欠陥を招きかねない。

本来、社会科が今までとってきました学習のあり方というものは、もっと社会認識といいますか、それを考えていく力というものを持たさなければならないのでございますから、そういう点から見ていきますというと、問題が非常に出しにくい点もあるのじゃないか。

したがって、今度は逆に、先ほど申されました共通一次じゃなくて大学における二次の問題なんかによって、エッセースタイル的な形において問題を出していこうという傾向があるように見受ける次第でございます。

○**参考人（臼井嘉一君）** 受験体制と社会科ということで申し上げますならば、受験体制の中で知識を単なる知識として受け身的にとってしまうというような問題と、そしてその知識が非常に断片的な知識にとどまってしまうというような問題があると思います。そしてなおかつ、受験に役立つこと以外は捨て去ってしまうというような状況も生まれてきているように思います。

とりわけ共通一次試験の中でこのような問題の一番の反映として私は考えておりますのは、先ほど申し上げました現代社会という高校社会科の中の最大の魂として設けられたものが、結局は政治経済と倫理の知識をただ修得させるようなものに読みかえられてしまう、そのような悲しい状況までもたらしたのが今度の受験体制ではないのかなというふうに考えております。

○**小林正君** そういうお話を伺いたかった理由は、高校の教科すべてにわたって、高校教育として本来それぞれの教科の目的によって完結をしている内容であるべきものが、子供たちにとっては現在の受験体制というものの極めて対策的な選択にな

っているということが言われているわけでございまして、そういう点から考えますと、今回、世界史の必修という問題が出ているわけですが、この世界史の必修がなぜ求められてきたのかといえば、この受験体制の中で、知識の詰め込み、暗記しなきゃならない部分が領域的に非常に広いから子供たちにとっては不利な選択になるということで敬遠されてきた実態があったというふうに思うわけです。

したがって、今日的に世界史が重要な役割を担っていることはだれも異論を挟まないところだと思いますけれども、子供の側から見れば、今日の受験体制の中でより有利にパスをしていくための一つの選択として彼らが追い込まれた上での対応にならざるを得ないという部分がある。このことについては子供の立場からすればなるほどということになるわけですけれども、本当の意味で世界を認識するというようなことになってまいりますと大変大きな問題になるだろうと思います。

そのこととあわせまして、各参考人の皆さんから社会科についていろいろ御意見を賜りましたが、しかしどうも世界史を必修にするということと社会科を解体するということの必然性がよく理解できません。この問題について、木村参考人並びに市川参考人から御意見を賜りたいと思います。

〇参考人（木村尚三郎君）　現代は、先ほども申し述べさせていただきましたように、世界全体が新しい歴史的な段階といいますか転換期に入っているというふうに思うわけでございます。その中で、新しい世界に生きる常識というものが今、求められつつあるのではないか。それを生徒自身に考えていただくということは非常に大事なことでございます。

先ほど受験の問題が出ましたが、知識偏重になってしまうのは、例えばヨーロッパの人たちがなぜこれまでキリスト教というものをとってきたのか、そういうことにつきましての中身の把握というものが専門の先生によってなされるということがこれまで非常に少なかったということがあるだろうと思います。それはイスラムについてもそうでありますし中国についてもそうでありまして、こういったものを少しじっくりと掘り下げて、そして知識をふやすのではなくて、その土地土地の生き方についての理解を深めていくというのがこれからのあり方だろうと思うわけでございます。

そういった意味におきまして、先ほども申し述べましたように、今までのように社会科の枠の中で歴史をとらえるのではなくて、歴史それ自体の教科をいわばほかの教科のむしろ基礎としてこれから新しく独立させていくということが求められているということではないだろうか。つまり、世界の諸地域の、その土地土地の生き方というものを知り、そして私たちのこれからの生きる常識を新たに培っていくという意味におきまして、今申し述べましたように、社会科の枠の中から歴史を独立させる。

と同時に、世界史というものの中身をこれから充実させていく。確かに今の教科書におきましては世界史の中身が必ずしも魅力あるものになっているとは思えません。先ほど申し述べましたように、文化史とか宗教とか、あるいは技術の歴史とか、こういった分野が欠けているわけでございます。全体に今、時代が大きく変わりつつあるということのためには、社会科を地歴と公民に分ける。そして同時に、その世界史の中身を大きくこれから変えていく。両方が必然的に連関し合っているのが今の私たちの置かれている状況であろうと思うわけでございます。

以上でございます。

〇参考人（市川博君）　今、木村先生がおっしゃったことは、私も賛成であります。異論はありません。ただ、なぜそれを従来のような社会科の中でできないのかということが私にはどうも納得ができないわけであります。確かに私は世界史は大事だと思いますけれども、今、先生がおっしゃったように基礎が大事だと。基礎というのは非常に

大切ですけれども、ほかのいろいろな科目との関連の中で生かされてこなければいけないのじゃないかというふうに考えております。

先ほどちょっとフィリピンのバナナのお話をいたしましたけれども、一本200円のバナナがある。フィリピンの農家にはたった8%、16円しか渡ってこない。そういうことにつきまして、では、なぜ16円のバナナが200円になっていくのだろうか。そこで、バナナがどう栽培されているのだろうかという形で地理の勉強をする。まさにそこでフィリピンの勉強をしたり地理の勉強をしたりする。また、それがどういう流通機構で来るのか、それからまたそこに多国籍企業がどう絡んでくるのか、そういうところで経済の勉強をしたり、またなぜフィリピンでそういうことが行われたのだろうかという形で、歴史的な背景として世界史の勉強が行われる。

やはりそのような形でいろいろな知識が相互関連してくる。先ほど臼井先生が科目の相互関連ということをおっしゃいましたけれども、科目にも知識をそれぞれ関連させていくということが非常に大切なことではないかしらというふうに思っております。

先ほども申し上げましたように、確かに系統的に基礎的な知識は必要でありますけれども、やはり系統的に基礎的な知識を学ぶための耕しの時期が高等学校までの段階じゃないかというふうに私は考えております。まさに高等学校はその巣立ちの準備をしているのである。そういう意味におきまして、現代社会できちっと問題意識を持って、そして世界史の知識と結合させていく。そういう目配りのきいた授業をやっていかなきゃいけない。

それが教科を別にしてしまうと、その目配りが非常に薄くなってくるということが大きな問題ではないか。そういうところで果たして本当に問題意識を持ち、また、問題解決のできる力または生きる力というのが伸びるのかどうなのかということは、私にとってはどうしても何か疑問として残

るわけであります。

〇小林正君 11月20日に国連で子供の権利条約が採択されたわけでございますが、いわゆる子供というのはゼロ歳から18歳まで、チャイルドという言い方で言われているわけです。そして日本では児童とか生徒というふうに教育界では使い分けてきているのですけれども、18歳までをいわゆる子供というふうに言っている。

その子供の発達段階、認識、そうした点を含めて考えてみて、より専門性を高めていくのだということが一つの大きな要素になっているようでありますけれども、高等学校の教科というのは、どうなんでしょうか、いわゆる教育的な視点でとらえていくのか、それとも学問としての専門性が厳密に追求される場としての位置づけになっているのか、その辺の認識といいますか御意見が二つに分かれているわけですけれども、お伺いをしたいと思います。これは木村先生と、今度は臼井先生にお願いしたいと思います。

〇参考人（木村尚三郎君） 今の御質問に対しまして私自身の体験から申し述べさせていただきますと、私は15歳のときに終戦でございました。大きなショックを受けたわけでございます。

つまり、今まで鬼畜米英と言っていた先生方が急に米英は民主主義の神様であるというふうに言い出されまして、そこから私は先生は信用しなくなったのでありまして、それで自分が教師をやっているのは非常に矛盾しておりますが、ともかくも15歳のときの体験が一生を支配する、こういう意見もございます。まあ15歳に限らない、15歳前後と言っていいのではないかと思いますが、ちょうど子供から大人への成りかわりといいますか移り変わりのときでございまして、ある部分では子供、ある部分では大人ということで、自分自身もどうしようもないような感じが実は高等学校の段階ではないだろうかというふうに思います。

そこにおきましては、つまり自分自身でも考えようというこういった力のようなものが大きく芽

生え，かつ育つ時期でございまして，そういった中で専門性を重視する，例えば世界史について教育するということは，必ずしも，難しいことといいますかあるいは高度の知識といいますか，を教え込むということではないと思います。

今まで習ってきたことをもっと広い視野のもとで，はてなと考えさせる。つまり，ヨーロッパではこうであってもまたイスラムでは違った考え方があるんだよ。例えばヨーロッパは日本と同じように農業社会を長く経験してきており，そこから共通の日本とヨーロッパとの考え方の特性もございます。例えば城を中心に一円的な支配領域ができる，こういったものは実は日本とヨーロッパに特徴的でございます。

ところがイスラムのような世界は最初から都市の社会でありまして，イブン・ハルドゥーンという「歴史序説」という本を書いた人がいますが，繰り返し繰り返し説いておりますのがつまり連帯ということでございます。イスラムの人たちはなかなか連帯ができない。都市民であるからでありまして，こういった今まで私たちの中学まで教育されてきた常識とは違った生き方というものをそこで教えるというわけであります。

それぞれの専門の領域を持った人が可能な限りわかりやすくそういったものを教えていく，そして考えさせるというのが実は高校の段階ではないだろうか。そういった意味での専門性ということでございまして，決して難しく教えるということでは私はないというふうに思っております。

そのためには，現代社会の話もございますけれども，現代社会という学問はないはずでありまして，学問の立場に立って現代を教えるということはちょっとこれは非常に難しくて中身が中途半端になる。それぞれ歴史は歴史の専門に立ち，そしてまた地理は地理の視野から，歴史，地理は相互に非常に深い関係がありますから，その立場から現代というものを説いていくということがこれからのあり方でありまして，それぞれの専門性を基礎にしながらつまり現代あるいは世界を語るというのは，何も教育の場だけではないように思うわけでございます。

高校はそういった意味で人間の一生の中でも大きな転換期でありますだけに，それぞれの専門の立場から先生方が新しい見方というものを教えていく必要があるのではないかというふうに私は考えます。

以上でございます。

〇参考人（臼井嘉一君） 私は学問の系統と教育の系統という点について補足させていただきたいと思うのですが，人間と社会に関する諸学問は，日本のみならず世界的な水準で非常に蓄積がなされてきている。そのような学問的成果を高校生にどのように再編成するのか，つまり学問の系統を教育の系統としてどのように再編成するのかということが教育現場にいる者の責務であると思います。そういう点で，高等学校における社会科という一つの枠組みが，人間と社会に関する学問を教育の系統として再編成していくものとしてとらえております。

そして，その学問の系統を教育の系統として再編成する際に，現代社会と身の回りの諸事実を子供自身が学ぶことを通しながら学問を深めていく。そのような教育の系統が非常に重要ではないか。そのような教育の系統というものは，子供が社会の学問について主体的に，なおかつ柔軟に，なおかつ広い視野でとらえていくことができる。

そのような教育の系統を高等学校で実現することによって，そのような力が大学においてより深い人間と社会に関する諸学問に向かっていくことになるのではないか。そのような役割を高等学校が担わされているのではないかなというふうに思っております。

〇小林正君 今の質問について市川参考人からもお伺いしたいと思います。

〇参考人（市川博君） お答えいたします。

教育と学問というふうに分けていいかどうか。

勝田守一さんが最初に社会科の学習指導要領をつくるときに、今度は子供たちに学問させようじゃないか。従来の教育は一定の学問の成果を教えていた。それにも一応、限定がありますけれども、そうではなくて、これからは子供たち自身に学問させようじゃないか、その力をつけさせようということであったわけであります。ですから、教育というのは学問を教えるのではなくて学問する力を育てるのだということであります。

その学問する力とは何かといいますと、やはり事実をしっかりと認識する。事実をしっかり認識する中で問題意識をはっきりさせる。そしてみんなでその事実を検討し合いながら疑問を出し合って、その疑問をみんなで検討し合う。そしてその疑問についての仮説をみんなで出し合ってまたその方法論を追求する。検証していく方法論を吟味し合っていく。またその結論についても吟味し合っていくということが非常に大切なことではないかしらというふうに私は思っております。

そのときに、では知識は必要じゃないのかというとそういうことではないわけであります。私ちょっと簡単に申し上げますけれども、例えば中学校の公民分野で家庭の問題というのがあります。例えば老人ホームに老人を行かせるのはかわいそうじゃないかとか、いや行かせた方がいいのじゃないか、年寄り同士は年寄り同士の方がいいのじゃないかとかいろいろ問題が出てきて子供たちはいろいろ検討し合っております。

そういう中で、老人ホームは一体幾らお金がかかるのだろうか。そして随分お金がかかっているということがわかってきて、そんなにかかるのだったらそれは教育費に回した方がいい、老人よりもこれから育っていく子供たちに回した方がいいのじゃないかとか、また防衛費に回したらいいのじゃないかとか、そういう問題が出てきたり、また老人ホームは楽しければいいというものじゃない、生きがい問題なんだというようなことで、じゃ生きがいとか何だろう。まさにそういう中で、生きがいというような形で倫理的な勉強や、それからまた防衛の問題から国際平和の問題へ、それからまた、その老人ホームの予算は一体だれが決めるのか、どうやって決めるのだろうかという形で政治の問題へと、そういうふうな形で知識を拡大していきながら視野を拡大して、そしてまた学問していく力を育てるのが社会科であります。

現代社会は学問にはないというのですけれども、確かにないんです。それでいいのじゃないか。まさに事実をしっかり見詰めさせるのが現代社会であります。その現代社会の中からいろいろ問題意識をくみ出して、また新しい知識をたくさん入れて問題意識をくみ出す、そしてその成果に乗っかって、まさにそれを基礎にして、高等学校の2, 3年生でより分野的な、もっと科目に分かれた学習をしていくということによって初めて分化と総合というまさに学問の一つの基本的なあり方がそこでつくられていく、まさに教育の中でつくられていくのじゃないかというふうに私は考えております。

〇小林正君　時間がなくなってまいりましたが、最後に、この社会科解体ということが出てきた背景というものを考えてみますと、臨教審の答申というものが一つございます。私は、臨教審というものが、国民の中に教育論議を巻き起こす、関心を高める、そういう一定の役割を果たしてきた、このように思いますし、同時にまた、その論議の経過というものがかなり明らかにされてきたということも事実だと思います。

しかし、それを受けた形で教育課程審議会等がこの社会科問題を扱う経過というものについては、最近になっていろいろな文書を通して私たちがうかがい知ることができるという状況になっているわけですけれども、当時は密室というような印象を強く持っている一人でございます。

そういう点で考えてみますと、養成課程の大学とかあるいは高等学校の現場段階で、いろいろ今、参考人の皆さんから御指摘をいただきましたよう

な大変大きな問題点，混乱というものが惹起されるという事態を迎えているだろうと思いますが，そうした大きな問題に発展をするきっかけをつくっているこの論議経過というものが何ら知らされていなかった，このことにやはり大きな問題があろうと思います。

やはり何といいましても，教育現場の主体性というものを含め考えてみても，その意思決定のプロセスというものが全体としてきちんと理解をされながら一つの結論に導かれる，全体の合意形成の中でそれがなされていくということがあってしかるべきだし，特に憲法，教育基本法が定めている日本の教育のありようからいたしましても当然だろうというふうに思うんです。

しかし，現実は，まず中曽根元首相のいわゆる教育大臨調の大号令から発して臨教審が設置をされ，そして，現場代表とかあるいは教育学者，教育法学者といったような，いわゆる教育の専門的な分野でかなり大きな実績を上げてきた皆さん方が排除される中で審議が行われてきた，そのことについて一つ疑問を持つと同時に，今申し上げました審議会の経過というものが全体に知らされないという状況の中でこの間推移をして重大な結論に導かれた。その中では委員をおやめになった皆さん方もいらっしゃるというようなことで，マスコミもなぜ社会科解体なのかという疑問を強く投げかけた経緯があるわけであります。

したがいまして，この問題については，何よりもまず教育現場の声というものが尊重をされ，そして，社会科が持っておりました正しい科学的な社会認識を育てる教科としての本来の使命というものを発揮できるような体制をつくっていく必要があるだろうと思います。

時間がなくなって大変恐縮ではありますけれども，その意思決定のプロセスに関して，それぞれ一言ずつ，皆さんからお伺いしたいと思います。

○参考人（木村尚三郎君） 私は教育課程審議会のメンバーの一人として参加させていただきましたが，教育課程審議会それ自体におきまして，この社会科を今度二つに分けるということにつきまして積極的に何というんですか激しい議論があるとか，急に今回の改訂の方に決まったとかいうことはないというふうにはっきり申し上げていいと私は思っております。

つまり論議は十二分に尽くされまして，ただその中で新聞に報道されておりますのは，この教育課程審議会の中の高校分科会長の諸沢さんが主宰いたしました非公式の意見聴取というのがございまして，現場の高等学校学習指導要領作成協力者の方々からこういった活発な議論が出たことは事実でございます。

しかしそこにおきましても，今，例えば歴史学それ自体がどのように変わりつつあるのか，かつての近代国民国家とかあるいは近代市民社会の形成といった問題は，今，背後に退きまして，そして社会史とか，生活史とか，意識の歴史とか，それから家族の歴史とか，そういうふうに大きな転換を遂げているということについて私が述べさせていただき，それについて積極的な御反論はございませんでした。したがいまして，私は十二分にこの教育課程審議会における論議は尽くされたものと存じております。

以上でございます。

○委員長（柳川覺治君） 市川参考人，簡単にお願いいたします，時間がございませんものですから。

○参考人（市川博君） 3点だけ。

一つは，意思決定の前に教育課程審議会の委員が，果たして本当にこれからの教育を考えるのにふさわしい人が選ばれているかどうか，リクルート問題がきょうも出ておりましたけれども。それからまた，社会科教育につきましては専門家が一人であります。その方も実は文部省のお役人であります。そういう方が果たして本当に自分の考え方を話せるでしょうか。

それから2番目に，反対派の人たちを切って，

例えば私も学習指導要領の委員を解任されたわけでありますけれども、そういうふうな形で果たして本当にいいものができるのかどうなのか。

それから、先ほど申しましたように学会、それから社会科の教師、あるいはまた高等学校の先生方、例えば全国高等学校長協会会長の小田島哲哉さんも疑問に思っている。現場の先生方も納得できない。そういうことで果たして本当によかったのだろうかということが大きな問題であります。

○委員長（柳川覺治君）　ちょっと時間の関係がございますものですから、失礼でございますが……。

○小林正君　時間の関係で今のお二方で結構でございます。

どうもありがとうございました。

○田沢智治君　木村参考人にお伺い申し上げますが、国際化の進展する日本において新しい良識を形成発展するためには高等学校の生徒に対して世界史を履修させ、基礎、基本となる国際的知識を養うことが重要であるというお話でございますが、私も極めて同感に思います。

今回の学習指導要領の改訂によって世界史を必修にしたことは高く評価できるのではないかと思うのですが、問題は、魅力のある世界史にするためにどのような創意工夫が必要であるか、お考えがございましたら、二、三御提言をいただきたいと思います。

○参考人（木村尚三郎君）　現在の世界史の教育並びに教科書は、必ずしも現代の先ほど申しました要請に適的的ではないように思うわけでございます。

例えば、アメリカについては非常に詳しく書いてありますがソ連あるいはロシアの記述というものが必ずしも十分ではない。あるいは系統的に記述されていない。これは今の世界の常識からしますと大変おかしなことでございます。その一方でフランス革命の記述などは、日一日と言ってはちょっと言い過ぎですが、非常に詳しく書いてあるわけでございます。そういった意味で、まず現代の世の中といいますか国際社会のあり方、これを踏まえた上で新しく教科書並びに教育のあり方を考えていくということは、これはどうしても今やらなくてはいけない。それがありませんと、やはり世界史教育というのは魅力がないというふうになるのではないかと思うわけでございます。

普通、大学の受験に出ないからということで、現代について、特に戦後については余り教えないうちに終わってしまうということがあるのは非常に遺憾でございまして、まず現代の、今どういう変化が起こっているかということを踏まえた上で過去にさかのぼっていくということがこれから必要ではないかというふうに考えております。したがいまして、今申しました近代重視から現代重視へというふうに世界史の中身を変えていくことが大事だと思います。

そしてまた、先ほど申し述べさせていただきましたが、地域ごとに文化の特色というのがあるわけでございまして、なぜその地域にそのような宗教が一般的であるのか、またこれはどういう意味を持っているのか、こういった中身の問題が非常に大事でありまして、特に文化とか宗教ですね。先ほども申し上げさせていただきました技術の歴史、どういう知恵がこれまで生活とのかかわり合いの中で生み出されてきたか、こういう点も非常に手薄でございます。また、これが今私たちが一番関心を持っておりますところの内容なわけですから、こういった点もこれからはやはり充実させていかなければいけない。いわゆる日常生活史といいますか、この分野が非常に欠けていたと思うわけでございます。

もう一つは、現在私どもは国際的なお互いの結び合いの中で生きているわけでございますが、こういった広い意味のコミュニケーションといいますかお互いの相互関連ですね。例えば、同じ十三世紀にヨーロッパとアジアそれに日本がどういうふうに関係し合っていたかといった相互の横の交流の記述がこれまでかなり手薄ではなかったかと

思います。世界の諸事件をテレビ，新聞その他で瞬時にして知ることができる現代からしますと手薄でありまして，そういったことからいたしますと，広い意味のコミュニケーションに関する交通も含めましての記述，これもまた大いに拡充していかなければいけないと思います。

こういった日常生活史，そしてまた，今申しましたコミュニケーションの関係，さらに現代それ自体の大きな変化というものを踏まえた上での学習，この３点がこれからの世界史教育にぜひとも不可欠で，それこそが魅力を大きく増すゆえんではないか，こういうふうに存じております。

以上でございます。

〇田沢智治君 市川参考人にお伺いいたしますが，学問の系統より教育の系統を重視し，青少年の現実生活の問題を中心とした社会的経験を広め，また深めようとしなければならない，従来の教科の寄せ集めではだめであるというような御見解のようにとらえておりますが，そういうお考えは私も理解はできます。しかし私は，社会経験の少ない青少年への教育は，国際化時代を迎える21世紀を展望するとき，世界各国の過去の歴史や各民族の文化や国家の形成に果たしてきた役割などを広く理解させるということが大変大切な時代に来ているのではないだろうか。そういう意味では，今回，社会科を再編成したということは，私は私なりに評価できるのであります。

そこで，やはり教育は人なりと申しますが，教員をどのように養成するか。これによって大変魅力ある教科もつくれるし，生徒もその教員の物の見方，考え方に大きく左右されるということを思うとき，生徒の発達状況に対応した経験豊かな授業をするために大学教育の中でどのような教員養成が必要であるか。これは非常に大事なところでございますが，何か具体的な提言があれば，二，三お伺いさせていただきたいと存じます。

〇参考人（市川博君） 今，私も大学で委員の一人としてそういう仕事をやっているわけですけれども，例えば小学校の教員養成で124単位を前提といたしますと，大学で実質的にカリキュラムが組めるのは16単位か18単位であります。ほとんど高等学校並みの授業，高等学校の方がもう少し選択の幅があるのじゃないか。ともかくそれぐらい非常に選択の幅がない。それで果たして本当に魅力ある教師ができるかどうかなのかということが非常に問題であります。

と同時に，私たちは小学校の教員養成課程だけ考えるわけにはいきませんで，現場の要請といたしましては，小学校の教員の免許状だけではなくて中学校の免許状もやはり取ってきてほしい，そうしないと対応できない，うまく人事交流ができないと言われています。そうなりますと小中の免許状を取らさざるを得なくなってきますが，果たしてそれで時間割りが組めるのだろうかと考えてみますと，今は４時間で組んで大体４時10分で終わっていますけれども，もしかしたら六時間目までやらなきゃいけないのじゃないかというようなことが出ております。

学生が大学の教育でそれだけ時間を食われてしまう，また大学の教師もそれで疲れてしまう，果たしてそういう状態で魅力ある教師ができるかどうなのか，私は非常に大きな問題があるのではないか。そういう意味では，基本的な問題として，この教員免許法の今回の改正が果たして本当に教員養成にとってよかったかどうか非常に大きな疑問を感じております。

〇田沢智治君 梶原参考人にお伺いいたしますが，先生は高等学校の校長さんも兼務され，また教育行政にもかかわられた経緯があるようでございますので，そのような経験を踏まえて，教育行政にとってすぐれた教員を養成するためにはどういうようなことが大切なのか，御意見がございますれば，二，三お聞かせいただきたいと思います。

〇参考人（梶原康史君） 一つは，大学の養成課程においての基礎学，これにつきましては本当に徹底して身につけさせるということを念頭に置い

てやっていくことが必要でございますが、大学を卒業して採用しましてから後になりますと、どうしても学校の中で校内研修というものを中心にいたしまして先生方が研修に励んでいかなければならない。このことがもう何をおいても大事な課題でございます。

　大学において身につけますものというのは、それはしっかりやっていくにこしたことはないのでございますけれども、時間的な制約がございますし、またいろんな幅を身につけるにしましても制約がございますのですが、それから後の、教師同士がいろいろ切磋琢磨し合って身につけていく、このことが現場にとりましては非常に大事な課題であると考えております。

○田沢智治君　臼井参考人にお聞き申し上げますが、戦後の社会科の教育理念を大切に考えていくということは私も同感です。現在の社会科教育はその理念を発展させることができているかというと多くの問題を残しているということも事実ですね。例えば受験勉強偏重というような形の中で、受験に必要ないというととらない、たくさん集めた資料あるいは広領域の中で学ぶということは受験勉強にとってプラスにならぬといって余りそういう授業に出ないというような大きな欠陥を残しているのではないだろうか。

　しかし、新しい時代を担う若者にとって、世界がどう変化していくのか、過去の歴史と伝統の中でなぜそれがこのような変化を来しているのか、21世紀はどういう社会をつくることが世界の平和と人類福祉にとって大切なのか、こういうことを理解させる、あるいはみずからの物の見方、考え方の中で形成させていく基礎的な知識を教えていくということも私は大事じゃないかな、私はこう思うのでございますが、そういうような過程の中で戦後の教育理念を大切にしていく社会科を形成する上において、今、何が欠けているか、今後どうしたらいいかというような提言があれば、二、三お聞かせいただきたいと思います。

○参考人（臼井嘉一君）　戦後の社会科というものは、先ほど申し上げましたように、日本の社会あるいは世界の問題というものを非常に柔軟に、かつ多角的にとらえていく、そういう力を形成するようなものであったという点では、やはりこの戦後の初期の社会科の理念というものを大切にしていきたいなと、これは先ほど申し上げたとおりでございます。

　しかしながら現実には、委員が申されましたように、受験体制の中で知識が非常に受け身的になったり断片的になっている。こういう状況を克服するものとして、やはり戦後の社会科の中で言われてきた主体的かつ柔軟に知識を総合的に見ていくというようなことが、むしろ今日の国際化社会であればあるこそもっとこのような観点が必要なのではないかな、このように考えています。

　同時に私は、世界史という点から申しますと、今の高等学校の世界史が今日の大きく動く現代の世界というものを本当に正しく教えるのに十分な内容構成になっているかという点についてはやはり今後改善していく余地があるかと思いますが、そのような世界史の内容を含めつつ総合的、全体的に学んでいく、そのような理念がこの変動する世界の中に対応する子供を育てていく上で大事なのではないか、このように考えております。

○髙木健太郎君　きょうは本当に御苦労さまでございました。

　皆さんのお話を聞いておりますと、確かにこれは難しい問題だなと思います。教える側から立って物を考える、教えられる側から立って物を考える、あるいは研究者として物を考える、また教育者として考える、あるいは専門家として考える、いろいろの立場によって少し考え方が根本的に初めから違っているのじゃないかなという気もいたしましたが、非常に大事なことでございます。大変長い間いろいろの委員会で御活躍になったということにまず敬意を表したいと思いますが、いまだにまだどちらとも決着がつかぬということはま

ことに問題じゃないかなと思っております。

　まず木村先生と市川先生にお聞きいたしたいと思いますが、木村先生の「諸君」の63年1月号にお書きになったもの、それから市川先生の「世界」のことしの11月号にお書きになったもの、読ませていただきました。そういう点でちょっとお聞きしたいわけでございますが、この木村先生の106ページのところに、世界史が初めは必修であったのが44年ごろから選択になってきた、最初は世界史は95.8%であったのが、58年にはそれが60.5%に下がって、最近は68%ぐらいになった、県によっては30%ぐらいしか履修していない、こういうことについて自分は危機感を覚えるというふうに書いてございます。

　そして世界的視野で物を見、物を考える時代というふうに書いてございまして、私はこれはおっしゃるまでもなく非常に重要な時代になってきている、こう思います。

　ところが、ただ世界史を必修にして、物を教える、教え込ませる、暗記させるということになるのじゃないかという危惧が一方にはあるわけでございます。あるいはまた、受験対策としてしか生徒が授業を見ていない、そういう高校生が多いのじゃないかと思いますので、たとえ必修にしても大学の入試科目になければそれは頭の中を抜けてしまうだけで、先生のおっしゃるように、本当に世界史を学んでそれが土台になって日本を見ていく、世界を見るということにはならないのではないかということが一つございますが、こういう先生のおっしゃるように、生徒が本当に理解してそれに興味を持っていくようになるだろうか、そういうことが本当に可能なのだろうかというふうに思います。

　それから、教科書で教えるということは、理科とかそういうものは現物がありますからそれでもって教えることができますが、歴史というものは自分のそばには何もない、特に世界となると自分のそばにはないものである。そうすると、人間というものは情感だとかあるいはほかの感覚器官だとかそういうものが一緒に加わらないと自分の物にならない。こういうことを考えますと、たとえ必修にしましてもそういうことでは先生のおっしゃるような理想が達せられない懸念があるのではないか、こう思うのです。

　そういう意味から言うと、市川先生の言われるように現実の生活、先ほどバナナの話がありましたが、あの有名なバナナ教育というもので現実からだんだんそれを敷衍していく、こういうことの方が頭に入りやすいのじゃないか、あるいはそれが残って自分の物になるのじゃないか。といって、そんなことでは知識がばらばらになって系統的ではなくなるのじゃないか。両方いい面もありますが、両方欠陥もあるのではないか。その点についてまずお二人にお伺いをいたしたいと思います。

○参考人（木村尚三郎君）　ただいまの御質問に対してでございますが、確かに実感がないというのは事実でございます。先ほどヨーロッパのキリスト教とかあるいはイスラムの世界のあり方についてお話しさせていただきましたが、これは確かに私たちの常識とは違いますから、肌で感じるということはなかなか難しいと思います。

　しかし、例えばイスラムの場合、中東の世界ですが、お金をもうけて故郷ににしきを飾るという気持ちは存在いたしておりませんで、お金がたまれば自分の好きな都市、ロンドンであれニューヨークであれ、あるいはパリであれジュネーブであれ、自分の好きなところに住んでしまう、これはいわゆる農民の考え方とは違うんだと。例えばそういったことを教えてやることとそれから全然そういうのを教えないことではやはり大きく違うのではないか。日々テレビ、新聞などで世界の情勢が伝えられているわけでございますから、それに対する一応の理解といいますか、これがやはりどうしても不可欠だろうと思うわけでございます。

　そして、確かに世界史あるいは歴史学におきましても、先ほど申し述べさせていただきましたよ

うに、私たち自身の日常生活史、社会史ですね、家族の問題であるとか衣食住の問題であるとか、こういったことが、今、一番大きな問題となりつつあるわけですが、こういったものはやはり自分の、何といいますか、今の生活を基準にしてしか判断できないわけでございまして、同じ日本人でも例えば江戸時代の生き方などにつきましては実感がございません。どのようにして火をつけたかなどということにつきましても、今となってはなかなかその苦労なるものは実感できないわけでございまして、その点でいえば、日本の過去についてもあるいはほかの世界諸地域の過去につきましても実は同じことではないか。

ただし、世界の諸地域につきましては日本の過去を理解するよりはもうちょっと困難が大きいということは、それは事実おっしゃるとおりでございます。そのためにも基本的な見方といいますか、これを教えてやることが私はやはり高校の段階では一番大事なことじゃないかなと思います。

そしてまた、おっしゃるとおり受験に出なければそれは頭を通り抜けてしまう、これもまた事実でありまして、大学の二次入試からは世界史はやらないところがふえているのは事実であります。でありますが、一次入試あるいはそういう共通の入試におきましてこういった歴史を取り上げていただく、特に世界の歴史を取り上げていただく。確かに人名その他なじみがございませんから、ほうっておくと、何といいますか、全然履修しないまま過ぎてしまいますが、たった一言でも、専門の先生方がおっしゃったその地域、その歴史についてのことが後に大きく心に響くということもございます。

私は戦時中、中学でございましたが、日本史の先生が、江戸時代を封建社会というのは間違いです、あれは近代に至る過程ですということをぽつりとおっしゃった。これは全然受験には関係しませんでしたが、私の心の中に今でも食い込んでいる言葉でございまして、やはり専門の方が生徒に一言でも、わかりやすい形で自分なりの何といいますか確信を持って言ったことというのは、心の中にいつまでもとどまり響くのではないか。その意味では、世界史教育を単に生徒の側に任せた自由選択ではなくて必修にする意味はやはり画期的に大きいのではないかと私は存じております。

以上でございます。

〇参考人（市川博君）いろいろ御質問いただいたのですけれども、私、先生が先ほど、教育は木を育てるようなもの、人を育てるというのは木を育てるようなもの、私もそのとおりだというふうに思っております。枝を伸ばしていく。問題意識を持った枝を伸ばしていく。そして必要な知識、まさに葉っぱが知識だろうと思います。そして炭酸同化作用によってこの栄養分が根へ行って、それからまた幹を太らせていくということが大事なのじゃないか。要するに、大切なのは枝をきちっと伸ばしてそれに葉をつけていくということであります。

今、木村先生が、いろいろこういう内容が必要だとおっしゃいました。確かに必要でありますけれども、果たして教えた知識というものがきちっと枝につくのかどうなのか。そしてそれが養分となって栄養を補給してくれるのかどうなのか。大切なのはきちっと枝を伸ばすことではないか。その枝を伸ばすことは何かといいますと、私は性能のいいアンテナをつくる力だろうと思うんですね。ここからさっき、必要な知識を獲得する力というものが非常に大切なことではないかしらというふうに申し上げたわけです。

性能のいいということはどういうことになるかといいますと、やはり事実をしっかりと見詰めさせるということであります。経験がないとだめなわけですね。例えばお米の花ということを子供に聞いたってわからない、写真を見せると、ああそうかと思うんだけれども、それは写真という概念とか経験があって初めてわかるわけです。大切なのはその経験を豊かにするということであります。

まさにそういうことがこれからの教育にとって非常に大切なのじゃないか。

要するに、知識よりも大切なことは経験を豊かにすることである。戦後の社会科は、はい回る経験主義だというふうに批判されましたけれども、実は、はい回りながら経験を豊かにする、そしてまた必要な知識を獲得する力を身につけていくということが大切なのじゃないか。

例えば、小学校2年生でお店屋のおばさんのところに見学に行ったり聞き取りに行ったりする。聞き方が悪ければ怒られたりする。また時間が忙しいときだと怒られたりする。それからまた商品にむやみにさわったら怒られてしまう。そういうことの中で必要な知識を身につけていく。まさに地域の中ではい回りながら、さっき申し上げました学問する力を身につけさせるということが大切になってくるのじゃないかしらというふうに思います。

○高木健太郎君　ありがとうございました。

次に、梶原先生にお伺いいたしますが、先生はいろいろ教育の御経験もおありなようでございまして、中学校あるいは高等学校で日本史を教えるということもあるのだと思いますが、現在の日本歴史というものは、諸外国から見た日本の歴史とかそういうものは取り入れてできているものでございましょうか。時々問題になる、中国の教科書と韓国、朝鮮の教科書と日本の教科書と違うわけなんですけれども、それは今どういうふうに、あるいは外国から見た日本歴史というものも参考にしておつくりになっているわけでございましょうか。どのような日本歴史になっているか、その点をお聞かせ願いたいんです。

○参考人（梶原康史君）　教科書の編さんにつきましては文部省の教科書調査官の方で審査をしておるわけでございますから、その中身のことについては私、知る範囲ではございませんが、実際に学校現場におってそういうことに関与いたします場合には、教員といたしましては極力いろんな資料なんかを用意いたしまして、そして、一方に偏った見方じゃなくて広くその見方というものを取り入れながら指導しておるわけでございます。ですから、そういう資料をうまく手に入れる努力をするかしないかということがこれまた教員の資質にかかわってくる問題でございます。

物の見方につきましては、指導要領なんかではそういう多面的な見方をするように指導しておるわけでございますから、それから先のことになりますと、私たち教員にそれぞれ課せられてくる課題でもあるわけでございます。

○高木健太郎君　ありがとうございました。

もう時間がございませんが、最後に臼井先生にお伺いいたしますけれども、先生のお書きになったもので、融合分野と学問分野という言葉を随分お使いになっております。理想的には、専門の知識も十分持っておる、それから融合的な知識も十分持つ、これはまあ天才でなきゃできないようなことなんですけれども、それの論議が現在やられているように思うんですね。

先生は、その融合分野といわゆる学問分野というものを社会科教育の文脈の中で何かうまくそれを位置づける、それが問題なんだと。それは具体的にはどういうふうにお考えでございましょうか。

○参考人（臼井嘉一君）　今おっしゃった融合分野と学問分野といいますか、その問題と、現在議論になっております地理歴史科と公民科という問題とはやや違うことでございます。

つまり、地理歴史科というのは地理、歴史のいわゆる学問的な分野、公民分野ということになりますと、現代社会という私の言う融合分野と、政治・経済、倫理という割合に学問分野とが重なっていますから、そういう意味ではややそういう問題とは違うのですが、私の申し上げております融合分野というもの、現行の現代社会という、つまり生徒をめぐる現実の問題というものを見詰めながら、そして子供自身が調査学習しながら、それを歴史的な視点から、あるいは地理的な視点から、

それを私は多角的と申し上げましたが、そういう現実を見る目をさまざまなアプローチから学習する。そういうことによって、ひいては学問分野である日本史、世界史、そして思想、文化などの入っています倫理というところまで広げて系統的に学習する。

そういう、現行の指導要領で申しますならば高校1年の現代社会でそのようなことをやりながら、2年、3年の科目のところに発展させる。その1年のものが、現在ですと、残念ながら政治経済と倫理の何か知識詰め込みのような現代社会にややもするとなるのでございますが、本来の現代社会として復権させながら進めるならば、2年、3年のものと結びつく。そして現在の指導要領においてもそのような理想を高く掲げて作成されているのではないかなと思っておりますので、確かに困難な課題ではございますが、そのような課題を進めることによって、高校生を主権者として、日本国民として形成していく一つの基礎的な力がつくられていくのではないかな、このように考えております。

○高木健太郎君　ありがとうございました。
○高崎裕子君　〔中略〕まず木村参考人にお伺いしたいと思います。

社会科を地歴科と公民科に区別するということですが、この区別する原理は一体何なのでしょうか。なぜ地歴科と公民科という区分の仕方になるのでございましょうか。

○参考人（木村尚三郎君）　今の時代に生きる新しい常識を私たち日本人もこれからともに考えていかなければいけないわけで、自分の国だけのことを中心に考えるというわけにいかないと思います。そのためには今、歴史的に培われた何といいますかこれまでの生き方というものをしっかり確かめ、そしてその上にそのまた掘り起こしをして、その上にこれからの新しい常識を積み重ねていくということでございまして、今ほど過去の掘り起こしが大事なときはないのではないか。

卑近な例で申しますと、例えばいわゆる大河ドラマ風のテレビでもかつての人物像の掘り起こしということを今やっているわけでありますが、私たちが忘れていた生きる知恵とか勇気とか愛情ですね、特に、戦後の復興期並びに高度成長期に私たちがある意味で欧米一辺倒の生き方をしてまいりましたが、それに対しまして私たち自身の培ってまいりましたいい知恵、これを今、掘り起こすときに来ているのではないか。と同時に、ヨーロッパその他の世界諸地域についての知恵も掘り起こしが大事だということでございまして、その意味では、この歴史、そしてまたそれと不可分に結びついております地理、これを独立させていただきたいということでございます。

同時に、もちろん公民につきましても、これからの時代に適合した新しい常識、これを政治経済その他の分野からきわめていくということはこれまた不可欠のことではないか。

いずれにいたしましても、それぞれのしっかりした専門性といいますか、ヨーロッパ史であれアメリカ史であれロシア史であれ、専門性に立脚してその視点から現代を問い直すということが、今、一番大事なことではないかということで地歴と公民とに分けさせていただく、これが趣旨だと私は確信いたしております。

以上でございます。
○高崎裕子君　それでは次に、臼井参考人にお伺いしたいと思います。

臼井参考人には2点お尋ねしたいと思うのですが、まず第1点目は、高校生にとって社会科はなぜ重要なのでしょうか。

それから第2点目ですが、歴史というのは人文科学としての性格を持っている、だから社会科学としての性格を持つ社会科にはなじまない、したがって社会科から独立した教科にすべきという意見がありますけれども、この点についてどのようにお考えなのか、お伺いしたいと思います。

○参考人（臼井嘉一君）　まず第1番目の高校生

にとって社会科はなぜ必要か。私は、今日の高校生の現状、受験体制下の高校生の現状というものについて三つぐらい問題点を考えているわけでございます。一つは、先ほど申し上げましたように知識を受け身的に受け取るだけで自分なりの歴史像、社会像に結びついていないというような問題。あるいは、これは高校生自身の責任ではないのですが、自分の回りの問題に非常に疎くなってきている。つまり受験に役立つことだけで自分の回りのことに非常に疎くなっている。あるいは、社会のとらえ方が非常に紋切り型になっている。

そのような現代の高校生の状況を見ますと、なおさら社会科の教育の精神というものを生かしていかないとまずいのじゃないか。そういう点では、私は社会科の、系統的な学問というものを現実の問題と切り結びながら学んでいく、そういうふうなことが必要ですし、なおかつ現代社会でやるような主体的に学習するということが必要になっている、そういうような役割を一つ持っているなと思います。

なおかつ、社会科の中で非常に強調されている、一つの問題を非常に多面的、多角的に見るというそのような柔軟な社会認識の形成ということが今日の高校生にとって非常に求められている。そういう点では、高校生にとって社会科の必要性というのは、現在の受験体制を考えれば考えるほど大事になっているのではないかな、このように考えております。

次の、歴史教育が人文科学としての性格を持っているというような問題、これはいろいろ議論はされていたようでございますが、確かに歴史教育は人文科学的な性格を持っておりますし、ある意味では社会科学的な性格でも語れることもございます。地理学に至っては、御承知のとおり理学部で地理学をやったりするようなところもありますから、自然科学的な側面も持っている。

そういう意味では、人間と社会を考えるそういう社会科の基礎となる学問というのは、非常に人文科学的あるいは社会科学的、場合によっては自然科学的な側面も含み込みながら立てられていると思いますので、それを機械的に、人文科学的なものはこちら、歴史は人文科学的だから地歴科にやってそれ以外は公民科というふうにはできないし、社会科の精神からは問題ではないか。

現に公民科の中には、倫理というのはこれは一番、歴史学以上に人文科学の性格を持っているわけでございますが、やはり公民科の中に置かれておりますし、そういう意味では地理歴史科、公民科というのは、そのような観点ではなくて、人間と社会をとらえるさまざまな学問的なものを踏まえながら社会科として押さえる、そういう点が必要なのではないかなと考えております。

〇髙崎裕子君　それでは次に、市川参考人にお尋ねしたいと思います。

社会科を地歴科と公民科に区分することについて、これはいろいろなプロセスがあっても教育課程審議会で結論が出たとの見解があるわけですけれども、この点についてどのように思われますでしょうか。

〇参考人（市川博君）　結論が出たということについて、どういうようにお答えしていいかわかりませんけれども、私としては、先ほど申し上げましたように委員の選任または審議のプロセスにおいて非常に大きな問題がある。そういう点で、やはり少なくとも地歴科、公民科の分化につきましては、まだ完全実施まで時間がありますのでもう一回再検討していただきたい。そしてもう一回再検討した上で、あるべき姿でもう一回、本当の意味で生徒にふさわしい教育のあり方というものを考えていただきたい、そのように考えております。

〇髙崎裕子君　終わります。

〇池田治君　今まで参考人の先生方のいろいろなお話を聞きまして、歴史が必要である、特に国際化の時代に向けまして世界の知識を体得することがいかに重要であるかということはよくわかりましたし、また、現在は国の転換期でもあり世界の

転換期でもある，特に世界が重要だということもよくわかりますが，その世界史を必修にされた理由，並びに，現在の教育課程の中でこれが取り扱われずにわざわざこれだけを分離されて独立させたという理由，これを木村参考人並びに梶原参考人にお聞きします。

○参考人（木村尚三郎君） 日本の歴史の方は，小学校から学んでおりますし，何せ日本の歴史でございますからなじみがございますが，世界史につきましては，中学のときに近世の16，17世紀から後，日本に関係する限り世界の歴史についても学ぶということでございまして，世界史それ自体を全体として学ぶという場は小学校，中学校では与えられていないわけでございます。

したがいまして，高校の段階で初めて，より広い視野，世界諸地域の視野から日本を考え直すという意味では世界史を初めて全体として学ぶという意味で，やはり必修にすることが大事ではないか。ほうっておきますと，そういった諸地域についてわからぬまま何といいますか日本を愛するとなりますと，偏狭的な国家主義も出てきかねないわけでございますので，したがいまして世界史を必修にすることは今の教育の状況からいたしまして不可欠だと思うわけでございます。

と同時に，地歴と公民につきましては，先ほど先生の御質問の中にございましたように，やはり歴史的な物の見方というものが今ほど求められているときはないのではないか。単に自分の国の過去の栄光とか失敗を記憶するのではなくて，これから後の生き方というものを今までと違った視点から掘り起こしをする。

例えばヨーロッパ史ですと，今まで成功した時代の歴史が掘り起こされておりまして，12，3世紀のヨーロッパの中世，ロマネスクとかゴシックの時代，あるいは革命の時代，こういったものは非常にスポットライトは強く当たっておりますが，14世紀，15世紀から17，8世紀の時代，ここのところが，近代国民国家も成立せず封建社会が崩壊するということで……

○池田治君 先生，簡単で結構です。

○参考人（木村尚三郎君） はい。

ということで，何といいますか，余り今までスポットが当たっていなかったところであります。そこにこれからスポットを当てていき，新しい知恵を掘り起こすということが大事だと思うわけでございます。

以上でございます。

○参考人（梶原康史君） 第1点の世界史を必修にする件についてでございますが，先ほど木村先生の方からお話がありましたように，小学校，中学校におきましては十分な世界史の指導というものはなされていない。今日，国際化が非常に進んでおります中で，世界の国々の成り立ちとかあるいは地域の文化圏なんかにつきまして，これは私たちといたしましては十分に国民教育の上に位置づけなきゃならないということの必然性から特にそういうことが求められてきておると思っております。

もう一つ，地歴と公民との分離でございますけれども，高等学校になってきますというと，私が先ほど述べましたように，教えていきます中で基礎的に基本的に専門性とかあるいは系統性というものを教師の方で身につけてなかったら，本当に子供たちに豊かなそういう教育内容を与えることができない。といたしますというと，非常に幅広い教科の中でございますから，この際にそういう二つの分離を考えることによって先生方の専門性を深めていく必要があるという観点からこの必要性を思うわけでございます。

○池田治君 学問的専門性ということと教育的専門性，学問的系統性ということと教育的系統性，これを臼井先生がお話しになりましたけれども，私はまだ高等学校の生徒の発育段階では，教育的な視野といいますか，学問をするための力を養う能力，こういうものを磨き上げれば足りるのじゃないかと思っておりますが，それはそれとしまし

て，しからば世界史のみを必修にして日本史は必修にしない，これが一つの問題だし，また地理も，今は地球的な規模で公害が発生しておりまして，地球温暖化の問題なんかも日本だけでは解決できない問題になりました。その意味では地理もまた必修にしなくては，歴史のみではちょっと片手落ちではなかろうか，こういう意見を持っておりますが，市川先生，臼井先生にお願いします。

○参考人（市川博君） 先生のおっしゃっているとおりであります。それ以上つけ加えることはないわけであります。

教科というのは，実はその文化遺産をある枠でもって枠づけしたものにしかすぎません。本当の意味で教科をやろうと思ったら合科的にせざるを得ないということがあります。例えば公害の問題でもそうですけれども，排気ガスとかそれから工場排水の問題がどうしていけないのか，あるいは農薬の問題がどうしていけないのかという理科的な勉強をしなければ社会科の勉強になっていかない。

そういう意味におきましては，大切なことは，そういう科目や教科，またそこにおける知識というものを結合して問題解決に生かしていく力であります。そのことが一番大切なことであります。内容を教えるということが教育ではないということを改めて申し上げたいと思います。

○参考人（臼井嘉一君） 世界史とかあるいは地理とか社会科の中の系統的な領域というものをどれを必修にするかどうかという点については，私の所属しております社会科教育学会の中でもいろいろな議論がございますし，私は今，委員がおっしゃいましたように，場合によっては地理だとか，あるいは現行のように現代社会をむしろとる。そういう意味では，どれを必修にするかという議論はさまざまあるかと思います。そういう点では，どれも必修にしながらあるいは世界史というものを必修にするという議論はやはりあるのではないか，私も同じように考えております。

ただし，その際に，世界史を必修にするということと，それを社会科という教育的な系統性の枠の中で考えるかどうかという点については別の問題がございまして，やはりあくまでも世界史重視ということを社会科という教育的な系統性の枠内で考える，そのことを，高校生というやがて社会人になりあるいは大学で専門的な学問をするための重要な段階において組み立てるべきではないだろうか，このように考えております。

○池田治君 いろいろお話を伺ってわかってまいりましたが，今，参議院で法案の審議をやっておりますのは免許状の改正問題，地歴と公民との分離ということの問題になっているわけですけれども，このままいけば分離してしまってそして教育免許状も改正になるということになっております。もしこのまま進んで地歴のみを中心とした教育が行われるとすれば，それの生徒に及ぼす教育効果といいますか，どういう結果が生じるだろうか。特に日本国憲法並びに教育基本法との関係で，臼井先生にお願いをいたします。

○参考人（臼井嘉一君） 私は，地理歴史科，公民科というふうに別々に系統を分けてしまうという方式をとってしまいますと，ややもすると現在の受験体制における系統，知識の詰め込み的なそういう問題等も出てくるかと思いますし，何よりも，私が強調しておりますなぜ社会の知識を学ぶのかという際に自分の身の回りの現実の問題と結びつけながら系統的な知識を組み立てていくという，そのような社会科の精神というものがこのままだと失われていくのではないかなという問題が1点でございます。

もう1点は，私は大学における教員養成に携わる者といたしまして，今，新しい教科が二つつくられることによって，それに対応するために私も大学においていろいろな関係の委員をやったりしておりますが，非常にやりくりして，結局は人員増にもならないまま，条件整備もならないまま非常に片手間になってしまうような，あるいは非常

勤講師で賄ってしまうような，そういうおそれを今考えております。以上です。
〇**池田治君**　ありがとうございました。
〇**委員長（柳川覺治君）**　他に御発言もなければ，参考人に対する質疑はこれをもちまして終了いたしました。〔後略〕

第3章　中等社会科・地歴・公民科の授業づくりの方法

序　節　中等社会科と各分野・科目の授業づくり

　中等社会科が今日のように中学校3分野社会科と高校地歴・公民となったのは，1989（平成元）年版の学習指導要領からでありほぼ20年を経過している。

　この現行の中等社会科を実施するうえでも，第2章で述べたような戦後の「社会科」という総合的なカリキュラム構想とその精神は指針となるものであるから，本章の中等社会科における「三分野」（中学校）と「地歴科目・公民科目」（高校）の授業づくりにおいても留意する必要がある。たとえば，第2章末資料「「高等学校社会科」再編成に対する参考意見」の次の箇所に注目してほしい。

　「戦後の社会科というものは…日本の社会あるいは世界の問題というものを非常に柔軟に，かつ多角的にとらえていく，そういう力を形成するものであったという点で…社会科の理念というものを大切にしていきたい。」

　「受験体制の中で知識が非常に受け身的なものになったり断片的なものになったりしている。こういう状況を克服するものとして，やはり戦後の社会科の中で言われてきた主体的かつ柔軟に知識を総合的に見ていくということが，むしろ今日の国際化社会であればあるほどもっとこのような観点が必要なのではないかな，このように考えています。」

　「子ども自身が調査学習しながら，それを歴史的な視点から，あるいは地理的な視点からそれを学ぶことを私は多角的と申し上げましたが。そういう現実を見る目をさまざまなアプローチから学習する。」

　以上の指摘からもうかがえるように，社会科という視点・視野から授業づくりを考える際には，それぞれの分野（地理・歴史・公民）や地歴科目・公民科目

の学問性・系統性に依拠しながらも，その学習の展開のなかでは必要に応じて他分野や他科目の成果や方法を位置づけつつすすめることも重要である。

今回の学習指導要領改訂の際に，しばしばいわれたことは，「PISA 国際学力テスト」での成績が必ずしも良好でなかったことに対応するため，「ゆとり教育からの転換」ということであったが，それゆえに現在，知識の量的拡大とともに，知識の習得・活用ということが強調されている。しかしこの知識の量的拡大と習得・活用とともに，探究ということも，それを「総合的な学習の時間」内にとどめずに重視すべきであって，これからの授業づくりにおいても知識の習得・活用とともに探究ということにも留意することが肝要である。

以下の本章の授業づくりの検討においては，「1 授業づくりの目標とポイント」「2 学習の内容と教材づくりのポイント」「3 学習指導案の作成」という視点からそれぞれ述べられている。各分野や地歴・公民の各科目によってその論じ方の違いはあるが，「社会科」という大きな目的を念頭において，それぞれの授業づくりについて考えてほしい。

その大きな目的として念頭においてほしいことは，「社会科」という教科が設置されたときに次のようなことが強調されていたことである。

「社会科は，児童に社会生活を正しく理解させ，同時に社会の進展に貢献する態度や能力を身につけさせることを目的とする。すなわち，児童に社会生活を正しく深く理解させ，その中における自己の立場を自覚させることによって，かれらがじぶんたちの社会に正しく適応し，その社会を進歩向上させていくことができるようになることをめざしているのである。」

ここには，各分野や地歴・公民の各科目を学ぶ際に，その学習対象の違いに依拠するとともに，児童・生徒がまさに学ぶ対象であるそれらの社会事象とのかかわりで，自らの位置と立場を定め・自覚しつつ，社会生活を理解し，同時に社会の進展に貢献する態度や能力を身につけるという目的が述べられている。

この目的は，学習指導要領のなかでは「公民的資質の育成」とあるが，最近の日本社会の教育の展開に位置づければ「シティズンシップの育成」となろう。

第1節　中学校社会科地理の授業づくりと方法

1　中学校社会科地理授業づくりの目標とポイント

　中学校社会科地理的分野の学習内容は，近年，学習指導要領の改訂のたびに大きく改変されている。これは地理学習が歴史学習や公民学習に比べて，何をもって「基礎・基本」とするのかが，必ずしも明確になっていないためであると考える。そこで，以下では「地理的なものの見方」に着目し，それを基に2008年版学習指導要領でどのような授業づくりをすることが求められるのかを検討することにしたい。

(1)　「地理的なものの見方」とは何か
　2008年版中学校学習指導要領解説社会編では，地理的な見方と考え方の基本について以下のように説明している（pp. 20～21）。
　「どこに，どのようなものが，どのように広がっているのか，諸事象を位置や空間的な広がりとのかかわりでとらえ，地理的事象として見いだすこと。また，そうした地理的事象にはどのような空間的な規則性や傾向性がみられるのか，地理的な事象を距離や空間的な配置に留意してとらえること。」
　「そうした地理的事象がなぜそこにそのようにみられるのか，また，なぜそのように分布したり移り変わったりするのか，地理的事象やその空間的な配置，秩序などを成り立たせている背景や要因を，地域という枠組みの中で，地域の環境条件や他地域との結びつきなどと人間の営みとのかかわりに着目して追究し，とらえること。」
　ここでは，地理的な見方の基本として，まず分布を把握し，そこから法則性を見いだすこと。さらにその立地要因を解明することが求められている。地理学の立地論に関する内容を基礎とする学習が期待されているといえる。

なお，2008年版中学校学習指導要領解説社会編では，前者を「地理的な見方」，後者を「地理的な考え方」と区別しているが，これらは思考の順序とでもいうべきものであり，両者を一体としてとらえていかなければ有効な学習は期待できない。そこで，以下では両者を合わせて「地理的な見方の基本」ととらえていくことにしたい。このような「地理的な見方の基本」を身につけることを地理学習の「基礎・基本」におくことには異論があろうが，筆者はこのような見方は地理学習をすすめるうえで重要であり，生徒の地理的な思考力を深めることができると考える。そこで，以下ではこのような視点から2008年版学習指導要領の内容について検討を加えることにしたい。

(2) 2008年版学習指導要領の特徴

前述のように，近年，中学校社会科地理的分野の学習内容は，学習指導要領改訂のたびに大きく改変されている。表3-1に近年の学習指導要領に示された地理的分野の大単元・中単元を示した。

中学校社会科地理的分野の学習は，地誌学習を基本としてきた。1977年版学習指導要領は，世界地誌と日本地誌の学習を基本におき，世界の地誌を学ぶことを目的としていた。しかし，1989年版では「多様な世界」の単元のなかに各地の人々の生活と文化に関する学習内容が加わった一方で，世界地誌に関しては「まとまりのある地域又は国」を3つ程度取り上げて学習するとし，世界全体に関する地誌的学習は姿を消した。これは，1989年の学習指導要領改訂が文化を重視する方向をとったためである。この点については，本章第4節の高校地理教育の部分で詳しく検討しているので参照されたい。

1998年版学習指導要領では，内容の構成がさらに大きく改変された。これは授業時間数が140時間から105時間へと削減されるとともに，「学び方を学ぶ」学習が重視され，それに対応した内容が求められたためである。日本・世界とも2つまたは3つの事例を取り上げて学習するが，生徒が主体的に調べ学習を展開することが求められており，従来型の地誌学習は姿を消した。その一

表 3-1　学習指導要領に示された中学校社会科地理的分野の大単元・中単元の推移

1977 年版	1998 年版
(1) 世界とその諸地域 　ア　生活舞台としての地球 　イ　世界の自然 　ウ　世界の諸地域 (2) 日本とその諸地域 　ア　国土の成り立ち 　イ　国土の自然 　ウ　身近な地域 　エ　日本の諸地域 (3) 世界の中の日本 　ア　世界との結びつき 　イ　国土の利用と保全	(1) 世界と日本の地域構成 　ア　世界の地域構成 　イ　日本の地域構成 (2) 地域の規模に応じた調査 　ア　身近な地域 　イ　都道府県 　ウ　世界の国々 (3) 世界と比べてみた日本 　ア　様々な面からとらえた日本 　イ　様々な特色を関連づけてみた日本
1989 年版	2008 年版
(1) 世界とその諸地域 　ア　多様な世界 　イ　様々な地域 (2) 日本とその諸地域 　ア　世界から見た日本 　イ　身近な地域 　ウ　日本の諸地域 (3) 国際社会における日本 　ア　日本と世界の結びつき 　イ　日本と国際社会	(1) 世界の様々な地域 　ア　世界の地域構成 　イ　世界各地の人々の生活と環境 　ウ　世界の諸地域 　エ　世界の様々な地域の調査 (2) 日本の様々な地域 　ア　日本の地域構成 　イ　世界と比べた日本の地域的特色 　ウ　日本の諸地域 　エ　身近な地域の調査

資料）各年版学習指導要領

方で，「世界と比べてみた日本」で自然，人口，資源・産業，生活・文化，地域間の結びつき，の各面から世界と日本を系統地理的に学ぶ学習が導入された。これは世界に関する地理的な知識などを保証することを目的としたものであると考える。しかし，このような学習に対して「基礎・基本」を十分に習得できないとの批判が高まり，学習内容を増やす方向へと転換された。

　このような流れのなかで作成された 2008 年版学習指導要領は，いくつかの

特色をもっている。その1つは学習時間の増加である。1999年版学習指導要領で105時間に削減された学習時間が，120時間に増加された。歴史的分野の140時間には及ばないものの，約15％の大幅増である。また，内容的には日本地誌と世界地誌の双方を学習する1977年版学習指導要領と類似する構造に転換した。

2008年版学習指導要領は世界地誌を核とする「世界の様々な地域」と，日本地誌を核とする「日本の様々な地域」の2つの大単元から構成され，それぞれの大単元はさらに4つの中単元から構成されている（表3-1）。

「世界の様々な地域」のなかで最初の中単元となる「世界の地域構成」は，地図や緯度・経度などの地理学習のための基本的な技能を身につけることを目的としている。これは「地理的な見方の基本」を習得するための前提であり，これが冒頭単元に配置されていることは妥当である。ただし，ここで問題として指摘しなければならないのは，地理的な技能と並んで主な国々の名称と位置を身につけることが求められていることである。学習指導要領解説では，世界の4分の1から3分の1程度の国々，すなわち50～70カ国の名称と位置を覚えることを求めている（p. 28）。この背景として，主な国の形状や位置を把握することが地理学習の「基礎・基本」であるとの考えがあるものと推測される。一定の地名等を覚えることは地理学習に不可欠の内容であるが，それは地誌学習のなかで進めるべきことであろう。地域像の形成と結びつかないまま地名等を暗記させることは生徒に大きな負担をかけることから，「地名と物産の地理」として批判されてきた。このような学習は，前述の「地理的な見方の基本」の習得をめざす地理学習とも結びつくものではない。

主な国の形状などに関する学習は1977年版学習指導要領にも存在しているが，それはあくまで日本の特色をとらえるために，世界にはさまざまな特徴をもった国があることを知ることを目的とした学習であった。1989年版学習指導要領以降，この学習が拡大してくるが，これは世界の体系的な地誌学習が廃止されたことにともない，基礎的な知識を確保するためのものであった。2008

年版学習指導要領で世界地誌学習が復活したことを勘案すれば，この学習は地誌学習のなかに吸収させるべきであると考える。

「世界各地の人々の生活と環境」は，衣食住の特色や生活が地域の環境とどのように結びついているのかを考え，多様な文化を尊重する態度を身につけることを目的としている。これは1989年版学習指導要領の「多様な世界」の単元の一部とほぼ同じ内容をもつものである。ただし，2008年版学習指導要領では生活と宗教とのかかわりに関する内容が追加されている。これはイラク戦争後の世界で宗教を理解することが非常に重要になってきているためである。実践にあたっては，この点を重視することが必要である。なお，本単元の実践にあたり特に注意しなければならないことは，ステレオタイプ的な文化認識を拡大しないようにすることである。文化はその土地の歴史と風土に基づいて形成されるもので，比較して優劣をつけることはできない。「地理的な見方の基本」に基づいて文化を理解することは，異文化理解の基本となる。偏見と差別をなくすための文化教育となるように心がけることが必要である。

「世界の諸地域」は，今回の改訂で復活した世界地誌学習の単元である。ここでは世界を6つの州に区分し，それぞれ主題を設けて地域的特色を理解することが求められている。この単元については，次項で構成を含めて詳しく検討する。

「世界の様々な地域の調査」は，1999年版学習指導要領の調べ学習の内容を受け継ぐものである。1999年版では学習が十分な事前学習がないままで行われていたのに対し，今回は世界の地誌学習をしたあとに行うことになる。調べ学習の深まりが期待できる。ただし，そのためには一定の時間をかけることが必要である。実践にあたっては授業時間の確保が求められる。

次に，「日本の様々な地域」の単元構成について検討したい。冒頭単元である「日本の地域構成」は，日本の国土に関する基礎的な知識を取り上げるもので，以前の学習においても繰り返し取り上げられてきたものである。これも日本地理学習を進めるにあたって基本となる内容であるが，都道府県とその県庁

所在都市名が取り上げられていることを問題点として指摘しなければならない。先の国名と同様、都道府県名と県庁所在都市に関する学習は、日本地誌学習が廃止された1999年版学習指導要領で新設された内容である。日本地誌学習が削減されたことの代替としての意味があったと考える。しかし、世界の主な国々の名称などの学習と同様の問題点がここには存在する。2008年版学習指導要領では日本地誌学習が復活したため、これらの学習は各地方の地誌学習のなかで行うべきと考える。

「世界と比べてみた日本の特色」は、基本的に1999年版学習指導要領の第3大単元から生活・文化に関する内容が除外されただけである。この単元は他の単元とは異なり、世界と日本を系統地理的にとらえることを目的としている。今回、この単元が廃止されずに残されたのは、中学校社会科地理的分野学習が地誌と系統地理の両面からすすめられることになったことを意味している。本章第4節で示すように、高等学校の地理学習では、このような地理学習が追究されてきており、「地理的な見方の基礎」を習得するには、有効な方法であると考える。2008年版学習指導要領では、これが中学校にも拡大してきたととらえることができる。ただし、中学校においては地誌と系統地理を結びつけて地域理解を深めるための実践は十分に蓄積されていない。今後の実践の蓄積に期待したい。

「日本の諸地域」は、今回の改訂で新設された日本地誌に関する単元である。ただし、従来の地誌学習が各地域をほぼ同じ内容からとらえる静態地誌的な内容であったのに対し、地域を特定のテーマを中核としてとらえる動態地誌的な構成をとるとしている。この点については、次項で詳しく検討する。

最終単元となる「身近な地域の調査」は、従来は最初におかれていたものである。つまり、身近な地域をとらえることをとおして地理的な技能や地理的な見方の基本を身につけ、そのうえで他の地域の学習にすすむ、という構成になっていた。これは小学校社会科がとっている同心円拡大方式によるものである。しかし、2008年版学習指導要領はまったく逆の構成となっている。すなわち、

まず世界を学び，そのうえで世界と日本との関係をとらえ，ついで日本を学習する，そして最後に身近な地域をとらえるのである。これは，身近な地域の学習の位置づけが，従来の興味関心を高め技能を身につけるための導入としての位置づけから，習得した地理的な知識と技能を活かして自ら学習する出口総合へと，まったく異なったものになっていることを示している。また，これは公民的分野の学習への導入的な意味合いももつ。たとえば，地方自治のまちづくりについて学習する場合，この単元の学習は非常に大きな意味をもつだろう。地理的分野のみならず，公民的分野も視野に入れた実践が期待される。

2 中学校社会科地理学習の内容と教材づくりのポイント

(1) 時間配分の枠組み

ここでは，2008年版学習指導要領で中心的な内容となっている世界地誌と日本地誌について，学習内容の構成について詳しく検討を加えることにしたい。

まず，両単元を構成するにあたり，単元に配分できる時間を見積もることにしたい。なお，本章執筆段階ではまだ教科書等が発行されていないため，以下に述べることはすべて筆者の試案である。

表3-2は中単元ごとの時間配分を示した著者の試案である。この根拠は以下のとおりである。中学校社会科地理的分野の授業時間は前述のとおり120時間に拡大された。まずこれを2つの大単元に等しく60時間ずつ配分する。世界地理では，まず「世界の地域構成」に12時間を配分する。これは1999年版学習指導要に基づく授業で配分される標準的な時間数である。ついで，「世界の人々の生活と環境」に10時間を配分する。これは1989年版学習指導要領でこの単元に配分された標準的な時間数である。そして，「世界の様々な地域の調査」に6時間を配分する。1999年版学習指導要領では，世界の国調べの単元において，1カ国あたり4時間程度の時間が配分される。しかし，前述のように世界地理学習のまとめとして時間を確保する必要があると考え，加算した。60時間からこれらの時間を引いた残りの32時間が世界地誌学習にあてられる

時間となる。

　日本地理に関しても同様の方法で時間を配分する。「日本の地域構成」「身近な地域の調査」への配分時間は，1999年版学習指導要領の標準的な時間数である。また，「世界と比べた日本の地域的特色」は，1999年版では5つの観点を15時間で学習するのが標準であったが，観点が4つに減らされたため授業時間数も12時間とした。60時間からこれらの時間を引いた残りの33時間が日本地誌学習にあてられる時間となる。

　以下では，この時間数を枠組みとし，世界地誌，日本地誌単元の構成を検討する。

(2) 世界地誌の構成

　世界地誌は，世界をアジア，ヨーロッパ，アフリカ，北アメリカ，南アメリカ，オセアニアの6州に区分して取り上げることが求められている。なお，これにあたっては，各州の特徴を自然，産業，生活・文化，歴史的背景などから大観する学習と，1つまたは2つの主題を設けて地域的特色をとらえる学習の双方から授業内容が構成される。また，各州を大観する学習はそれらを合わせることにより概略的な世界像が形成されるようにすることが求められている。すなわち，州を単位として静態地誌と動態地誌を組み合わせたかたちで世界地誌学習を構成することが求められているのである。

表3-2　中単元ごとの時間配分案

(1) 世界のさまざまな地域（60時間）	(2) 日本のさまざまな地域（60時間）
ア　世界の地域構成（12時間） イ　世界各地の人々の生活と環境 　　（10時間） ウ　世界の諸地域（32時間） エ　世界の様々な地域の調査 　　（6時間）	ア　日本の地域構成（6） イ　世界と比べた日本の地域的特色 　　（12時間） ウ　日本の諸地域（33時間） エ　身近な地域の調査（9時間）

資料）筆者作成

第1節　中学校社会科地理の授業づくりと方法

表3-3　世界地誌の構成案

アジア：急速な経済発展と巨大な人口を擁するアジア	北アメリカ：大規模農業と工業の発展
1　アジア地域を大きくとらえる 東アジア 2　歴史と文化を共有する東アジア（農業を含む） 3　急速な経済発展と拡大する貿易 4　さまざまな人口問題──人口の急激な増加と少子高齢化 東南・南アジア 5　植民地化の歴史とそれがもたらした影響 6　急速な工業化と国際分業体制 7　社会が内包するさまざまな問題	1　北アメリカ地域を大きくとらえる 2　移民による国家形成と多民族社会 3　農業地域の分布と大規模農業 4　豊かな資源と発展した工業 5　世界経済の中心地ニューヨーク 6　グローバル経済のなかのアメリカ
	南アメリカ：森林破壊と環境保全
	1　南アメリカ地域を大きくとらえる 2　大農場を中心とする農業 3　進む森林地域の開発と環境破壊 4　新しい発展に向けた産業化の進展
アフリカ：モノカルチャー経済下の人々の生活	オセアニア：アジア諸国との結びつき
1　アフリカ地域を大きくとらえる 中央・西アジア，北アフリカ 2　広がる乾燥地域と特徴的な生活 3　豊富な石油資源と世界への輸出 中央・南アフリカ 4　植民地化の歴史と文化 5　モノカルチャー経済の形成と特徴的な貿易構造	1　オセアニア地域を大きくとらえる 2　オーストラリア，ニュージーランドの産業 3　世界の国々と結びつく貿易と観光 4　アジア諸国からの移民の増加と多文化主義
ヨーロッパ：EUの発展と地域間格差	
1　ヨーロッパ地域を大きくとらえる 2　ヨーロッパの農業と文化 3　EUの形成とユーロの導入 4　結びつく経済と地域間格差の拡大 5　国境を越えた人の移動 6　ロシア連邦とその特徴	

資料）筆者作成

表3-3は筆者が作成した世界地誌学習の構成案である。各州の主題については学習指導要領解説に例示されているので（pp.34～35），基本的にそれに従っ

た。ただし，アジア州に関しては急速な経済発展を主題に追加した。また，地域区分については州ごとに分けることが指定されているが，アジア州のうち中央・西アジアは東・東南・南アジアとは性格が大きく異なるためアフリカ州と同時に扱うこととした。これに伴い，学習順序もアジア州の次にアフリカ州を取り上げることとした。また，アジア州とアフリカ州はそれぞれ東アジアと東南・南アジア，中央・西アジア・北アフリカと中央・南アフリカに区分して学習することにした。これは学習する地域の性質の等質性を重視したためである。以下ではアジア州（中央・西アジアを除く）を例に，内容について簡単に説明を加えたい。

　アジア州を特徴づけるのは，急速な経済発展と巨大な人口である。日本との結びつきが深いことに加え，中国，インドという21世紀をリードする新しい大国が台頭している現在，アジアを学ぶことはきわめて重要である。このような意図から，アジア州に最も多い7時間を配置した。

　各時の構成では，すべての州で1時間目に「〇〇地域を大きくとらえる」というテーマを設定し，静態地誌的に基本的な内容を学ぶ時間を設定した。アジア州では，以下の時間を東アジアと東南・南アジアに区分して取り上げる。これは，両者が歴史的・社会的に異なる構造をもつことに加え，日本が位置する東アジアを重視するためである。特に2時間目の歴史と文化に関する学習は，日本と東アジアとの密接な関係から展開することを想定している。3時間目は世界をリードする東アジアの経済に焦点を当てる。東アジアでは，まず日本が，ついで韓国と台湾が，そして中国が，相次いで世界の工場へと成長している。今や東アジアは世界最大規模の工業地域であり，この構造をとらえることは重要である。なお，中国工業をとらえる視点については，本章第4節でも紹介しているので，合わせて参照されたい。4時間目は東アジアのもう1つの課題である，人口問題を取り上げる。本時については次項で授業案（略案）を含めて説明する。

　5時間目からは東南・南アジアを取り上げる。この地域は欧米諸国の植民地

となっていた地域であり，特徴的な歴史的背景をもつ。これは現在の社会・経済構造にも影響を与えている。5時間目ではこれを取り上げる。6時間目はこれらの国の近年の発展を，新しい産業化と多角的な貿易の拡大から把握する。しかし，その一方でこの地域にはさまざまな社会問題が存在している。特にインドではカースト制度の影響が根強く残り，それが人口問題などにも影響を与えている。7時間目はこのような社会問題からこの地域をとらえていきたい。

(3) 日本地誌の構成

2008年版学習指導要領では，従来とは異なる日本地誌学習が求められている。ここでは，日本の各地域を「自然環境」「歴史的背景」「産業」「環境問題や環境保全」「人口や都市・村落」「生活・文化」「他地域との結びつき」の7つの考察の仕方を「中核」として取り上げることが求められている。ただし，各地域で取り上げることができる考察の仕方は1つに限られ，日本地誌学習のなかでこれらの7つの考察を必ず取り上げなければならないとされている。従来の静態地誌型学習から動態地誌型学習へと転換が求められているといえるが，このような地誌構成にはいくつかの問題があると考えられる。その1つは，各地域ごとにとらえる視点が異なるため，日本の国土を体系的にとらえることが難しいことである。1989年版学習指導要領までの日本地誌学習は静態地誌を中心とし，1時間程度各地方の特徴ある内容を加えるというかたちだった。そのような学習は平板になり，暗記中心的になるなどの問題点はあったが，国土を体系的にとらえるという面では適切であった。2008年版学習指導要領では，これがまったく逆のかたちをとっている。生徒の国土認識の形成という点に配慮すれば，各地域の学習内容に留意することが必要になる。筆者は世界地誌と同様，静態地誌的な学習を各地域に何時間ずつかおく必要があると考える。

もう1つは，7つの中核となる考察すべてを取り上げなければならないことである。動態地誌的なとらえ方が有効であることは筆者も認識しているが，そのために設定する視点は地域によって異なる。また，同じ地域でもとらえ方に

表3-4　日本地誌の構成案

九州地方：自然環境を中核に	中部地方：産業を中核に
1　九州地方を大きくとらえる 2　温暖な気候を活かした農業 3　シラス台地の開発 4　災害とたたかう－台風と火山を中心に－ 5　産業構造の変化と新たな成長 6　アジアとの結節点としての九州	1　中部地方を大きくとらえる 2　日本の工業をリードする東海地方 3　野菜と果樹の生産拠点－中央高地 4　現代に生きる伝統産業と日本有数の穀倉地帯－北陸地方 5　新しい中部地方をめざして－高速交通網の整備と新たな地域間交流
中国・四国地方：他地域との結びつきを中核に	関東地方：人口や都市・村落を中核に
1　中国・四国地方を大きくとらえる 2　気候の特徴を活かした農業と産地間競争 3　高速道路・本四架橋の整備と地域の変化 4　地域文化の全国への発信－全国に広がるヨサコイ－ 5　世界と結びつく平和都市広島	1　関東地方を大きくとらえる 2　日本の首都・東京 3　東京を特徴付けるさまざまな産業と文化 4　東京大都市圏の形成と都市問題 5　巨大な人口を支える近郊農業 6　人口流出に悩む山村と島
近畿地方：生活・文化を中核に	東北地方：環境問題・環境保全を中核に
1　近畿地方を大きくとらえる 2　古都に残る文化とその保存 3　伝統的産業と現代的産業 4　大都市圏の形成と地域の変容 5　未来につなげる環境の保全 6　災害から復興した新しいまち	1　東北地方を大きくとらえる 2　豊かな自然の保全－世界遺産とラムサール条約指定地 3　自然と共に生きる農林水産業 4　産業の発展と都市の拡大 5　環境保全のためのさまざまな試み－新エネルギー開発と環境保全型産業
	北海道地方：歴史的背景を中核に
	1　北海道地方を大きくとらえる 2　開発の歴史とアイヌ文化 3　開拓によって生まれた特徴的な農業 4　産業開発とその変容 5　特徴的な都市形成と生活

資料）筆者作成

よって取り上げる視点は異なるだろう。地域を取り上げる視点は，より自由に扱わなければ十分な効果を期待できないのではないだろうか。日本の地域区分に関しては，比較的自由に定めてよいことになっているが，学習指導要領解説

では従来の7地方区分に基づく例が示されている。実際には7地方区分に基づく授業が展開されるケースが多いと推測される。とすれば，各地方に1つの考察の仕方を設定し，しかもそれが重複しないように割り振ることが求められる。このような視点の設定は，「地理的な見方の基本」を養ううえでマイナスであろう。筆者は，テーマのとらえ方に関しても世界地誌レベルの指定の仕方にとどめるべきであったと考える。

表3-4に日本地誌の構成案を示した。基本的な時間配分は表3-2に基づき，各地方がほぼ均等になるようにした。中核となる考察については，九州地方，中部地方，北海道地方がそれぞれ学習指導要領解説において例示されているのでそれに従い，調整した。ここでは，北海道地方を例に構成について簡単に説明したい。なお，前述の理由から，世界地誌と同様，各地方の学習の冒頭に「○○地方を大きくとらえる」という時間を設定し，各地方の基本的な静態地誌を取り上げることとした。

北海道地方を歴史的背景からとらえる場合，明治以降の開拓の影響から考えなければならない。ただし，それにあたっては先住民族であるアイヌ民族をとらえる視点を忘れてはならない。そこで，2時間目では北海道開発の歴史をアイヌ語地名など，アイヌ民族の文化を踏まえて取り上げる。そのうえで，3時間目は大規模酪農や畑作など北海道特有の大規模農業を，4時間目は石炭資源など地域資源を基盤に発展した産業を，その後の推移を含めてとらえていく。ここでは北海道の産業が内包している現代的課題も含めて検討を加えるように留意したい。5時間目は札幌を事例に，碁盤の目状に区画された計画都市と寒冷地特有の生活の特徴についてとらえたい。

3　中学校社会科地理の学習指導案の作成

ここでは，前項で示した構成案のなかで2時間を事例に，授業案を考えてみたい。いうまでもなく，授業案は具体的な生徒に対応できるように作成するものであり，一般的な構成案を示してもあまり意味はない。そこで，ここでは授

業構成に関する考え方を中心に述べ，授業案そのものは略案にとどめることにしたい。

　まず世界地誌の事例を示そう。表3-5はアジア州4時間目「さまざまな人口問題」について筆者が作成した略案である。中国を事例にとり，急激な人口増加とその抑制がもたらす問題について多面的に考察を加えることを目的としている。人口問題に関する授業では人口増加にはさまざまな問題があり，それを抑制することが必要であると強調するものが多いが，近年の日本の人口動態を見れば明らかなとおり，人口減少にも問題はある。その両面をとらえたうえで，どのような人口政策をとっていけばいいのかを，考えることができる能力をもった生徒を育成したい。

表3-5　授業略案　アジア州4時間目「さまざまな人口問題」

学習内容・活動	指導上の留意点
1. 世界の人口はいつ100億人を超えるか予想してみよう	○世界の人口増加のグラフから，世界の人口がここ数十年の間に急増していることをとらえさせる。 ○その中でも中国・インドなどアジアの国々の人口増加が著しいことをとらえさせる。
2. 人口が増えるとどうなるのか，考えてみよう	○人口増加が国や社会に与える影響を多角的に考察できるように留意する。 ○ここでは，必要とする食糧や資源の増加，環境破壊の進展など懸念されている問題を取り上げるにとどまらず，労働力人口の増加などプラスの側面があることも合わせてとらえておくことが重要である。
3. 中国の人口問題を考える	○中国の人口増加のグラフから中国の人口増加が著しいことをとらえさせる。ただし，近年は増加数は多くとも増加率はそれほど高くないことも合わせておさえる。 ○2.の学習と合わせ，このような人口増加が中国にどのような影響をもたらすのかを考えさせる。
4. 一人っ子政策について考える	○3.の考察から人口抑制策が必要であることを

学習内容・活動	指導上の留意点
	とらえ，一人っ子政策が導入された理由を理解させる。
	○一人っ子政策の結果，人口増は抑制されたが，急激な人口抑制が急速な少子高齢化をもたらすことになることなどにも目を向けさせたい。
5. 人口が減るとどうなるのか考える	○人口抑制の結果進む少子高齢化がどのような社会をもたらすのか，日本を事例として考えさせる。
	○単純に人口を抑制すればよいということではないことを理解させる。
6. 中国は今後どのような人口政策をとっていけばいいのか，考える	○以上の考察を基に，中国は今後どのような人口政策をとったらいいのかを考えさせる。
	○これにあたっては，本時までの産業に関する学習も活用する。

資料）筆者作成

　日本地誌に関しては，中部地方3時間目「野菜と果樹の生産拠点－中央高地」の例を表3-6に示した。ここでは中央高地の農業を自然的条件を活かした生産活動に加えて，歴史的背景を含めた移り変わりと消費地（者）との結びつきについてもとらえたいと考えた。農業も産業であり，社会や経済の変化にともなってその生産構造を変化させる。中央高地の農業はそれに適応して生産を拡大してきた事例の1つである。その変化の姿をとらえることが，今後の農業の姿のヒントになると考える。

　また，消費者との結びつきをとらえることも重要である。従来の学習では，生産と消費が切り離されている場合が多い。しかし，両者がつながらなければ生産は成立しない。そして両者の新しいつながりに，新たな産業が生まれる。このような視点から産業を見ていく目を養うことも必要であろう。

表3-6　授業略案　中部地方3時間目「野菜と果樹の生産拠点－中央高地」

学習内容・活動	指導上の留意点
1. 東京都民が食べている野菜はどこから来ているのか調べてみよう	○東京都中央卸売市場のデータを基に，東京に入荷している野菜の産地として中央高地が大きな役割を果たしていることをとらえさせる。

2. 中央高地の農業を自然とのかかわりからとらえる	○ここでは生産と消費が結びつくことの重要性についてもとらえさせたい。 ○中央高地で農業が盛んになった理由を，気候的特性など，自然条件から理解させる。 ○これと合わせて，東京への近接性などの立地条件についても把握したい。
3. 変わりゆく農業	○社会条件の変化にともなって，農業の変化していくことをとらえる。
(1) 長野県の高冷地野菜産地	○長野県の大規模な高冷地野菜産地の形成と発展を，大都市市場との結びつきから理解させる。 これにあたっては，生産の特徴などに関する適切な資料を用意する。
(2) 山梨県の果樹産地	○産業構造の変化にともない，養蚕地帯から果樹栽培地帯に転換したことをとらえさせる。これにあたっては，地形条件の特徴などにも留意する。
4. 新しい農業をめざして	○グリーンツーリズムの進展など，消費者と直接結びついた新しい動きがあることをとらえさせる。合わせて，今後の農業がどのような方向に進むべきかを考えさせる。

資料）筆者作成

第2節　中学校社会科歴史の授業づくりと方法

1　中学校社会科歴史授業づくりの目標とポイント

　中学校社会科教員は，ほとんどの公立中学校では担当の生徒とともに学年を上がり地理，歴史，公民の三分野を担当している。三分野のなかで得手不得手にかかわりなく指導時間をかけるのが歴史的分野であることが一般的である。
　中学校社会科歴史学習は次のような課題をかかえている。
(1)　通史的な扱いの問題
　高校では，世界史が必修であり日本史は選択となっている。したがって，中学校での歴史学習がとりわけ日本の歴史を学ぶ最後になる場合もある。そこでこの間，表3-7のとおりに中学校歴史分野の授業数が削減されても原始古代から現代までの通史的学習は変更されることはなかった。このことは範例的扱い（2～3つの国を学ぶなど）をしてきた地理的分野との違いであった。2008年版の学習指導要領により授業数は増えたとはいえ，どのように通史的な学習をすすめるのかという課題は変わっていない。

表3-7　歴史的分野の授業数

1958年	175時間
1968年	175時間
1978年	140時間
1989年	140時間
2002年	105時間
2008年	130時間

＊三分野制以降の授業数

(2)　歴史教科書の問題
　ここでいう教科書問題とは，国際的・社会的に大きな話題となっている戦争の記述などをめぐることではなく，全体がスリム化し生徒が読んだだけでは理解できにくくなったことである。教科書は，多くの場合に見開き2ページで1時間扱いで構成されている。その2ページの中にいくつもの図版が掲載され本文が少なくなっているのが特色である。体にたとえると骨格ばかりで肉が少ない内容のために，解説を聞かないとわかりにくいものとなってきている。このことは授業づくりにとって大きな問題である。

(3) 少ない世界の扱い

　学習指導要領では「世界の歴史を背景」に「我が国の歴史」「我が国の伝統と文化」「我が国の歴史に対する愛情」と「国民としての自覚」を育てることが目標とされ，世界の扱いは従来どおり後景とされている。これが教科書となるとヨーロッパ人渡来の背景として，1時間でルネサンス，大航海時代，宗教改革，オランダなどの独立などを学ぶことになる。中学校社会科歴史での世界の扱いは，サンドイッチのパンに挟まっている具にたとえられてきたが，昨今，その具は限りなく薄くなってきている。学習指導要領では一方では「国際協調」を説いているが，世界の知識が少ないなかで育つのかは疑問である。

　指摘すればきりがないが，以上の3点を課題としてあげてみた。この課題とかかわって中学校社会科歴史授業づくりの目標とポイントを次のように考えた。

① 1時間の授業づくりを，年間プラン＝教科カリキュラムとの関係で構想しないとできにくい状況があるが，このことはベテラン教員でも難しいことである。教科書をそのまま教えるのではなく，教材にメリハリをつけ授業づくりをすすめたい。

② ①のことは教員にとっては授業づくりの構想力をつけること，生徒の主体的な学びの保障につながる。思春期を迎えている中学生は，自分くずしと自分づくりの葛藤のなかで友人の意見を知りたいのである。教材を重点化し問題解決的な授業を大切にしたい。

③ 中学社会科教員は，一人で日本も世界も指導し両者をつなげる授業を構成できる立場にいることを生かしたい。織田信長，豊臣秀吉とガリレオ・ガリレイが同時代に生きていたことに生徒は大変な関心を示すのである。

④ 生徒に（学生の）暗記社会科のイメージは浸透している。知識を身につけてから思考力（考え力をつける）という段階論的な学力観ではなく，生徒の学びを丹念に見つめながら授業のあり方を立体的に創る意識的な視点が教員としての力量形成につながる。

2 中学校社会科歴史学習の内容と教材づくりのポイント

筆者の「戦争中（第二次世界大戦）の国民生活」の授業をとおして内容と教材づくりを考えてみる。

(1) 戦争を優先する生活

ねらいは，戦争が長期化すると軍需生産の優先，戦争に総動員する生活に大きく変化したことをとらえることにおいた。授業づくりにあたって大切にしたいことは先行実践から学ぶことと教科書研究である。とりわけ教科書研究は，使用している教科書以外のものをも調べたい。

(2) 教材づくりの方法

ねらいは，戦前（あるいは戦争初期）と戦争が激しくなった時期の国民生活の変化であるから，教材は"変化"がわかるものに焦点を絞っていく。

① 教科書の教材

教科書，資料集では何を教材にしているか，数社の教科書を調べることから教材探しを始める。

東京書籍	教育出版	清水書院
・学徒動員 ・集団疎開 ・泰緬鉄道で働く人々 ・日本軍による犠牲者の記念碑	・日本軍による犠牲者の記念碑 ・太平洋戦争の地図 ・ビルマの油田を侵略する日本軍 ・「撃ちてし止まむ」の標語	・「学べ日本語ヲ」 ・ソウルの朝鮮神宮 ・校庭に畑をつくる女学生 ・集団疎開する児童

使用数が一番多い東京書籍における日本国内の教材を考えてみる。学徒動員，集団疎開とも戦前と戦中の"生活の変化"に迫ることができる教材である。しかし，学徒動員（1943年10月21日に明治神宮外苑競技場で行われた学徒出陣壮行会の写真）は，それまで大学生に兵役延長措置があったという知識がないと変化がわからない。キャプションでは「それまで徴兵を猶予されていた学生も，戦

局の悪化にともなって動員され，戦場に送られることになりました」と書かれているが，このことについて補足説明するには次のようなことを調べておく必要がある。

- 学徒出陣とは，1943年に兵力不足を補うために旧制高校・大学の学生には26歳まで徴兵の猶予が行われていたことを改め，20歳以上の文科系（基本的には）の学生を在学途中で徴兵するようになったことである。
- 兵役法は，次のように改定されていった。

    1941年…大学，専門学校の修業年限を3カ月短縮し，臨時徴兵検査を実施した。

    1942年…高校の修業年限を6カ月短縮した。

    1943年…在学徴集延期臨時特例を実施し，理科系と教員養成系を除く文科系の学生の徴兵延期措置を撤廃し，各地で学徒出陣壮行会を実施した。

    1944年…徴兵年令を20歳から19歳に引き下げた。

東京書籍では，導入教材と考えたようで，ページの最初に大きな写真を用いている。学徒動員をどの程度扱うかはさまざまであろうが，導入教材としては，かなりの説明を要し，重い感じがするので，筆者は導入では学徒動員を扱わない。また，疎開についてはかなりの生徒がすでに知っているので，新鮮さという意味ではインパクトが弱い。

② 地域教材から"生活の変化"を考える

そこで次の「A．地域教材（1927年）」と「B．アサヒグラフのイラスト（1943年）」を使用した。Aの写真は，地元の千葉県市川小学校の100周年記念誌にある1927年5月5日（第一次世界大戦と第二次世界大戦の戦間期）の全校集会の様子である。Bのアサヒグラフのイラストは，1943年（学徒出陣と同時期）のもの。この2つの教材（教具でもあるが）から考えることは，次のことである。

1927年市川小学校では，何を歓迎するために全校集会をしているのか。

第 2 節　中学校社会科歴史の授業づくりと方法　105

A. 1927 年 5 月 5 日に開かれた市河小学校校庭での歓迎会　　B.『アサヒグラフ』1943 年 3 月 17 日号

使用した教材
資料）『学校が兵舎になったとき』青木書店

③ 授業の実際
○市川小学校で歓迎しているものは何？（はてなを探す）
T：今から約 80 年前，5 月 5 日の祝日に市川小学校では何を歓迎するために全校地域集会を行っているのだろうか。
Pたち：入学予定の子ども，天皇陛下，外国人，人形など。
T：資料を確認しよう。Aは，1927 年の出来事，1931 年は（生徒・満州事変），1937 年からさらに中国全土の戦争が拡大，1941 年は（生徒・太平洋戦争）戦争が東南アジア，太平洋に拡大される。Bは 1943 年のことですよ。
Pたち：戦地から帰ってきた兵隊，これから戦地に行く兵隊，両方。
T：Aばかり見ていてもわかりません。Bの資料を見てください。
Pたち：何の絵だろう？
T：○○さんがわかったようです。
○○さん：外国の人形。
T：外国の人形をどうしようとしているの。
Pたち：敵国のものだからといって集めて壊している様子。

1927年，米国のギューリックと日本の渋沢栄一らによって日米親善のための両国の人形交換（米国から1万2739体，日本から58体）が行われ，「青い目の人形」は，朝鮮，台湾を含め当時の日本の幼稚園・小学校などで盛大な歓迎式をして迎えられた。しかし，その人形は約15年後になると敵国のものとして処分の対象とされたのである。この光と陰が戦前と戦中の「生活の変化」を表している。

○ナンシーメリーちゃんの人形

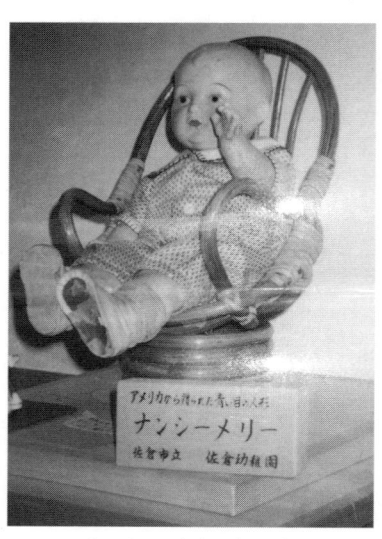

歓迎しているものは米国から送られてきた「青い目の人形」であることを確認し，童謡『青い目の人形』を聞くと同時に処分されないで現存している人形の写真を見せた。千葉県では当時，214体の人形が県内に配布されたが現存しているのは10体である。ナンシーメリーちゃんはそのうちの1つで佐倉市佐倉幼稚園にある。実はお借りしたかったのであるが，輸送に耐えきれない傷があるために写真とした。生徒の目は，この写真に集中し「なぜ，現存しているのか」という新たな「はてな」も出された。園長先生から聞いた人形の経過の話に生徒は集中したと同時に教室内にほっとした安堵感が漂った。しかし，生徒が学んでいる千葉県市川市では1体も残っていない（配布は10体）。教室はシーンとなる。驚き（意外性），怒り，共感を学びにつなげたいと考えている。

ナンシーメリーちゃん
（千葉県佐倉幼稚園在）

○「大歓迎」から「処分」へ→人々の生活はどうなったか

同じ「青い目の人形」が，ある時は大歓迎され，時代が変化すると処分の対象とされた。この扱いの違いが戦前と戦中の「生活の変化」である。この事実

を，時代の流れに左右されないで保存した人への共感をとおして学ぼうと考えたのである。これまでで約 25 分間，1 時間の半分を要した。このあとは，「人形でさえこのように扱いが変わったのだから，人々の生活はどうなったのかを教科書・資料集で調べて，気がついたことを報告しあおう」と呼びかけ，疎開・勤労動員・学徒動員・標語などを学びあった。

④ 授業づくりと教材づくりのポイント

この授業からポイントを考えてみた。

ⅰ）すべての生徒が授業に関心をもつ導入教材の選択

学徒動員は，理解するうえでかなりの知識が必要であり，理屈が優先してしまいがちである。中心教材には，意外性，共感などが必要であり写真とイラストを使用し，学徒動員は，生活の変化の一般化で扱いようにした。

ⅱ）「はてな」型の教材提示

教材が生徒に関心を引いても，教員がそれを説明してしまってはもったいない。生徒が教材を主体的に読み取る提示を工夫したい。教材を問題解決的に提示する工夫である。その発問が「市川小学校では何を歓迎しているのだろうか」という「はてな」である。Aの市川小学校の歓迎会は地域資料でもあり，当時の学校・子どもの様子などに関心が向く。しかし，Bのアサヒグラフのイラストを読み解かないとこの「はてな」は解明されない。生徒の視線はAからBへと移っていき，「青い目の人形」に行き着いた。

ⅲ）歴史認識を深める教材

この授業で生徒は，主に 2 つのことから戦争中の生活を考えた。第 1 は，何を歓迎しているかを考えあったことであった。この問題は「青い目の人形」で解決した。人形の扱いの変化に対する「ひどいよ」「おかしい」という意見は大切にしたいが，まだ戦争政策を優先する政策を外から見て告発する歴史認識にとどまっている。生徒がより深く戦争中の生活を考えたのは，ナンシーメリーの写真を見たときである。この写真は，処分されているはずの人形が存在していることを示したものであるから，「なぜ，あるの」ということを考えざる

をえなくなる。これが第2に考えあったことである。この問いには，「誰が持っていたの。処分しなかったの」「その人は大丈夫なの」などが含まれ，国家総動員体制や軍の方針とのかかわりで人形の存在を考え，「ひどい」という告発だけではすまなくなる。なぜ，佐倉幼稚園には残っていたのか，その背景に人形を守った人々がいて，その人への思いを考えたときに戦争の実相に思いをはせることになる。人形の存在に「ほっ」とすると同時に，戦争の「怖さ」を感じとっていくのである。ナンシーメリーの写真は，導入教材ではなく，歴史認識を告発するだけでなく深める教材である。また，地域と日本と世界（米国）をつなげて考えることもできる。

教材を，①導入教材，②授業展開のなかで考えを深める教材，③まとめの教材と整理することも大切である。

　　ⅳ）　生徒が創造的に歴史像を描き出す授業づくり

歴史学習は時系列を学ぶことであり，系統的な学習であるから，問題解決的な学習はなじまないという意見もある。しかし，上原専禄が50年以上も前に指摘した「多く行われてきた歴史教育というものは，たかだか歴史知識の伝達に過ぎなかったのではあるまいか。歴史の学習とは，教科書や参考書に書かれている歴史的事実や事件を知識として受けとることではなく，それに記されていることをいわば一つの見本として，生徒自身が歴史像を創造的に描き出そうとする試みのことだ」（『歴史地理教育』創刊号）という指摘は今でも未解決といえる。生徒が歴史像を創造的に描き出す歴史学習を深めることが，授業づくりや社会科の学力像を豊にすることにつながると考える。

3　中学校社会科歴史の学習指導案の作成

紹介してきた授業の学習指導案は次のとおりである。

(1)　単元名　第二次世界大戦とアジア（通常は教科書の節＝小単元でよい）
(2)　単元目標　①第二次世界大戦の要因と日本の対応，国内，世界（特に日本が侵略したアジア）の人々の生活の様子を理解させる。

②戦争の終結のしかたをドイツ，イタリア，日本と比較して理解させる。
(3) 指導計画＜4時間扱い＞ ①第二次世界大戦と日本…1時間
②戦争中の人々の生活…1時間（本時）
③戦争の終結…2時間
(4) 本時の展開
①目標　戦争が長期化し，日常生活が戦争優先の生活となつたことを理解させる。
②展開

学習内容と活動	指導上の留意点	資料	時配
1　プリントを見て，市川小学校では何を歓迎しているのか考えあう ・天皇，兵隊，子ども，外国人，人形など	・2つの資料を関連させて考え合わせる ・友人と話し合ってもよい	・市川小学校での歓迎会の写真 ・アサヒグラフのイラスト	10分
2　米国からの青い目の人形であったことの感想を述べる 　1927年…大歓迎 　1943年…処分 　**同じものが違う扱い**	・同じものが時代（状況）によって扱いが違うことに注目させる	・年表 ・童謡「青い目の人形」（音楽）	5分
3　残っている人形の存在を知る。 　**なぜ残ったのか考える** ・千葉県…214中10個	・残っている人形の存在に注目させ，なぜ残っているのか，その背景について考えさせる	・ナンシーメリー人形の写真	10分
4　人形の扱いの変化だけでなく，生活の変化について調べ発表する ・疎開…都会から地方へ 　　　　親戚へ　先生と集団で ・勤労動員…学校に行かず，工場などで働く ・学徒動員…大学生などの徴兵延期がなくなる	・自分たちで調べあうことを呼びかける		25分

↓ 戦争を進めることが優先された（国家総動員体制）	・授業のキーワードを考えさせる		

③評価

- 戦前と戦争が激しくなった時の生活の変化の現象を知り，その要因（戦争優先の政策）を考えることができたか。
- 2つの資料を読み取ることや人形を処分しなかった人の想いを想像することができたか。また，教科書，資料集から生活の変化をまとめることができたか。

参考文献
千葉県歴史教育者協議会編『学校が兵舎になったとき』青木書店・宇野勝子論文
歴史教育者協議会編『学校史で学ぶ日本近現代史』地歴社
是沢博昭『渋沢研究6号』所収の論文
なお，青い目の人形は全国に配布されたので各地での掘り起こしの研究がある。

第3節　中学校社会科公民の授業づくりと方法

1　中学校社会科公民授業づくりの目標とポイント

　社会科公民で，生徒は政治，経済，暮らし，平和，人権，国際関係など現代社会と向かいあい，これからの自分の意見形成・生き方を考えていく。現代社会は現在進行形で動いているので授業実践も環境問題，イラク戦争，格差社会（ワーキングプア），産業廃棄物，選挙・国会運営をめぐる問題，裁判員制度，偽装問題など多様である。生徒からは，「公民を学ぶことにより社会が見えてきておもしろい」という声が出されることが多い。公民的分野の実践が地理・歴史と際だった違い（社会科公民の特色）は次のことであった。

(1)　総合的な学習の時間，選択社会などとリンクした学習

　公民の授業数は，表3-8のとおりである。とりわけ2002年度版学習指導要領の削減は厳しいものがあった。しかし，かなりの学校では，総合的な学習の時間や選択社会とリンクした環境，福祉，人権，平和学習などがすすめられ，授業数削減を補って実践がすすめられてきた。

表3-8　公民的分野の授業数

1958年	140時間
1968年	140時間
1978年	105時間
1989年	70～105時間
2002年	85時間
2008年	100時間

＊三分野制以降の授業数

(2)　進路選択期の学習

　公民の授業は，入口と出口で授業数の制約を受けながらすすめられている。入口とは，3年生まで歴史的分野の学習がずれ込む傾向のことである。戦後史と憲法・経済学習などを組み合わせながらすすめられてきた。出口とは，昨今の高校入試方法の多様化で3年生の3学期は推薦入試や受験のためにすべての生徒がそろわなく，授業が成立しにくいことをさしている。現場から学習指導要領での「授業数85時間とは実質65時間程度」，多くの私立高校で入試科目に社会科がないなかで「3学期の社会科を消化試合にはしない」という気持ち

で行っているなどという声が聞こえている。このことは，社会科の授業数が多少増えても変わらない。かえって今後は，選択教科の実質的な廃止，総合的な学習の時間の縮減の影響が出てくる可能性が強い。

歴史的分野の授業づくりと共通することが多いが，中学校社会科公民授業づくりの目標とポイントを次のように考えた。

① 学習の対象が，生徒が生きている現代社会の出来事である。条文解釈や原則的な理念学習にしないで，生徒とともに社会に問いかけながら，とりわけ次のような課題を学習したい。

 ⅰ） ヒロシマ・ナガサキの教訓は，核時代の平和をどのように考えるかである。平和をめぐる世界の動向と日本の平和主義のあり方

 ⅱ） 住民投票では10代にも投票権を与えているケースも出てきている。裁判員制度も始まる。一方で，若者の投票率は低い傾向が続いている。政治に参加する権利を中心とした政治学習

 ⅲ） 格差社会の進行に伴い，生徒にとっては雇用・雇用形態・人権・生存権などが身近な問題となっている。さらに，自己責任論などが声高にいわれ，国家と個人のあり方なども避けてはとおれない課題である。

② とりわけ，①のような学習課題がリアルタイムに進行し報道されている。新聞，ドキュメント，ニュースなどを活用した授業をすすめたい。地域・日本・世界で生き，働き，喜び，悲しみ，怒り，生活している人々と生徒を出会わせたい。

③ 社会に問いかける「スピーチ活動」「地方紙の読者の声」の欄への意見表明，ディベート（先日参観した演題は，理想と現実・どちらを大切にする，できちゃった婚・賛成，反対），模擬裁判・模擬投票などの生徒参加型の実践を試みたい。

2 中学校社会科公民学習の内容と教材づくりのポイント

滝口正樹（東京板橋区公立中学校）の「『典子は，今』・その後」の実践をとお

第3節　中学校社会科公民の授業づくりと方法　113

して公民学習の内容と教材づくりを考えてみる。

(1) 映画『典子は，今』

『典子は，今』とは，1981（昭和56）年に松山善三監督が作成した映画である。主人公の典子は，1962（昭和37）年1月，サリドマイド（睡眠薬の名称で1958年頃から当時の西ドイツ，日本などで妊娠した女性のつわり止めの薬品として販売された。しかし，手足の器官が形成される妊娠初期に服用した母親から奇形児が生まれることがわかり，日本では1962年3月に発売禁止になった）の副作用で，生まれつき両腕がないという障害をもって生まれた女性である。映画には，本人が主人公として出演をしている。映画は，足で筆を持ち，「希望」と書く典子の姿から始まる。そして次のような字幕が流れる。

映画『典子は，今』の表紙
スマイルビーからDVDが発売された。授業では使用しやすくなった

「昭和33年から37年までの間，306人のサリドマイド障害児が生まれた。西ドイツで約2500人，スウェーデンに約100人の障害児が生まれた。」…「腕のない赤ちゃんを産んだベルギーのスザンナバンドビイ夫人は，哺乳器に睡眠薬を混入して，分娩の10日後に，その赤ちゃんを殺した。彼女は殺人を認め，法廷に立った。そして，彼女は言った。『この子に未来はない』と…」。

滝口は，人権週間に学年全体でこの映画を鑑賞し，その後，道徳・特別活動，社会科を組み合わせて，総合学習としての人権学習を試みた。

(2) 授業の実際
①授業のねらい
  ・障害をもっている人の生き方にふれ，障害者の実態を知ると同時にその要因などを考える。

典子さんのプロフィール

1962 年	熊本県熊本市に生まれる
1966 年	週刊誌『女性自身』の記事で典子の存在が注目される
1980 年	高校卒業後，熊本市役所・障害福祉課に就職
1981 年	映画『典子は，今』（国際障害者年協賛作品・芸術祭参加作品）完成
1982 年	普通自動車免許取得
1983 年	熊本の障害者団体でボランティアをしていた方と結婚
1984 年	長女誕生
1995 年	長男誕生
2006 年	熊本市役所を退職，「白井のりこ事務所・スマイルビー」を設立，講演活動などを開始し現在に至る

資料）白井のりこ『典子44歳　いま，伝えたいこと』光文社参照，2006 年

・障害者と共に生きる社会を築くための課題や自分でできることを考える。

②授業の経過

　ⅰ）　人権週間に学年全体で映画鑑賞

　ⅱ）　典子さんに手紙を書こう

　滝口は，鑑賞後，生徒に典子さんへの手紙を書かせ，それを典子さんに送った。このことをきっかけに母親と電話連絡をとった。母親は，滝口に「私は，今でも典子をあんなふうに生んでしまったことを申し訳ないと思っているんです」と語った。滝口は，母親の「申し訳なかった」という言葉から映画のなかでのスピーチで典子が語った「私は母のところに二つの不幸をもってきました。一つは，私のような子どもが生まれたというショック。もう一つは，そのために父と別れたことです。私は，母にすまないと思っています…。」という言葉を思い起こした。そして，戦後日本の薬害問題の原点となったサリドマイド障害児問題が，どのような悲劇をつくりだしたか生徒と考えあった。

　典子の誕生時には，すでにサリドマイドの危険性の指摘が出されていたのだが，日本の薬品製造会社と厚生省の対応は，この警告を無視する状況であった。そのなかで典子は生まれ，誕生時の 1962 年が被害のピークとなった。それ以

第3節　中学校社会科公民の授業づくりと方法　115

> **サリドマイド**
> 　1957年，西ドイツの製薬会社から睡眠薬として発売されたが副作用として奇形児が誕生し販売中止となった。現在，米国などでハンセン病の治療として販売されている。
>
> | 主な国の被害者 | |
> | --- | --- |
> | 西ドイツ（当時） | 3049人 |
> | 日本 | 309人 |
> | イギリス | 201人 |
> | カナダ | 115人 |
> | スウェーデン | 107人 |
> | 台湾 | 38人など |
>
> 注）世界で被害者数，約3900人，30％の死産を含めると総数は5800人となる。
>
> | 日本における被害者 | | | |
> | --- | --- | --- | --- |
> | 年 | 男 | 女 | 計 |
> | 1959年 | 6 | 6 | 12 |
> | 1960年 | 16 | 9 | 25 |
> | 1961年 | 34 | 24 | 58 |
> | 1962年 | 88 | 74 | 162 |
> | 1963年 | 24 | 23 | 47 |
> | 1964年 | 2 | 2 | 4 |
> | 1969年 | 1 | 0 | 1 |
> | 計 | 171 | 138 | 309 |
>
> ○日本におけるサリドマイド事件の問題点
> (1) 1961年大学の研究所がサリドマイドの危険性を指摘したが，西ドイツの製造会社は販売を続けた。
> (2) 西ドイツの新聞が，サリドマイドの危険性を報道。製造会社は，製品を回収しはじめた。
> (3) 日本の製造会社と厚生省は，販売を続行した。
> (4) 1962年厚生省は，サリドマイドを使用した薬品の製造許可
> (5) 1962年西ドイツの製造会社が，日本の製造会社の製造続行に対して警告。
> (6) 日本の新聞が，西ドイツでの製造・販売中止を報道。日本の製造会社が厚生省に出荷停止を申し入れたが，在庫品はそのまま販売を継続。
> (7) 1962年9月13日，製品回収が始まったが不徹底であり，その間に被害が広がった。

後の薬害問題も，生命軽視と対応の鈍さが被害を大きくしている。まさにサリドマイド事件が「薬害の原点」といわれる所以である。

　ⅲ）　典子さんへのインタビューに熊本へ

　滝口は，映画の感想と同時に「典子さんへの」手紙（質問も含む）を書かせている。生徒からは多くの質問が出された。一部だけ紹介する。

生徒からの典子さんへの質問（一部）
(1) どういういきさつから映画に出演したのですか。
(2) 何であんなに頑張れたのですか。
(3) 出演して，良かったこと，いやだったことがありますか。
(4) 熊本市役所で働いていて，楽しいこと，苦労したことはありますか。
(5) 今，一番困っていることは何ですか。
(6) 障害のある方が安心して暮らせるために，どのようにしていったら良いのでしょうか。

　滝口は，当初この質問を電話インタビューで行うつもりだったが，生徒の質問に圧倒され，単身で熊本の典子宅を訪問し，直接インタビューを行った。そして，ビデオテープに収めた典子の返事を生徒に聞かせた。膨大なインタビューのなかで，生徒が考えさせられた典子の話は次のことだった。

質問：いろいろな苦労，悲しかったこと，嫌だったことあるいは特に心に残っていることは何ですか。

典子：悔しかったことはほとんどないのですよ。ただ一つだけあったのは，仕事をしていて自分なりに一生懸命にしているのですが，失敗もしてしまうこともあります。その時に『障害者だから失敗するのだ』という見方をされるときが一番嫌です。失敗することは誰にでも起こりうることなのですが，やはり障害をもっているからという見方で私がみられる時，一番悔しいですね。

質問：これから共に生きていくためにしなくてはいけないことは，どのようなことですか

典子：障害をもっている人は，できるだけそれを表に出したくないのです。悔しいと思っていてもそれを言葉に出さない。それをわかってあげてほしい。

　この返事を聞いた一人の生徒は「インタビューを聞いて『えらいね，たんへんだねと言われるのが嫌です』と言われたのがショックでした。それは典子さんにとって励ましではなく同情の言葉だったかもしれません。私もはじめて典

子さんに手紙を書いた時，無意識のうちに同情をしていたのかもしれません」。

このように滝口は，生徒と典子の間に入り，両者を出会わせ障害者問題，人権，共生を具体的に考えさせたのである。

(3) 授業づくり，教材づくりのポイント

筆者は，社会科教育法などで何回も滝口実践を紹介してきたが，年々学生の反響が強くなっていることを感じてきた。レンタルで貸し出しをしてるビデオ店が限られ，入手に苦労してきたがスマイルビーが設立され，『典子は，今』がDVD化されたので紹介が行いやすくなった。

①人間との交流から，現代社会に問いかける公民の授業づくり

この映画では生徒（学生）が，固唾をのんで見る場面がたくさんある。典子が家庭科の授業で，足先でミシンの針に糸をとおす場面，足で消しゴムを使い採用試験を受けるシーン，洗面のシーンなど教室はいつも静寂となる。また，障害を理由に入学を許可しない学校と受け入れる学校，新幹線の中で典子を無視する人と世話をしてくれる人などの対照的な場面。誰に尋ねようか，切符を買ってもらえるかと人を見つめる典子の視線。それは生徒にとっては「私はどういう人間か」を考える場面であり，懸命に生きている典子の姿を見ながら自分を社会を考えていくのである。映画は，脚色をしているので「実像でない自分」（典子談）もあり，障害政策を美化・障害者の苦しみ，差別を描いていないなどの批判もある。しかし，すべての問題を1つの映画に求めることはできない。滝口実践は，障害をもちながらも懸命に生きている典子の「その後」に焦点を当て，生徒の典子への共感を学びの原動力にしながら現代社会の課題に迫ろうとしたことに特色がある。このように生徒を現代社会の人間と出会わすことは，中学校社会科公民学習の地平を切り開く方向をさし示している。

②学校・学年づくりと授業づくり

滝口実践は，総合的な学習の時間，特別活動，道徳教育などとリンクし，学年ぐるみのものである。なぜこの実践が可能になったのであろうか。その背景には，教科を越えて，人権，共に生きる，個人の尊厳などの学習が必要とする

生徒の状況や教員の想いがある。前述したとおり、公民学習をめぐる厳しい状況はあるが、生徒論を軸に教科学習を考えた時に、社会科がもっている総合性を生かした授業づくりの可能性をも示している。

3　中学社会科公民の学習指導案の作成

基本的人権の尊重・精神の自由の学習指導案としてつぎの例をあげてみる。

(1)　単元名　　基本的人権の尊重
(2)　単元目標　日本国憲法上の基本的人権の内容を理解させるとともに、権利を守り、発展させようとしている人々、運動がないと人権は守れないことに気づかせる。
(3)　学習計画　〈5時間扱い〉
　　　①　人権の発展 ……………………………………………… 1時間
　　　②　1冊の本ができるまで（自由権） ………………… 2時間（本時）
　　　③　使い捨ては嫌だ（社会権）…………………………… 1時間
　　　④　外国人司法修習生一号（外国人の人権）…………… 1時間
(4)　本時の学習
　　　①　目標　「長い編集後記」からこの本ができるまでの経過を調べ、当たり前のように考えていた出版の自由を巡っての課題と自由を保障させるために努力している人々がいることを理解する。
　　　②　展開

過程	学習内容と活動	指導上の留意点	資料	時配
導入	1　『長崎市長への7300通の手紙』（径書房）の「2つの編集後記」を見て普通の本と比べてみる。 　　　普通は、後書きみたいなものとても長い。それに2つもある	・あまりにも長い編集後記に対する素直な疑問を大切にする。	プリント編集後記	5
問題 把握	2　次の問題について考える。 　　なぜこのような長い編集後記になったのだろうか			10
予想	何か理由がありそうだ	・編集後記の内容に踏み込まない		

第3節　中学校社会科公民の授業づくりと方法　119

	・考えられることをノートに書く。 ・グループではなしあう。 3　考えられることを発表する。 ・発行に対する強い想いがあったのだろうか。 ・いろいろな苦労があったのではないだろうか。	でも考えられることを述べあわせる。		
調べる	4　「2つの編集後記」にどのようなことが書かれているのか，編集後記を読み，まとめる。 　　　　（参考例参照） ・本発行の経過について ・編集後記が長くなった主な原因は何か	・編集後記を次の2つのことでまとめさせる。 ①どのような経過で本が作られたのか ②編集後記がこのように長くなった理由は何だったのか	（ビデオ）	70
まとめ	5　出版の自由は保障されているのだろうか。このことに対して話し合い，意見をノートに書きまとめる。	・日本の出版，精神の自由についての状況について考えていることをまとめさせる。		15

*長崎市長の議会での天皇の戦争責任を巡る意見（責任がある）に対する全国からの手紙を出版しようとしたものである。
*この出版に対して身の危険を感じた市長サイドは，企画を断念した。事実，市長庁舎は銃弾で襲われた。
*しかし，出版社は，「決意」をして，本を発行した。

*まとめの例

1989・	1	本島市長から出版社へ出版の打診がある。
	2	出版社，出版の作業に入り，印刷に回す。
	3	市長に出版の最後の確認。市長「刊行の延期」を言う。
	3	市長庁舎に銃弾がうちこまれる。
	4	出版社は，銃弾，暴力によって言論が脅かされていることに対して，負けてはならないと出版を決意する。213名の人の同意をえる。刊行の作業を開始する。
	5	発行

　生徒たちの多くは，今日の日本において出版の自由は，ほぼ完全に保障されていると感じているので大変驚く。自由とタブーなど民主主義の状況について考えを深めたい。なお，NHKテレビ「拝啓本島長崎市長殿」がある。

参考文献
『一単元の授業・中学社会　公民』日本書籍，1991年
滝口正樹『人間を育てる社会科』地歴社，2008年

第4節　高校地理の授業づくりと方法

1　高校地理授業づくりの目標とポイント

　高校における地理教育は標準単位数2単位の地理Aと標準単位数4単位の地理Bから構成されている。ただし、これらはいずれも選択科目である。両科目は1999年の指導要領改訂によって社会科地理が地理歴史科地理へと転換されたことに伴い、設置されたものである。この改革は保守的なナショナリズムの流れのなかで語られることが多く、これまでに多くの批判が寄せられてきた。また、世界史のみを必修とする扱いの妥当性についても多くの批判がある。しかし、ここではこのような制度上の問題への深入りは避け、学習指導要領等に示された学習内容面を中心に検討を加えることにしたい。

(1)　地理Aの性格と目標

　地理Aは1989年版学習指導要領において新しく設置された科目であり、地理歴史科設置の意図を最も明確に示しているといえる。以下、やや長くなるが、地理歴史科設置の趣旨とねらい（1989年版高等学校学習指導要領解説　地理歴史編 p.5）を引用しよう。

　「国際化の進展が著しい今日、歴史・地理学習を重視し、日本及び世界の各時代や各地域の風土、生活様式や文化、人々の生き方や考え方などの学習を通して、異なった文化を持つ人々と相互に理解し、協力することができる、国際社会に主体的に生きる日本人として必要な資質を養うことが強く求められている。」

　地理Aはこのような地理歴史科設置の目的を達成するために、「世界の人々の生活・文化に関する地域的特色と共通の課題を理解させ、世界を大小様々な地域的まとまりから考察させることによって、地理的な見方や考え方を培い、

国際社会に生きる日本人としての自覚と資質を養う」（1989年版高等学校学習指導要領　地理A　目標）ことがめざされた。この目標は2009年版高等学校学習指導要領地理Aにも基本的に引き継がれている。ここで示されている学習内容は，①世界の人々の生活・文化に関する地理的特色と，②共通の課題の2つである。前者は地理歴史科設置の目標のなかにも示されている，異文化理解と国際的な協力を進めるための基礎的な資質を身につけることと結びついている。これはまた，1989年版中学校学習指導要領社会科の地理的分野で小単元項目として設定された「人々の生活と環境」とも関連している。1989年版学習指導要領では，中・高ともに異文化理解を現代社会における重要な課題として取り上げているのである。

　異文化理解が重視されてきたことの背景としては，バブル経済下で日本企業の海外進出や海外旅行客，日本国内への外国人労働力の流入などが急増し，日本社会の国際化が急速にすすんだことに伴い，さまざまな文化摩擦が発生していたことがあげられる。社会科・地理歴史科教育に文化摩擦の解消への期待が大きく働いていたのである。その後，バブル経済は崩壊したものの経済や社会のグローバル化はさらに進展し，異文化理解の重要性はむしろ高まっている。そのため，異文化理解重視の傾向は現在も続き，2008年版中学校学習指導要領社会では，1998年版で一時なくなった「世界各地の人々の生活と環境」が復活するとともに，「生活と宗教の関わり」を取り上げることが求められた。これはイラク戦争後の世界で宗教や文化の重要性が再認識されたためである。学習内容は社会情勢の反映でもあるのである。また，教育基本法の改定に伴い，日本の伝統文化が重視されることになったが，世界の文化に関する学習はそれを相対化し，自文化を客観的にとらえることにも役立つと期待される。

　同様のことは，もう1つの学習内容である「共通の課題」についてもいうことができる。この目標は，科学技術の発展などに伴う負の影響が地球全体に現れていることから，人類が協力しあってこれに対処しなければならないことを理解することを目的としている。これも現代社会における重要な課題であるが，

異文化理解が日本を基点としているのに対し，共通の課題は文字どおり世界を基点にしている。そのため，両者の内容的な結びつきは小さく，独立的に扱わざるを得ない側面をもっているといえよう。

　1999年の学習指導要領改訂では，教育課程審議会の「『地理A』は，特に現代世界の諸課題の地理的考察に重点を置いた構成を工夫する」との答申を受け，その目標が「現代世界の地理的な諸課題を地域性を踏まえて考察し，現代世界の地理的な認識を養うとともに，地理的な見方や考え方を培い，国際社会に主体的に生きる日本人としての自覚と資質を養う」と変更された。目標から生活・文化に関する文言が削除されたのである。ただし，その内容面では「世界の生活・文化の地理的考察」と「地球的課題の地理的考察」が1つの大単元「地域性を踏まえてとらえる現代世界の課題」にまとめられるという構成をとっており，1989年版学習指導要領の2つの大単元を1つに集約するという変更にとどまった。その意味において，1999年版学習指導要領は1989年版の基本的な目標（すなわち地理歴史科の設置の趣旨）を受け継いでいるといえる。

　さらに2009年の学習指導要領改訂では，中央教育審議会の「防災などの生活圏の地理的課題に関する地図の読図・作図及び地域調査などの作業的，体験的な学習を充実し，実生活と結びついた地理的技能を身につけさせるとともに，環境，資源・エネルギー問題などの現代世界の諸課題や持続可能な開発の在り方などについて地域性や歴史的背景を踏まえて考察させ」ることを求める答申を受け，その目標が「現在世界の地理的な諸課題を地域性や歴史的背景，日常生活との関連を踏まえて考察し，現代世界の地理的認識を養うとともに地理的な見方や考え方を培い，国際社会に主体的に生きる日本国民としての自覚と資質を養う」と変更された。内容には異文化理解に関するものが存在しているものの，その位置づけは次第に縮小している。これに代わって付け加えられたのが「日常生活との関連を踏まえた考察」である。これは学習を自らの生活と結びつけてより有効なものとすることを求めたものと考えられるが，一面において国際的視野からの考察を弱める懸念がある。実践にあたっては十分な留意が

必要であろう．

　以上の検討のもと，ここでは授業づくりのポイントとして，「異文化理解の重視」を取り上げたい．これにあたって留意しなければならないのは，文化をステレオタイプ的にとらえないようにすることである．文化はその地域の歴史や風土と結びついて形成された価値あるものである．これをとらえるにあたっては，ある特徴を一面的にとらえるのではなく，自然環境と歴史を結びつけることをとおして文化を構造的にとらえることが重要である．これまでの文化地理に関する学習では，文化地域の把握や文化景観に関する学習が多かったが，それだけでは不十分である．文化はさまざまな生産基盤の基礎となる自然環境のうえに，歴史的な流れのなかで形成されるものであり，どちらを切り離しても理解することはできない．このような学習を深めることにより，異文化に関する理解と尊敬が深まり，文化が優劣をつけられるものではないことを理解することができるであろう．

(2) 地理Bの性格と目標

　地理Bも地理Aと同様，1989年の学習指導要領改訂によって誕生した教科である．しかし，地理Aがまったくの新設であるのに対し，地理Bは1978年の学習指導要領において新設された社会科地理を受け継いだものである．そこで，ここでは1978年の学習指導要領改訂までさかのぼり，その特徴をとらえることにしたい．

　1969年の学習指導要領改訂において，社会科地理は系統地理的な学習を中心とする地理Aと，世界の地誌的な学習を中心とする地理Bとに分割され，そのいずれかを選択して学習することが求められた．これは，それ以前の高等学校の地理教育が系統地理を中心とするものであったのに対し，地誌的な学習を重視する主張が強まったためであった．しかし，これが実施されると高等学校の地理学習は逆に地誌を中心としたものへと転換し，今度は地誌のみしか学習しない生徒が増加した．これに対し，「現代世界に対する地理的な認識とい

う『地理』の基本的なねらいを達成するためには，地理の固有の学習方法である系統地理的な方法と地誌的な方法とは相互補完的な関係にあることから（中略）これら二つの学習方法に基づく地理的な認識の仕方の基本を身につけることができるように両科目の内容及び学習の方法を統合して新しい観点に立って内容の再構成を図」ったものが，新しい社会科地理である（1978年版高等学校学習指導要領解説　社会編）。

　このような意図によって新設された地理は，その目標を「世界の人々の生活の地理的特色とその動向を，自然環境及び社会環境との関わりにおいて理解させ，現代社会に対する地理的な認識を養うとともに，国際社会における日本の立場と役割について考えさせる」こととした。この目標は若干の文言が変化しただけで1989年版学習指導要領地理Bに受け継がれた。ただし，内容的には系統地理的な学習が多くを占めていた。

　しかし，1999年版学習指導要領では，その構成が大きく変化する。詳細は次項において述べるが，学習内容が系統地理的な学習，地誌的な学習，現代世界の諸課題の3つに整理され，各単元がそれぞれ独自の方法によって学習をすすめられることになった。このような内容の再編成を受け，目標も「現代世界の地理的事象を系統地理的，地誌的に考察し，現代世界の地理的認識を養うとともに，地理的な見方や考え方を培い，国際社会に主体的に生きる日本人としての自覚と資質を養う」（1999年版学習指導要領　地理B　目標）と，方法論を中心に示すものへと変更された。この変更は1978年の学習指導要領改訂のねらいをより明確なかたちで示しているととらえることもできる。ただし，後述するように，内容面から見るとこの改訂は多くの問題を含んでいた。

　2009年版学習指導要領は，1999年版の目標を基本的に受け継いでいる。2009年版の変化は，地誌的な学習を「歴史的背景を踏まえて」行うこととした箇所だけである。2009年版学習指導要領では，日本史および世界史においては地理的条件を歴史と関連づけながら，地理においては歴史的背景と関連づけながら考察することが求められている。地理と歴史の連携については従来か

らも重要性が指摘されながら十分な研究・実践が行われてこなかった。しかし，地理と歴史は相互に密接に結びついており，両者を結びつけて理解することが不可欠である。これは公民科の諸科目も同様であり，社会科学全体をとおしての知識の総合化と考察の深化が求められているのである。なお，2009年版学習指導要領では，このほかに，これまで「日本人としての自覚と資質を養う」とされてきた表現が「日本国民としての自覚と資質を養う」と変更されている。この点については指摘をするにとどめたい。

　地理Bの授業づくりのポイントとしては，歴史的背景を重視した地誌学習の深化を取り上げたい。これは2009年の学習指導要領改訂の重点であるとともに，地歴科教育の根幹にもかかわるテーマである。地域がその歴史を反映しているものであることはいうまでもないが，歴史的分野との関係から，地理においては現在のみを取り扱う傾向が強かった。しかし，地理Aで取り上げた文化のみならず，経済活動を理解する場面などにおいても歴史的背景の学習は重要である。なお，ここでは歴史学から不適切な用語の使用との批判を浴びるのを覚悟のうえで，第二次世界大戦後の過去数十年単位の時間的推移も「歴史的背景」のなかに含めたい。これは過去数十年の変化がきわめて大きく，さまざまな事象の立地を考えるうえでもその時間的経過のなかでとらえていくことが必要だからである。また，これをとおして，さまざまな系統地理的な内容を地誌のなかに取り入れることも可能になると考える。

2　高校地理学習の内容と教材づくりのポイント

　ここでは，高校地理学習の内容に関して，「地理的な見方の基本」の習得という視点から，検討を加えたい。なお，「地理的な見方の基本」に関しては本章第1節において述べているので，参照されたい。

(1)　地理Bの内容と「地理的な見方の基本」

「地理的な見方の基本」は立地論に基盤をおくため，特に地理Bの内容によ

くあてはまると考える。そこで，まず地理Bの内容について，推移を含めて検討を加えることにしたい。

　1989年版学習指導要領では，地理Bは「現代と地域」「人間と環境」「生活と産業」「世界と日本」の4つの大単元から構成されていた。このうち，冒頭単元に位置する「現代と地域」は，現代世界を大観させるとともに，地図の読図や現地調査などの基本的な地理的技能を身につけさせることを目的としていた。つまりその後の学習をすすめるための基礎的な技能の習得が目標とされていたのである。ここで留意しなければならないことは，たとえば地図の学習は地形図の単なる読図や図法の暗記などにとどまるものではなく，そこに表現されているさまざまな事象の空間的配置をとらえ，理解する能力を習得することが必要であることである。授業実践上，最も重視しなければならない単元であると考える。なお，1999年版学習指導要領ではこの単元はなくなり，その内容は各単元に分散されたが，2009年版学習指導要領では，再び冒頭単元に復活した。この内容は単元構成がいかに変化しようとも必ず学習しなければならない基礎的技能であり，今後も多くの実践が積み重ねられることを期待したい。

　第2，第3単元にあたる「人間と環境」と「生活と産業」は，系統地理的な内容が中心となっている。前者は民族・文化・人口・自然・集落・環境などについて，後者は都市・経済についての内容から構成される。人文地理学を中心とし，一部自然地理学的な内容を含めながら構成されている。ただし，これを系統地理的な側面のみからとらえることは適切ではない。学習指導要領には「世界の諸地域のうちから二つ又は三つの地域を適切に選んで取り上げ，具体例を通して学習できるようにすること。また，系統地理的な方法と地誌的な方法との相互補完の関係に留意し，取り上げた地域については多面的に扱うように努めること」とされている。これは「地理的な見方の基本」と密接に結びついている。さまざまな事象の分布のみをとらえるのではなく，「その背景や要因を地域という枠組みの中」でとらえることこそが，地理Bの学習に求められている課題である。単元に設定されている各事象が事例とされた地域になぜ

存在しているのか，それを地域の特性と結びつけて理解することが求められているのである。このためには系統地理的な分析だけでは十分とはいえない。地域のさまざまな要因をとらえたうえで，総合的に考察することが必要である。1999年版学習指導要領以降は，このような視点からの内容は弱くなっている。しかし，これは「地理的な見方の基本」を習得するうえで不可欠である。実践上，最も強く留意しなければならないと考える。

これに対し，第4単元である「世界と日本」では，地誌的な学習が中心となる。これにあたっては，「三つ程度の地域を選んで取り上げ」，「地域を構成する諸要素を有機的に関連づけて把握させる」ことが求められている。つまり，単に世界各地に関する知識を学ぶのではなく，地理的な見方を身につけるための学習が求められているのである。しかし，このような地誌的な地域のとらえ方については，地理学においても十分な研究が蓄積されているとはいいがたい。研究者側の努力も求められる。

なお，この単元の最後では日本が取り上げられるが，これは日本地誌の学習ではなく，世界からみた日本の位置づけとその把握という内容である。これは地理Bの「出口総合」として，これまでの学習成果を基に日本を考えるものである。この部分の学習が「国際社会に生きる日本人としての自覚と資質を養う」ことにつながっている。

このように，1989年版学習指導要領は「地理的な見方の基本」を習得することを重視した構成がとられていたといえる。しかし，1999年版学習指導要領ではこの構造は大きく変化する。これは，1999年の学習指導要領改訂が「内容の重点化，学び方を学ぶ学習，主題学習，科目内選択の充実を柱」として内容が再構成されたためである。

1999年版学習指導要領では，地理Bは「現代世界の系統地理的考察」「現代世界の地誌的考察」「現代世界の諸課題の地理的考察」の3つの大単元から構成されている。ここでまず注目すべきことは，1989年版学習指導要領で最初に位置づけられていた地理的技能の学習に関する単元がなくなっていることで

ある。その一部は後述する「現代世界の諸課題の地理的考察」のなかに含まれるが、これは最終単元であり、それまでの位置づけとは大きく異なっている。地理的技能を身につけさせることなくして地理学習は成立しない。1999年版学習指導要領では地理的技能は各単元の学習を通じて習得すべきこととされているが、各単元にはそれぞれ学習すべき内容が設定されているため、学習の基本となる技能といえどもよほど計画的に構成しなければ十分な学習が成立しないのではないかとの懸念が残る。

　また、1999年版学習指導要領では単元の内容も大きく変化している。「現代世界の系統地理的考察」は1989年版の「人間と環境」と「生活と産業」を引き継ぐものであるが、その中単元は「自然環境」「資源、産業」「都市・村落・生活文化」に集約され、それぞれ「二つ又は三つ」の事例をとおして世界を大観するとともに現代世界を系統的にとらえる視点や方法を身につけることを目的としている。また、これにあたっては、地域性を多面的・多角的に考察し、地域の特色を総合的に明らかにすることは地誌の単元で取り上げるため、ここでは深入りしないとされている。つまり、1989年版学習指導要領に比較して取り上げる内容項目が大幅に削減されていることに加えて、系統地理的な方法と地誌的な方法との相互補完から事象の立地特性をとらえるという視点も放棄されている。筆者は、「地理的な見方の基本」を習得するには、これでは不十分であると考える。

　また、「現代世界の地誌的考察」も、1989年版学習指導要領の「世界と日本」とはまったく内容が異なっている。この大単元は「市町村規模の地域」「国家規模の地域」「州・大陸規模の地域」の3つの中単元から構成され、それぞれ複数の事例をとおして学習がすすめられる。このような単元構成になっているのは、「世界諸地域を規模に応じて地誌的にとらえる視点や方法を身につけさせる」ことを目的としているためである。これはまた、中学校社会科地理的分野の学習内容とも連動している。ただし、このような異なる規模の学習が「地理的な見方の基本」の習得にどのようにつながるのかは必ずしも明確ではない。

確かに地誌的な学習はそれ自身が総合的な性格をもつが，地域を構造的に把握するための視点を常にもち続けなければ，「地名と物産」の羅列になってしまいかねない。「地理的な見方の基本」は地域を構造的にとらえるための地誌的な視点の育成にも重要である。

「現代世界の諸課題の地理的考察」は，1999年版学習指導要領から新設された大単元で，1989年版学習指導要領の地理Aに新設された単元を深化させたものととらえることもできる。この大単元は2つの中単元から構成され，それぞれ選択式の学習をすすめるようになっている。前半の中単元は「地図化」「地域区分」「国家間の結びつき」から現代世界の課題をとらえることと，「近隣諸国研究」の4つの小単元から，後半は「環境，エネルギー問題」「人口，食糧問題」「居住，都市問題」「民族，領土問題」の4つの小単元から構成され，それぞれ2つずつ選択して学習することが求められている。前半は地理的技能について，後半は現代世界の諸課題に関する内容となっている。この単元は高校地理学習の「出口総合」として位置づけられるものであるが，その前半部が地理的技能を内容とするものになっているのは妥当とはいいがたい。構成上，課題の多い構造となっていると考える。

このような課題があったためか，2009年版学習指導要領では，「様々な地図と地理的技能」「現代世界の系統地理的考察」「現代世界の地誌的考察」の3つの大単元から構成されている。まだ案の段階であり解説書も発行されていないことから内容分析には限界があるが，以下，若干の検討を加えることにしたい。

冒頭単元である「様々な地図と地理的技能」は地球儀やさまざまな地図の活用，地域調査など地理の基礎的な技能の習得を目的とするもので，1999年版学習指導要領に欠けていたものである。この学習内容を冒頭単元で取り上げることの重要性は既述のとおりである。この単元が復活したことを評価したい。第2単元の「現代世界の系統地理的考察」は，1999年版学習指導要領を継承するものであるが，取り上げる内容項目が「自然環境」「資源，産業」「人口，都市・村落」「生活文化，民族・宗教」へと拡充されるとともに，諸事象を

「空間的な規則性，傾向性やそれらの要因などを系統地理的に考察させるとともに，現代世界の諸課題について地球的規模から理解させる」ことが求められている。1989年版学習指導要領ほど明確ではないものの，「地理的な見方の基本」を習得するための学習が求められているととらえることができる。また，第3単元の「現代世界の地誌的考察」では「現代世界の諸地域」の学習がその中心に位置づけられており，世界地誌の学習を中心とした構造へと変化している。また，最後の中単元に「現代世界と日本」がおかれ，「出口総合」としての日本学習が位置づけられている。この構造を見るかぎり，2009年版学習指導要領は「地理的な見方の基本」を重視し，1989年版学習指導要領の基本的な構造へと戻ったととらえることができる。ただし，これだけでは系統地理的学習と地誌的学習を結びつけてとらえることの重要性を読み取ることができない。実践にあたっては，この点に留意することが必要であろう。

つぎに，教材づくりのポイントとして，前項において示した歴史的背景を重視した地誌学習の事例を検討することにしたい。

地理学習をすすめるうえで，特に歴史的背景を重視しなければならない地域としてアフリカ州があげられる。アフリカ州は，かつてほとんどの地域が列強の植民地とされた歴史をもつ。植民地化の歴史は，独立後も多くの国の経済や文化に影響を与えた。島田（2001）は独立後のアフリカ諸国の課題として人為的につくられた国境によって形成された国家が民族的統一を成し遂げること，一次産品輸出に特化した経済構造の転換をあげている[1]。現在においても前者は続発する民族紛争，後者は一次産品価格の下落に伴う経済の悪化と対外債務の増大，などのかたちをとって現れ，さまざまな問題を発生させている。しかし，その一方で，フランスなど旧宗主国との経済的結びつきは強く，公用語をフランス語などにしている国も多い。現代のアフリカを理解するためには，このような歴史的背景から理解することが不可欠である。

もう1つ，国レベルで歴史的背景を考慮する例をあげよう。多くの国ではさまざまな政策を展開し，国土を形成している。そのため，その国の現状をとら

えるためには歴史的背景からの理解が有効である。社会主義国である中国は，このような視点からとらえることが有効な国の1つである。中国は世界を代表する工業国であるが，これはここ30年の改革・開放政策によるところが大きい。それ以前の時期とは工業立地も大きく異なっている。これが現在の電気機械工業と自動車工業の立地パターンの差などにも表れている。また，沿海部を中心とする開発の拡大は，地域間格差の拡大など，さまざまな社会問題も発生させている。このような地域構造は，改革・開放政策と結びつけながら理解することが必要である。これについては，次項で授業案を含めて検討する。

(2) 地理Aの内容とその変化

地理Aは，前述のように地理歴史科設置に伴って新設された科目であり，地理歴史科の理念を反映した内容となっている。まず1989年版学習指導要領を見ると，その内容は「現代世界と地域」「世界の人々の生活・文化と交流」「現代世界の課題と国際協力」の3つの大単元から構成されている。冒頭単元では，「地球儀，世界地図で読む現代世界」「地図の機能と活用」「地域の変容と現代世界」の3つの中単元から構成され，特に地図の活用と地域調査法の習得に重点がおかれている。地理Bと同様，基本的な地理的技能を身につけることを目的とした単元となっている。そのうえで，第2単元では自然環境や社会環境の多様性が世界の諸民族の生活の多様性を生み出していること，そしてそれが生み出す交流の現状と課題をとらえたうえで，日本人が世界の諸地域の人々と交流するにあたっての課題などを考察する。この内容は従来の文化地理学習の枠を超え，「異文化理解を行いながら自分がどのように交流を進めていったらよいか」を考えさせることに重点をおいたものとなっている。地理歴史科の特徴をもっともよく現している単元であるといえる。一方，第3単元では環境問題，資源・エネルギー問題，人口問題，食糧問題，都市問題などの地球的課題を地域的側面からとらえるとともに，それに対して日本が果たすべき役割を考察することが求められている。このように，地理Aは「地理的な見方

の基本」を活用して，国際社会のなかで活動できる人間の育成をめざして新設されたのである。

　この構造は1999年版学習指導要領にも基本的に受け継がれる。1999年版では，大単元が「現代世界の特色と地理的技能」「地域性を踏まえてとらえる現代世界の課題」の2つに集約されたが，第1単元においては「地理的な見方の基本」を身につけるための「作業的・体験的な学習」が重視され，それをとおして現代世界の特徴を把握することが求められている。地理Bとは異なり，「地理的な見方の基本」を重視する姿勢が貫かれているといえる。一方，第2単元は，1989年版学習指導要領の第2単元と第3単元の内容を兼ねるものとなっている。第2単元は「世界の生活・文化の地理的考察」「地球的課題の地理的考察」の2つの中単元から構成されている。これらはそれぞれ1989年版の大単元の内容に対応している。各中単元それぞれは概論的な部分と近隣諸国研究から構成され，近隣諸国研究については，いずれかの中単元のみ取り扱うように指示されている。取り上げる内容は知識理解に重点がおかれており，生徒が自分の行動を考えるという視点は弱くなっている。しかし，国際化がすすむなかで，このような能力の育成の重要性は増している。内容構成上の課題として指摘しなければならない。全体的に見て，1999年版学習指導要領の内容は基本的に1989年版のものを踏襲しているものの，地理歴史科設置の趣旨からはややずれたものとなっていると考える。

　2009年版学習指導要領では，内容はさらに大きな変更が加えられている。大単元が「現代世界の特色と諸課題の地理的考察」と「生活圏の諸課題の地理的考察」へと再編され，「生活圏」に関する学習が新設された。これに伴い，従来の地理Aで取り上げられてきた内容は第1単元に集約されている。第1単元は「地球儀や地図からとらえる現代世界」「世界の生活・文化の多様性」「地球的課題の地理的考察」の3つの中単元から構成されている。このうち第1中単元は地理的技能の習得が中心的な内容になっているが，日常生活に結びついた大縮尺の地図の読み取りや地域調査などに関する内容が第2大単元に回

されたこともあり、小縮尺の地図の読み取りなどを中心とした内容に限定されている。しかし、「生活・文化」や「地球的課題」を検討するに当たっても地域的考察が必要とされる場面もあると考えられ、地理的技能の学習をこのように分割することに関しては疑問が残る。また、第2、第3中単元に関してもその下に小単元が設定されておらず、1999年版学習指導要領の第2単元の概論的な部分の内容にとどまっている。この2つの内容に関しては、かなり削減されたかたちとなっている。

　一方、第2単元では「生活圏の諸課題について、地域性や歴史的背景を踏まえて考察し、地理的技能および地理的な見方や考え方を身につけさせる」ために「日常生活と結びついた地図」「自然環境と防災」「生活圏の地理的な諸課題と地域調査」の3つの中単元が設定されている。このうち第1中単元は大縮尺の地図を用いた地理的な技能の習得、第3中単元は地域調査等をふまえた生活圏の地理的な諸課題の考察を主な内容としている。この2つの中単元に類似する内容は、これまでにも地理的技能の習得の部分で取り上げられており、特に目新しいものではない。第2中単元「自然環境と防災」の新設に伴って再編成されたものと考えられる。防災教育に関しては、2008年の小学校・中学校学習指導要領改訂においても新設されており、それに連動したものと考えられる。防災教育は今回の学習指導要領改訂の重点の1つであり、項を改めて検討することにしたい。

　全体的な構造を見ると、防災教育を設置するにあたり生活圏に関する大単元を新設したため、従来地理Aで取り扱ってきた内容が弱くなってしまっている。異文化理解や地球的課題を地理的な視点から理解し、国際社会のなかで自覚的に活動できる人間の育成は現在においても重要な課題である。これらの内容が削減されることは問題であり、今後も重視していかなければならないと考える。

　地理Aの教材づくりのポイントとしては、「異文化理解の重視」の視点から事例を取り上げることにしたい。これにあたっては、文化を国単位ではなく、

より広域的な視点からとらえることが必要である。たとえば，東アジアにおいては共通する文化（食文化，文字など）が見られるが，これは自然環境的な共通性と，歴史の共有から生まれてきたものである。国単位で見ても文化の特徴を十分にとらえることはできない。しかしその一方で，国により異質性もまた存在している。共通性と異質性を，それぞれ背景も含めてとらえることにより，文化に関する理解をより深めることが可能になる。近年，国際交流授業の実践が増加しつつあるが，近隣諸国とこれを行うことをとおして，自国文化をさらに深く理解することも可能になる[2]。次項では，韓国の雑煮である「トックッ」を例に，日本と韓国の食文化を自然環境的共通性と社会環境的異質性の双方からとらえることにしたい。近隣諸国の文化学習は，自国文化を相対化し，相互認識を深めるうえでも有効であると考える。

3　高校地理の学習指導案の作成

ここでは，授業実践を行うにあたってのいくつかの視点を紹介するとともに，いくつかの授業案（略案）を示すことにしたい。いうまでもなく，授業案は特定の生徒集団を対象として作成するものであり，一般的な授業案は存在しない。そこでここでは授業実践のための視点を中心に述べ，授業案は略案にとどめる。

(1)　地理 A の授業案

まず，前項までに指摘した異文化理解を進めるための授業として，韓国の伝統食である「トックッ」を事例に取り上げたい。トックッは牛の骨やあばら肉を煮込んでとったスープに，薄く切った丸い餅を入れた韓国版雑煮で，長寿などを意味する正月料理である[3]。雑煮は，一般に日本の伝統料理であると認識されているが，韓国にも同様の料理が存在している。これは両国の文化的共通性を示す事例の1つである。雑煮を日本固有の伝統食と考えている生徒には大きなカルチャーショックを与えることになるだろう。しかし，文化をより広域的な視点から考えれば，日本も朝鮮半島も稲作文化圏に含まれる。この点を勘

案すれば，この地域に共通する米を使った食文化が存在することは容易に理解できるだろう。

しかし，一方で異質性も決して小さくない。特にトックッが肉からスープを取ることは，韓国料理が伝統的に肉食を行ってきたことの影響で，肉食を行ってこなかった伝統的日本料理のなかに位置づけられる雑煮との重要な相違点である。この背景には仏教文化を中心としてきた日本と儒教文化を中心としてきた韓国との宗教文化的な相違がある。

隣国との文化を比較する学習は，両国の共通の基盤をとらえることと同時に，異質的な側面もとらえることができる。これを理解することをとおして隣国間の相互理解を深めることができると考える。

表3-9 授業略案－雑煮とトックッから日本と韓国の食文化を考える

学習内容・活動	指導上の留意点
1. 雑煮について知る	・学校のある地域の雑煮の特徴を例に，雑煮の具や作り方などについて知る。 ・全国にはさまざまな雑煮があること，文化伝播によって他地域の特徴が移入されている地域があることなどを理解させる。
2. トックッとは何か理解する	・韓国にも雑煮に似た料理があることを知る。合わせて韓国にも焼き餅などがあることも知り，日本と韓国には文化的共通性があることを理解させる。
3. トックッについて調べる	・教師が用意した資料をもとに，トックッの特徴を調べさせる。これにあたっては，日本の雑煮との共通性と異質性に注目させる。
4. トックッと雑煮の共通点をとらえる	・双方とも餅の入ったスープであること（ただしトックッの餅はうるち米），地域性が大きいなどの共通点があることをとらえさせる。 ・東アジアの稲作地帯の分布図をもとに，日本も韓国も稲作地帯であることをとらえ，食文化の共通性を理解させる。
5. トックッと雑煮の相違点をとらえる	・雑煮とトックッの大きな相違点に，トックッのスープに肉類を使用することがあることに注目させる。

6. 韓国に肉食文化が存在する理由を考える	・ここから，韓国の伝統食文化のなかに肉食があることをとらえさせる。 ・仏教を中心とした日本が肉食を禁じ，独自の日本食文化を形成してきたのに対し，韓国では儒教が大きな力をもったことから肉食が禁じられなかったことをとらえさせる。
7. 韓国と日本の食文化を考える	・韓国（トックッ）と日本（雑煮）の食文化の比較を通して，それが共通する自然的条件の上に立ちつつも，宗教などの社会的条件が相違することから，類似しながらも異なった文化が形成されていることを理解させる。

　もう1つ，防災教育に関する授業案を紹介したい。防災教育は，前述のように新学習指導要領における重点項目の1つとなっている。しかし，これまでの社会科・地歴科においては防災の重要性などについては取り上げられているものの，防災教育としての教材開発や実践などはほとんど行われてこなかった。そこで，ここでは防災教育を地理Aで行うための視点に関して若干の検討を加える。

　新指導要領において防災教育が重視されるようになったのは，防災教育支援に関する懇談会が2007年8月に出した中間とりまとめの影響が大きい。懇談会は阪神大震災以降の度重なる大地震や火山災害，風水害の発生に対して危機感を示したうえで「自然災害は，自然の力が地域の持つ防災力を上回った際に発生する」と指摘している。「防災力」は，これまで，たとえば堤防を強化して洪水を防ぐなどのように，ハード面の設備を強化することが中心となってきた。しかし，阪神大震災以降は市民意識の向上や防災計画の作成など社会科学的側面が重視されるようになっている。懇談会はこのような動きを受けて，次の4つの能力を身につけることを防災教育に求めた。

　①それぞれが暮らす地域の災害や社会の特性，防災科学技術の知見等についての知識を身に付け，防災・減災のために事前に備え，行動する能力。
　②自然災害から身を守り，被災した場合でもその後の生活を乗り切る能力。

③災害から復興を成し遂げ，安全・安心な社会に立て直す能力。

④進んで他の人々や地域の安全を支える能力。

地理Aでは，このうち①に関する能力の育成，特に生活地域で発生する可能性がある自然災害についての理解が求められているといえる。地震，洪水，津波，竜巻，雪害，火山災害，気象災害など，災害にはさまざまな種類のものがある。また，これらの災害には地域性が大きく，地域によって被害を受けやすい災害は異なる。生活行動の多様化・広域化を考えれば，これらの災害について一通りの知識をもつことが求められるが，生活圏の災害について特に深い知識をもつことが必要であることは言を待たない。実践にあたっては，両者をバランスよく構成することが必要である。以下では，筆者が以前に実践した水害に関する授業を紹介したい[4]。

この実践は，三浦昴也が後藤秀昭の指導のもとに作成した授業案を，筆者が福島大学附属中学校において実践したものである。筆者は2004年度に福島大学附属中学校において3年生の社会科特別授業を担当し，地図に関する授業を行っていた。この授業は福島盆地の土地利用を中心的なテーマとしたものであったが，後藤・三浦よりアナグリフを使用した授業の有効性に関する検証を求められて実践したものである。本授業はアナグリフの有効性の検証をテーマとしたもので，また中学校3年生を対象としたものであるが，内容的には高校地理Aの防災教育でも類似の実践を行うことは可能であると考える。

この授業は「洪水と地形」をテーマとしたもので，授業略案は表3-10のとおりである。

本授業で取り上げている地域はかつて阿武隈川が流れ，旧河道のほか，自然堤防，後背湿地などの微地形も存在する。土地利用は地形の影響を大きく受け，自然堤防上に集落と桑園が転換した果樹園が，後背湿地には水田が立地している。しかし，都市化の進展に伴い，従来の土地利用パターンを乱すような建物の立地がすすんでいる。旧河道や後背湿地は水害に弱く，防災上大きな問題がある。しかし，そのような問題点が必ずしも理解されているとはいえない。そ

の場所の危険性を理解したうえで，生活していくことが必要である。

このような学習は，アナグリフや航空写真などを用いなくとも，大縮尺の地形図を教材として使用することで実践できる。また，この実践のなかでは示さ

表 3-10　授業略案－身近な地域の洪水と地形

学習内容・活動	指導上の留意点
1. 洪水の状況を示す写真を見る 2. 1986年8月の洪水の浸水域を見て，浸水した場所の土地利用の特徴を考える 3. 浸水した場所の多くが水田で，その他の土地利用の場所ではあまり浸水していない理由を考える 4. アナグリフ画像を用いて地形分類図を作成し，浸水域を示した図を重ね合わせ，地形と浸水との関係を考える 5. 土地利用の背景を知る	○洪水の状況を示す写真を見せて，生徒に洪水災害に対する興味・関心をもたせる。 ○1986年8月の洪水による浸水域を示した図を配布する。 ○アナグリフ画像，赤青メガネ，トレーシングペーパーを配布する。 ○旧河道の現地写真を提示する。 ○地形界をなぞり，旧河道を塗りつぶさせる。 ○地形図とアナグリフ画像のどちらが古いものかを考えさせる。 ○1963年から1993年までに保原町市街地周辺で新たにつくられた建物を示した図を配布する。 ○新しくつくられた建物を示した地図に地形分類図を重ね合わせ，旧河道にも立地しはじめていることに気づかせる。 ○浸水の恐れのある旧河道に新しく建物がつくられはじめている理由を考えさせる。 ・洪水に対して安全な場所は古くから知られていた。 ・対象地域が都市化した。 ・洪水に対して危険な場所にも新しい建物がつくられるようになった。 ○地域の特性の1つに地形条件があること，その条件を忘れてはいけないことを指摘する。

れていないが，ハザードマップなどを利用した災害時の避難などに関するシミュレーション，地域防災組織に関する学習と結びつけた展開なども可能である。しかし，災害・防災に関しては，地理教育のみならず，地理学においても十分な研究が蓄積されていない状況である。地域防災に関する基礎的な研究と実践を蓄積していくことが必要である。

(2) 地理Bの授業案

ここでは，地誌学習のなかに歴史的背景と系統地理的な学習を取り入れることをめざした授業として，中国の工業を例に若干の検討を加えることにしたい[5]。

産業構造は比較的短時間のうちに大きく変化するが，その背景に各国の政治的動向が関連していることが多い。中国では，1978年以降の改革・開放政策が大きな影響をもたらしている。また，グローバル化の進展は，外国貿易の重要性を増している。このような政策の転換は国内での産業立地や国民所得などに地域差を発生させる。すなわち，産業立地を考えるにあたっても，その背景を理解することが必要になるのである。以下，若干の検討を加えることにしたい。

1949年に中華人民共和国が成立したあと，中国は社会主義経済のもとで工業の発展を図ってきた。集団所有体制に基づく人民公社などは，中国の特徴的な経済組織として注目を浴びた。しかし，文化大革命などの政治的混乱から経済成長は低いレベルにとどまり，先進諸国に比べて大きく立ち後れることになった。これに対処するため，1978年より鄧小平の指導のもとに改革・開放政策が打ち出され，農業・工業・国防・科学技術の発展を図る「四つの現代化」がすすめられ，シェンチェンなど5つの経済特区が設置された。これに伴い，外国からの資本や技術の導入も拡大し，中国工業は急速に発展するようになった。

図3-1は中国のGDPの推移とそのなかに占める工業の比率を示したもので

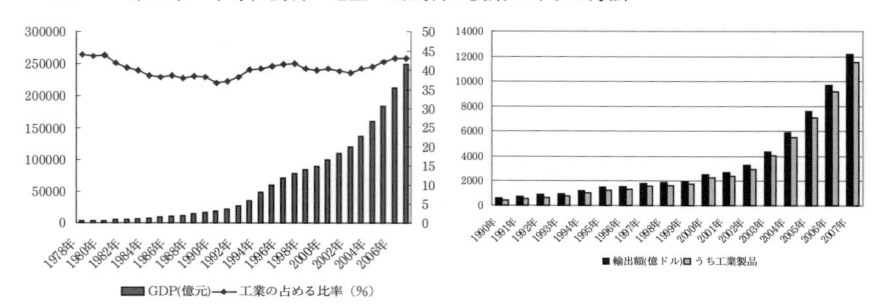

図3-1 中国のGDPと工業がそれに占める割合の変化
資料）『中国統計年鑑』により作成

図3-2 中国の輸出額の推移
資料）『中国統計年鑑』により作成

ある。1978年に3,645億元だった中国のGDPは、30年後の2007年には24兆9530億元と約70倍にまで拡大している。特に1990年代半ば以降の成長が著しい。このうちに工業が占める割合を見ると、1978年に44.4%あったものが1990年に37.6%まで低下するが、その後また上昇に転じ、1990年代半ば以降はほぼ40%台を維持しており、2006、07年には43%に達している。この比率は一般的に経済が成長すると低くなるが（2005年現在日本は23%、アメリカ合衆国は12%）、中国は依然として工業を中心とした経済体制となっていることがわかる。これに対応して中国の輸出額も急増し、2007年には初めて1兆ドルを超えた（図3-2）。これは同年の日本の輸出額（83兆円）をはるかに凌駕する数字である。そのほとんどは工業製品であり、中国の工業力の大きさが理解できよう。

このような経済成長は、国内的には大きな地域差を発生させている。図3-3は中国の省市別1人あたりGDPを示したものである。1人あたりGDPが2万元を超えるのは沿海部を中心とした一部の省市に限られており、内陸部の大部分の地域では、経済が十分に発展していないことがわかる（2007年現在、中国の1人あたり平均GDPは1万8,934元）。これは改革・開放政策に伴う経済開発が外国との貿易に有利な沿海部を中心に推進されたためである。それが現在の

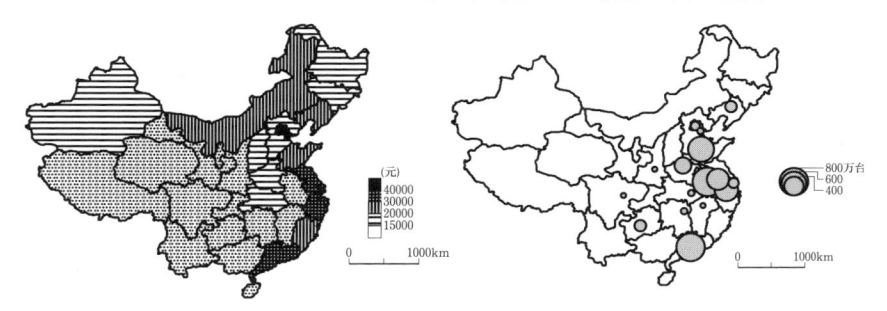

図3-3　中国の省市別1人あたり平均GDP（2007年）
　　　資料）『中国統計年鑑』

図3-4　中国の省市別家庭用冷蔵庫生産台数
　　　資料）『中国統計年鑑』

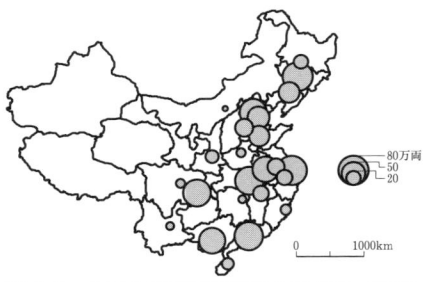

図3-5　中国の省市別自動車生産台数（2007年）
　　　資料）『中国統計年鑑』

中国の経済的な地域構造を形成しているのである。

しかし，工業製品別に見るとやや異なる傾向も見られる。図3-4は家庭用冷蔵庫，図3-5は自動車の省市別生産量を示したものである（2007年）。冷蔵庫が沿海部の特定の地域に集中しているのに対し，自動車はいくつかの中心に分散して立地している。これは改革・開放以前，自動車産業が軍需産業と結びつき，国防上の理由から分散的に配置されたためである。一方，民生用の冷蔵庫は改革・開放後に民間資本を取り入れながら急速に発展したもので，その分布は近年の経済成長地域に重なっている。これらの点から，工業立地もその国の歴史的背景に大きく影響されていることが理解できる。地理を考えるにあたっては，特にその国の現代史の動きを視野に入れながら考察をすすめることが重要である。

表 3-10 授業略案－中国の工業

学習内容・活動	指導上の留意点
1. 中国の経済発展の歴史を知る	○中国の GDP の成長のグラフなどから中国が近年急速に工業を発展させていることをとらえさせる。 ○合わせて中国経済が工業製品の輸出に頼る比率が高いこと，輸出額が既に日本を凌駕する水準にあることなどもとらえさせる。
2. 中国工業の急速な成長の理由を考える	○改革・開放政策の進展や経済特区の設置などをとおし，中国の経済政策が経済成長にもたらした影響をとらえさせる。 ○合わせて，工業の発展が外資の導入や輸出に有利な沿海部に集中し，新しい工業都市が多く形成されたこと，電気機械工業などの発展が特に著しいことなどもとらえさせる。
3. 急速な成長が生み出したゆがみ	○工業の発展が沿海部に集中したために内陸部との間で地域間格差が拡大していることをとらえさせる。 ○また，このような経済格差が内陸部から沿海部へ，農村部から都市部への大規模な人口流動を生み出し，都市問題の発生など，さまざまな社会問題を生み出していることを理解させる。
4. 中国の工業立地を考える	○このような歴史的背景から中国の工業立地が沿海部を中心としたものになっていることを，世界の約40％を生産している家庭用電気冷蔵庫の事例からとらえさせる。 ○一方，自動車工業の立地パターンはこれとは異なることをとらえさせる。 ○冷蔵庫に代表される電気機械工業が改革・開放後に急成長したのに対し，自動車工業はそれ以前の軍需工業などと結びついて立地していることから，両者の立地パターンに相違があることをとらえさせることをとおして，歴史的背景が工業立地に大きな影響を与えていることを理解させる。

第4節 高校地理の授業づくりと方法

注

1) 島田周平（2001）「中・南アフリカ」河上税・田村俊和編『日本からみた世界の諸地域』大明堂（現在は原書房から発行）所収
2) 谷川（2005）は，日本と韓国の交流授業から，相互の文化理解を深め合う実践を多く紹介している。
   谷川彰英編著『日韓交流授業と社会科教育』明石書店，2005年
3) SEOUL NAVI Webページによる。http://www.seoulnavi.com/
4) 後藤秀昭・三浦昂也・初澤敏生（2005）「アナグリフ画像を利用した中学校での地理授業」『福島大学教育実践研究紀要』48，pp. 25〜31
5) この手法については，下記の文献で報告しているので参照されたい。
   初澤敏生（2007）「中国－工業に着目して調べる－」矢ヶ崎典隆・椿真智子編『世界の国々を調べる』古今書院，pp.34〜39

第5節　高校日本史の授業づくりと方法

1　高校日本史授業づくりの目標とポイント

　毎日，教室で40人近い生徒たちを前に日本史の授業をしている教師にとって，一番困ること，嫌なこと，つらいことといえば，それは，一生懸命教師が説明している歴史になんの関心も示さず，少しも授業に集中しない生徒がいることである。そんな生徒がなん人もいるようなクラスへは，廊下で何回もため息をつきながら授業に行くことになる。なんとか，授業を生徒にとって楽しく，学びがいのあるものにしたい。それが，日本史の教師ならば誰もがもっている授業づくりの第1の目標であろう。では，どうしたらその目標を実現させられるのだろうか。その答えを得るためには，まず生徒に聞いてみることである。

日本史の授業のどんなところが嫌い？
　「日本史の授業はいつも，先生の説明ばっかりで，ちっとも面白くない。」
　「昔のことなんて勉強してなんになるの？今の私たちには関係ないじゃん。」
　「板書をノートに写せって先生は言うけど，そんなことしなくても，テストの前に教科書を暗記すればいい。」
　一方的な講義式の授業，生徒の歴史意識と遊離した教育内容，暗記主義的な学力観といった生徒たちの日本史の授業に対する否定的なイメージが多出する。これらを放置しておいては，楽しく，学びがいのある授業など実現しない。授業づくりのポイントは，そのような生徒たちの不満を授業への改善要求ととらえて，生徒一人ひとりが歴史を自らの問題として考え，クラス全体が学習集団として生き生きと活動する授業を実現していくことである。そのためには，彼らの若い知性や感性に訴えて「面白い」とか「考えてみよう」と思わせるような魅力的な問題提起が授業の最初の段階でなされなければならない。そして，一人で暗記するのではなく，みんなで意見を出し合いながら，各自の考えを深

めたり広げたりすることが本当の歴史の勉強なんだと実感させる授業展開も必要となる。しかし、これが一朝一夕には実現しない。広くて深い学問的な見識を教師がもっていなければならないことはもちろんだが、それだけでなく、生徒たちの歴史意識の状況、つまり現在の日本で高校生として生きている彼らは歴史の何にたいして興味、関心、問題意識をもっているのかを適確に把握して、どのような歴史をいかなる視角から取り上げれば彼らが歴史を自分の問題として考えるようになるかについても、的確な判断が必要となる。したがって、日ごろから歴史学の最新の研究成果をリサーチしておくとともに、生徒の歴史意識についても注意深く探る努力を怠ってはならない。とはいっても、最近の学校現場では、さまざまな校務に追われ、教員の多忙化は年ごとにすすんでいる。そのなかで、毎月発行される研究誌の論文や次々と刊行される大部の研究書を読みこなし、生徒と歴史についてじっくり話をする余裕がもちにくくなっている。そこで、利用価値が高いのが『歴史地理教育』（歴史教育者協議会編集）といった歴史教育系の研究団体の機関誌で、歴史学の成果や研究動向を歴史教育の立場から紹介したり、どのような教材を用いてどのような授業をしたら、生徒がどのように反応し、彼らの歴史認識がどのように成長したかの報告（実践記録）も多く掲載されている。それらをまずは手がかりにして、必要とあれば研究誌や専門書にあたったり、実践記録からは、その授業では何が生徒を歴史への学びに導いているのかを読み取り、その観点から自分の授業の改善点を考えることも可能である。むろん、そのような研究団体に参加し、例会などで直接報告を聞き、議論に参加すれば、より多くのことを学ぶことができる。レポーターとして歴史学の成果にたいする自分の意見を述べたり、自分の実践を使用した教材や発問の内容、生徒の感想などをまとめて報告することができれば、多くの意見や有益なアドバイスを得ることができる。基本的に、教師は教室に入ればただ一人で授業しなければならない。孤独で孤立的な仕事になりがちである。結果、独善的で固定的な教材観や授業観に陥る危険性もある。しかし、自分と同様に少しでも生徒にとって楽しく学びがいのある授業を実現したいと

考えている仲間が全国にはたくさんいる。その仲間との学びあいこそが，授業づくりの最上の手段であり研修の場であると私は，自分の経験から確信している。むろん，組合の教研に参加したり，職場の同僚との意見交換からも得るものは大きい。

2　高校日本史学習の内容と教材づくりのポイント

日本史に限ることではないのだが，1時間ないしは1単元の授業をつくるには，以下のような4要素の内容を確定する必要がある。

授業の4大要素－歴史の授業をつくるために考えなければならないこと
- 教育目的　今，生徒たちは歴史認識の主体としていかなる発達課題をもっているか。なんのために，どのような授業をするのか。授業を通じてどのような人間になってもらいたいか。
- 教育内容　その授業（もしくは単元）では，具体的に何を教えたいのか，考えさせたいのか，身につけさせたいのか。
- 教　材　教育内容とした概念や理論，技術などを学習内容（生徒が学びたいこと，考えたいこと，習得したいこと）にいかにして転化させるか。その媒体となるものは何か。
- 授業方法　教材を活かして，教育内容を実現して教育目的を達成するためには，どのような学習活動を組織するか。

むろん，どの要素についても，自分が現在担当しているクラスの生徒たちの歴史意識や認識の実情（歴史学習への関心や意欲，知識量，思考力，資料読解能力など）に即して内容を決していくのであり，それこそが現場をもつ教師の固有の仕事ということになる。また，4つの要素はそれぞれ孤立していたり，上意下達的な一方的な関係にあるわけではない。相互に規定的な関連性をもっているのである。したがって，授業づくりの実際においてはどの要素から作成してもよく，作成したその要素とのかかわりで他の要素を考えていけばよい。ただし，教師による授業づくりを教材研究と総称するように，授業において直接生徒の学習活動を促す教材の開発・改良が授業づくりの中心ないしは起点となる場合が多い。なお，教材とは，生徒の学びたいことを教師に伝え，それをもとに教

第5節　高校日本史の授業づくりと方法　147

師が新たな授業を構想し実現させていく素材・媒体でもあるべきだというのが私の主張である（「教材選択の基準－借上の図像をめぐって－」『社会科教育研究』102号，2007年12月）。

　では，優れた教材とはどのようなものであり，その開発はいかにすべきか。実例をもって説明したい。たとえば，日本中世の農業発展をテーマとした単元の授業では，従来，時代別に日本全国で耕地面積がいかに増大してきたかを示す表や1420年に朝鮮からの使節として漢城（ソウル）・京都間を往復した宋希璟(そうきけい)の紀行文「老松堂日本行録(ろうしょうどうにほんこうろく)」の記事がよく教材として用いられる。前者は，それまで微増だった耕地が14世紀前半からの2世紀間で1.5倍以上になったことを示しており，後者は，15世紀の摂津では麦，稲，そばの三毛作が実現していたことを示している。この時期に耕地の拡大と集約化が進展したことがわかる。授業は，このことを読み取らせて，そのような農民の努力が多くの余剰を生み出し，農民社会＝農村に蓄積されて，それをもとに農民の社会的地位が向上し，彼らの政治的な闘争力が強まり，室町時代が一面で一揆の時代ともよばれるようになったことなどを教育内容として展開していく。

　このような授業をする教師には，次のようなねらいがある。それは，生徒の既存の農民観の打破といっていいものだが，生徒の多くが農民はどの時代でも支配され，搾取され，虐げられる存在にすぎないと思っている。それはこれまでの歴史の授業での扱いがそうだったということだけでなく，テレビドラマや小説の類も同様で，生徒は農民をそのような存在と思っている。そして，歴史は常に「エライひとたち」（英雄や権力者たち）が動かすもので，農民など一般庶民は時代の底辺にあって，時代をつくる主体とはなりえないと考えているのである。この農民＝庶民軽視史観ともいうべき歴史の見方を放置しておいては，民主主義的な歴史観は育たない。そこで，日本の歴史でも農民が大いに活躍し，その動向が社会や政治のあり方に重大な影響を与えた時代があったこと，しかもそれは，農民としての地道な生産拡大のための努力とその成果を背景とした社会的な地位の向上，そしてその彼らが惣村を単位に強く，しかも広範囲に団

結することで身につけた一揆の力によるものであることを生徒に理解させ，彼らの歴史観を民衆こそが歴史を動かす原動力と意識する民主主義的なものにしようというものである。この授業の教育目的はまさにそこにある。

　しかし，この授業の問題点は2つのメイン教材が数字を示した表と文献史料であるということである。つまり，その読み取りや読解がどうしても教師からの説明になりがちで，授業方法において生徒が活躍し，個性や主体性が発揮できる展開が構想しにくいということである。

　そこで，私はこの単元では，大唐米をメイン教材にした授業をしている（「日本人をライスイーターにした大唐米とはどんな米だったか」『考える日本史授業』第7章，地歴社）。大唐米は，教科書に多収性の外来品種で赤米と紹介されているが，教材としてさほど注目されていたわけではない。しかし，考えてみれば，生徒は米を毎日食べている。大唐米は現代の日本の米とどこが違うのかを生徒に発見させることで，大唐米を人々が栽培し消費していた中世という時代について，生徒はその発見をもとに，自分なりの考えやイメージをもつことができると考えたのである。そしてそれらを相互に発表し，検討することで，生徒の生活実感にそって歴史の真実に迫る授業が可能になると考えたのである。大唐米をメイン教材とした第1の理由はその点にある。

　大唐米をメイン教材にした理由の第2は，大唐米に関する史料に比較的読解しやすく，高校生でも十分理解できるものが存在することである。それらをサブ教材にすることによって，生徒の発言や仮説を史料を使って実地に検証することができる。その実態は次項で明らかにするが，過去の出来事や現象の集積である歴史をどのようにしたら正しく知ることができるのか。それは仮説と検証の積み重ねという科学的な歴史認識の方法によるのだが，このような学習を通じて生徒はその方法を体験し，有効性を確認することができる。結果，科学的に歴史を探究しようとする歴史意識を育成することもできよう。歴史を科学的に正しく認識することを拒否して，自分たちの政治的主張やイディオロギーにそくして勝手に歴史を解釈して，それを権力的に人々，特に若い国民に押し

つけようとする歴史修正主義が横行している現在，このことはことさら実現したい教育目的である。

　大唐米には，ほかにも教材としての利点がある。その第1は，なぜ大唐米が日本の中世に大量に栽培されたのかを追究させることによって，この時代の農業発展を多面的につかませるという教育内容を実現できることである。第2は，なぜ大唐米が近世になって日本の社会から排斥されたのかを考えることによって，中世から近世への時代の変化をこの観点から生徒に考えさせることが可能になるなど，新たな教育内容の設定が可能となることである。第3は，この米が外来品種であることから，どの地域から誰がどのようにして日本にもたらしたかを追究させることで，東アジア世界の民衆的交流のなかでこの時代の農業発展をとらえさせることもでき，日本の高校生の歴史観を世界に，特にアジアに広げることが可能になる。それは，今後ますますグローバル化していく世界のなかでアジア諸地域，特に東アジアの人々との相互理解・連帯を強化していかなければならない現在日本の高校生にとって必要なことといえよう。大唐米を教材にした授業は，そのような方向で教育目的の新たな設定も可能になるということである。

3　高校日本史の学習指導案の作成

　前項で紹介した大唐米をメイン教材にした授業の実際の展開例をもとに指導案を作成した。

　⑴　主題　日本人をライスイーターにした大唐米とはどんな米だったか
　　　　　　　　　　　　　　　　　　　　―日本中世の農業発展―
　⑵　目標　大唐米とはいかなる米であったかを追究することによって，日本中世の農業発展にとって克服すべき課題はなんであったか，それをいかにして克服したか，それを可能にした条件はなんだったかなど，日本中世の農業発展の実態や歴史的背景を考えさせる。同時に，生徒が主体的に歴史を考え，発表し，討論し，それらを資（史）料で検証して歴史の真実を解明していくという

科学的な歴史認識の方法をクラス全体で体験し，その有効性を実感させる。

(3) 指導過程

学習指導案

課程	教師の働きかけ（発問，指示，解説など）	生徒の学習（発言，活動など）	教材
導入	・「片あらし」「フセタ」と板書して，なんのことだったかと問う。どちらも既習事項で，平安時代から鎌倉時代にかけての時期の農業（発展）の実態を示すキーワードで，本時の授業の主題が，その後の農業発展についてであることを生徒につかませる。	・「片あらし」は平安時代に一般的な農法で毎年耕作できなかった水田が多数存在し，その克服（満作，そして二毛作へ）が中世農民の努力目標だった。「フセタ」は伏せ田のこと，阿弖河荘上村百姓等言上状第1条にある言葉で農民の私的な開墾地。	各自のノート。以前の授業で配布した阿弖河荘上村百姓言上状第1条のコピー。
展開①	大唐米ってどんな米 ・「日本のものの（　）のひろさよ　大唐を香煎にしてや　のみぬらん」と板書し，16世紀前半に編集された「犬筑波集」の一首であることを紹介する。（　）に入る漢字1字はなにかと問う。大意を説明し，大唐が大唐米とよばれた品種の稲で，この時代に人々がさかんに炒って食べていたことが判ると説明する。（　）に口と書きいれる。 ・鎌倉時代から室町時代にかけて，日本各地でさかんに栽培された米で大唐米という米があったんだけど，どんな米だったと思う。当時の人々にとっていい点がいっぱいあったんだ。 ・生徒の答えをすべて板書する。矛盾する答えがだされたら討論を組織する。	・「心」，「胃」，「口」 ・①「そりゃ，食べてみてうまい米だ」，②「いっぱい取れる米」，③「安い米」，④「やせた土地でもできる米」，⑤「日照りや水不足に強い」，⑥「水はけの悪い湿田でもできる米」，⑦「早く収穫できる米」，⑧「寒さや虫の害に強い」，⑨「つくるのが楽で，手間がかからない」，⑩「一粒の実が大きい」	
展開②	史料で確かめる ・「はたして，実際はどうだったんだろう。史料で確認してみよう。」史料（A）（B）（C）を配布し，解説を加えながら読み上げる。 ・①は×。⑩はいったん×とし，炊き増えがすることで○とする。	・板書の①～⑩の答え一つ一つについて，史料で確認できれば○，できなければ×を各自のノートに付ける。 ・「（A）に，大唐米は1石1貫，普通の米は1石1貫100文っであるから，大唐米の方が安い。③は○」「（B）にやせた土地でも栽培ができて日照りに強いし，虫害にもあいにくい，手間もかからないってあるから，④⑤⑥⑧⑨は○かな。」「（C）には『其稲繁茂而早熟』ってあるから，収穫が多くて早稲ってこと。②⑦が○だ。」	史料（A）「矢野荘供僧方算用状」，（B）近世の農書『清良記』，（C）近世の農書『本朝食鑑』
展開③	大唐米はなぜ当時さかんに栽培されたのか。 ・「このような米が，なぜ当時の日本でさかんに栽培されたのか」と発問する。 ・生徒からの回答を当時の農業発展に大唐米がいかに利用価値が高かったかという観点で整理していく。	・「早稲だったから，台風が来る前に収穫できる」「二毛作するのにも早稲だとすぐに裏作の麦づくりに取り掛かれる」「二毛作で土地はやせてしまうので，それでも栽培できる大唐米は適していた」「耕地も増えているから手間がかからないのもいい」	

第5節　高校日本史の授業づくりと方法　　151

		「まずかったらしいけど，この時代は米を食べられることが望まれていたから，炊いたら膨らむっていうのも喜ばれたと思う」	
展開④	大唐米はどこからもたらされたのか ・「この米は，日本列島で縄文晩期以来栽培されてきたジャポニカ種ではない。どんな米で，どこから，どうやってもたらされたのだろう。」「ヒント，大唐米は別名が占城米という。」「占城はチャンパって読むけど，今のどこのことかな。」「インドネシア半島の南東部，今のベトナムあたりにあった国のことで，11世紀になって中国の華南地方に伝わって本格的に栽培された。」「日本には13世紀頃から入ってくる」「このころ，この海域で活躍していたのは？」 ・「勘合貿易」などと答える生徒がいたら，倭寇とどちらが可能性が高いか討論させる。	「インデカ種」「ベトナムや華南地方など東アジアから」「倭寇」	倭寇の活動地域を示す教科書の図
展開⑤	なぜ大唐米は栽培されなくなったか ・「中世ではこんなに歓迎されていた大唐米だけど，江戸時代になると急に栽培されなくなる。そして明治時代になるとほとんど日本列島から駆逐されてしまう。どうしてだ。」	「まずい（日本人の口に合わない）から，大唐米は安かった。」「年貢米を売っている幕府も藩も，年貢や飯米として消費してしまった余りの米を売るようになった農民も大唐米を嫌った」	
まとめ	・この時代の日本の農業の発達に大唐米がいかに寄与したかを授業での生徒の発言や活動を振り返りながら要約する。そして，東南アジアや華南地方の農民による稲の品種改良の努力の成果によって，この時代の日本の農業発達が可能になった事実から，この時代の日本もけっして孤立した存在ではなく，東アジア各地と密接な関係にあったことを確認する。	・各自のノートに今日の授業をまとめ，わかったこと，考えたこと，感想などを書く	

史料（A）矢野荘供僧方算用状

応永十五年（一四〇八）矢野庄供僧方算用条
定残三拾四石三斗九升八合四勺
所済
　大唐　　代拾貫文十二月二日京進
　拾石　　　　　石別一貫文
　拾九石九升　代廿一貫文十二月二日京進
　　　　　　　　石別一貫百文

史料（B）近世の農書『清良記』

右八品何れも替り有，此内餅は少して不善，其外は白地を嫌わず，上田には弥能，其上飯にしては食多し，農人の食してよき稲也，第一日損少して蟲喰ず，風こぼれにあふ事，また余にすぐれたり，是のみにて，其外こなしに手間不入，能事あまた有稲也

史料（C）近世の農書『本朝食鑑』

一種有大唐米者，本是移種子中華之種，俗称唐乾，其稲繁茂而早熟，故処処種之，雨易腐易墜，粒小色赤，味不佳，然煮飯倍初，民間足食，但憂米性薄而易飢

第6節　高校世界史の授業づくりと方法

1　高校世界史授業づくりの目標とポイント

　2006年秋，いわゆる「世界史未履修問題」が全国的な問題となった。現在の学習指導要領では，「世界史」は地理歴史科の必修科目となっている。近現代史を中心に内容が構成されている「世界史A」（2単位）か，これまでの「世界史」の内容を引き継いだ「世界史B」（4単位）のどちらかを履修しなければならない。しかし受験という名目のもとに，一部の生徒が世界史を履修することなく高校を卒業していたのである。

　受験に関係のない科目だからと世界史を学ばないことは，生徒に何をもたらすことになるのだろう。このときそうした議論は行われず，顛末は世界史の補習時間の確保や監督機関のチェック機能の強化という点に終始した。しかし，この問題を受験制度の問題だけに結びつけた議論は，問題の本質を見逃してしまうことになる。

　世界史の必修化は，1989年版の学習指導要領からである。「国際化社会に主体的に生きる日本人としての自覚と資質」を掲げた世界史の必修化は，十分な議論もなく，唐突で，とても教育現場や社会からの要請に基づくものとはいえなかった。しかし，それは世界史学習が不必要であるということではない。

　今日，急速な世界の一体化が進行するなかで，私たちにはそれに対応することが求められている。世界的な規模で歴史的にものを見ることができなければ私たちは世界から取り残されることになるだろう。しかし，近年日本人の歴史認識はますます閉鎖的になっているのではないだろうか。近隣諸国をはじめとする世界各地の歴史認識とは大きなずれがあることが指摘されている。日本に生きる私たちがどのような歴史認識をもたなければならないのかという点で，世界史学習がもつ意味は大きなものがある。

(1) もっと世界史学習を

近年，小・中学校の社会科教育の内容から世界の地理や歴史に関する内容が大幅に削られてきていることが指摘される。小学校の内容からは世界に関するものはほとんど見あたらなくなった。中学校でも地理分野で学ぶ世界の量は指導要領の改訂ごとに減少しており，生徒の空間認識を狭いものにしている。

歴史分野において，かつての中学校歴史教科書は日本史を中心にしていたが，世界史にあたる部分がかなり取り入れられていた。しかし，現在「歴史は日本史中心」という前提が一層強化され，世界史は日本史の背景に位置づけられている。世界史は日本史との接点のある部分に限られたものが取り上げられ，世界のどの地域についても体系化された歴史知識を得ることは難しくなっている。

そうしたなかで，生徒の世界史離れが進んでいるといわれる。センター試験を世界史で受験する生徒は日本史と比べると少ない。世界史必修化の背景にもセンター試験での「世界史離れ」があったという。

一方，大学受験の歴史が暗記を前提としていることから，事項や年号を穴埋めするような暗記を目的とした授業が存在する。歴史は暗記物として敬遠され，とりわけ世界史に顕著に表れている。生徒は世界史は覚える範囲が広すぎるという。しかし，内容が難しい，覚える量が多いといっても世界史も日本史と難しさも量もたいして変わらないという指摘もある。

いずれにせよ，この「グローバリゼーション」といわれる時代に，ただ事項や年号を暗記するだけの世界史学習では，世界的な規模で歴史的にものを見る力は養われない。

(2) 諸地域・諸民族の歴史を対等に取り上げた世界史を

世界史が生徒から敬遠されるのは，地理的に馴染みのないところの歴史は身近なものと受けとめることが難しいからであろうか。ここで問題となるのは日本史と世界史が二分化されていることである。

1947（昭和22）年に新学制が実施され，高校にも社会科が設けられた。それは一般社会と西洋史，東洋史，人文地理，時事問題から構成されていた。やが

て日本史の授業が登場し，1951（昭和26）年の学習指導要領から世界史が登場した。西洋史と東洋史が合体して世界史という科目となったのである。この世界史は日本を抜きにしたものだった。

　日本は世界の一部ではないごとく世界史が展開され，日本史は世界の動きとなんの関係もなく，なんの影響も与えることなく展開される。

　したがって教科書の記述は，日本を除く外国の歴史のなかから脈絡のついたものを並べて積みあげた，なんら体系のないものとなった。授業では西洋史なら西洋史の部分を切り取って教え，あとは東洋史の部分を拾って教えるなどということが行われてきた。

　当然，西洋史が主になり東洋史が従となる。ヨーロッパ中心，しかも大国中心となる。人類の誕生から始まり，オリエントの文明，ギリシア・ローマという教科書の展開では，世界史とはいってもヨーロッパ優位の構造は動かない。

　一方，東洋史においては中国史が中心となり，しかも漢民族の歴史を軸とした政治史中心の王朝交代史が展開される。

　そうしたなかで，高校の現場では太平洋やアメリカ大陸の文明を取り上げる。ペルシア戦争をペルシアの側からとらえなおす。十字軍の遠征をキリスト教世界の側からではなく，イスラームの側からとらえる。ヨーロッパ優位の象徴ともいえる大航海時代を，アフリカやアジア・アメリカからとらえなおすような授業が試みられ，教科書の構成や記述にも反映されるようになった。

　世界の一体化が急速に進行する現在，世界史はヨーロッパの大国や中国中心で構成するのではなく，アフリカやアジア，太平洋，南北アメリカなどの諸地域・諸民族の歴史を対等に取り上げて構成する必要があり，実際教科書の構成や記述には少しずつ変化が現れている。

　そしてその1つの地域として，日本史もまた世界史のなかに位置づけられなければならない。東アジア世界とのかかわり，東南アジアやヨーロッパ諸国との関係，特に近代以降のアジアと日本の関係は世界史を構成する重要な要素である。日本と近隣諸国との歴史認識のギャップを埋めていくうえで，世界史の

第6節　高校世界史の授業づくりと方法　155

なかの日本史学習は欠かせない。

(3)　民衆の視点からみた近現代史を

　世界史が学ばれていないことと合わせて，近現代史が学ばれていないことが重大である。中学校では，高校受験で近現代史の出題が多くないことから近現代史学習が疎かにされている，との指摘がある。この点は高校の歴史の授業についても同様のことがいえる。

　現代世界を理解するうえで日本史でも世界史でも近現代史学習は欠かせない。しかし，それがヨーロッパ中心，大国中心からでは意味がない。市民革命や産業革命，帝国主義と植民地化，2つの大戦や民族運動，冷戦などのテーマに，大国からの視点では歴史の真実に迫ることはできない。

　市民革命や産業革命を農民や労働者などから，帝国主義と植民地化を侵略に抵抗した民衆の視点からもみることが必要である。

　「近代化」を民衆は無条件に受け入れたのではないし，無抵抗・無自覚に受け入れたのでもない。そのとき民衆が何を受け入れ，何に抵抗していったのか。そして何を失い，何を獲得していったのかを具体的につかむことが歴史学習であろう。

　帝国主義列強による植民地化にしても，ただ大国によって植民地化されたのではない。植民地化以前には独自の歴史の展開があり，植民地化の過程にはさまざまな抵抗があり，紆余曲折があった。そうしたなかで民衆がどう生活し，何を失い何に期待していったのかなどを知ることが必要である。

　イギリスにおける産業革命の進展は，民衆の生活をどう変えたのか。それはイギリスをはじめ，アフリカ，インド，アメリカなど世界中に及ぶ問題である。アヘン戦争は中国の民衆に何をもたらしたのか。そして中国の民衆はどう帝国主義列強の動きに対して抵抗していったのかを知ることである。

　現代ならば，第二次世界大戦中，ナチの支配下で人々はどんな暮らしをし，何を求めて抵抗したのか。なぜドイツの民衆はナチを支持したのか。冷戦下の東西ドイツの民衆の暮らし，ベルリンの壁の構築と脱出や抵抗，こうした民衆

からの視点をおさえておかなければ，現代世界史の大きなテーマであるベルリンの壁の崩壊やドイツ統一のもつ真の意味を理解することはできない。

(4) 現代世界の課題とつながる世界史学習を

世界史は今日までの人類のあゆみの総体といえる。人類はこれまで常に重い過去を背負い，直面するさまざまな困難や課題を解決しながら今日に至っている。これから何が起こるかわからない未来への指針は，過去を振り返ることによって1つ得られることは確かであり，そこに歴史を学ぶ意義がある。

1985年のドイツ敗戦40周年にあたり，当時西ドイツの大統領だったヴァイツゼッカーは，ナチス・ドイツの犯罪行為を謙虚に反省して，「過去に目を閉ざす者は結局のところ現在にも盲目となります。非人間的行為を心に刻もうとしない者は，またそうした危険に陥りやすいのです」と述べ，世界中の人々に感銘を与えた。

今日でも人類は戦争や人権，環境などさまざまな困難や課題をかかえている。しかもそれらは，狭い地域や一国では解決できないものが増加してきている。世界の一体化が進み，地球の裏側の出来事がただちに私たちの生活に影響を与える時代である。

湾岸戦争，アフガン戦争，イラク戦争など近年の戦争の問題は，私たちと関係のない出来事ではなく，解決しなければならない課題として存在する。世界史学習の重要性はますます増しているといえるだろう。

日本と外国との関係はますます深まり，諸外国の歴史や文化を抜きには相互理解もすすまなくなっている。日本がかかえる課題は世界の課題であり，世界のかかえる課題は日本の課題なのである。日本史は世界史の影響を受け，日本史は世界史に影響を与えている。

現代を生きる私たちにとって，世界史とつながらない現代の課題はないといってよい。現代の課題にふれない世界史は真の世界史といえないくらいになっている。現代の課題と結びついた世界史学習は具体的で生き生きとしたものとなり，多様で豊かな内容をもち，生徒の興味と関心をよぶにちがいない。

2 高校世界史学習の内容と教材づくりのポイント

　世界史を身近なもの，魅力あるものにするには，どうしたらよいのだろうか。よりよい教科書づくりや魅力ある授業をつくりだそうと努力している人たちは少なくない。世界史を身近なものとするために具体的なモノを取り上げる，身近なところに世界史を見つける，現代の問題と結びつけて取り上げるなどさまざまな工夫が試みられている。

　ここでは魅力ある授業の内容と教材づくりのポイントとして「地域からの世界史」，身近なところに世界史をみつけるという視点から考えてみてみたい。

　藤村泰夫（山口県立高校教諭）は，大航海時代，宗教改革の授業を終えたあとに主題学習「ザビエルから見た16世紀の世界」を設定した。ザビエルをとおして，16世紀のヨーロッパ・南アジア・東アジアの状況を知ることができると考えたからである。

　導入では，山口市の姉妹都市であるスペインのパンプローナにある「ヤマグチ公園」を紹介し，日本では小野田市（山口県）のザビエル高校を取り上げた。世界史を身近なものとするには，身近なところに世界史があることに気づかせることが重要である。日本史のなかに世界史があり，世界史のなかに日本史を発見できるような具体的な教材を準備する。

　そして，山口にはザビエルの子孫の神父たちが今も存在することやザビエル記念聖堂を取り上げ，「人々がザビエルの布教活動をどのようにみていたのか」，そして「なぜ，大内義隆がザビエルに布教活動を認めたのか」と考えさせている。

　大内氏と石見銀山の関係は古く，その銀が当時の東アジア世界のなかで重要な役割を担っていたこと，このときの交易の担い手が倭寇であったことを確認する。こうした東アジア世界のなかでの日本，日本とアジアのつながりのなかにザビエルは登場する。

　「なぜ，ザビエルたちはインドのゴアに行くことになったのか」，この点をヨ

ーロッパの状況，すなわち大航海時代，宗教改革と対抗宗教改革から再確認する。そしてアジアの状況，当時のインドのゴアの繁栄の様子，ポルトガルの征服が引き起こした東南アジアの活況，東西交易路マラッカの現実を取り上げる。ザビエルはマラッカで日本人アンジローと出会い，中国船で来日した。ムスリム商人やアジアの商人，倭寇が行きかうアジアの海にヨーロッパ人が入ってきたのである。

授業の最後では，中国の上川島でのザビエルの死と彼の遺体がゴアにあること，ザビエルに続いたイエズス会の宣教師たちが中国に与えた影響を取り上げ，生徒に感想を書かせてまとめている。

生徒の多くが，山口県が世界と関連があること，今まで切り離して考えていた日本史と世界史がつながっていること，世界史のなかに日本史があること，ザビエルの布教の背景，16世紀の流れがわかったことなどを感想に書いている。

山口県人にとって身近な存在であるザビエルを取り上げることによって，藤村が意図した生徒が興味をもって世界史を学び，身近な歴史から世界史を見つめていくことができたのではないだろうか。

3　高校世界史の学習指導案の作成

つぎに示すのは，「奴隷貿易」を扱った学習指導案である。「世界史A」では，「⑵一体化する世界」のなかで「大航海時代の世界」のあと「アジアの諸帝国とヨーロッパの主権国家体制」のなかに，「世界史B」では，「⑷諸地域世界の結合と変容」のなかの「ヨーロッパ世界の拡大と大西洋世界」のなかに位置づけられている。

「奴隷貿易」学習指導案
⑴主題　奴隷貿易
⑵目標　大西洋の三角貿易の中で奴隷貿易に焦点をあて，奴隷貿易の実態を知

第6節 高校世界史の授業づくりと方法　159

ると共に、奴隷貿易が中南米・ヨーロッパ・アフリカに何をもたらしたのかを考えさせる。

(3)指導過程

過程	教師の働きかけ（発問及び説明）	生徒の学習活動	資料
導入	・紅茶の箱缶を紹介して缶に書かれた会社の由来を訳させる。 ・イギリス人と紅茶について説明 発問「イギリス人は一日に何杯紅茶を飲むのだろうか」 　トワイニングなどのイギリスの紅茶会社は18世紀の初頭に設立されていることを確認。イギリス人が紅茶を飲む習慣は18世紀から始まり、19世紀に急速に広まっていったこと、その背景には砂糖があったことを説明する。 発問「砂糖はどこから運ばれてきたのだろうか」　答えは中南米。	プリントの英文を訳す。	紅茶の箱缶
展開	・中南米諸国の国名と人種構成の説明 生徒に国名を答えさせる。人種構成表からどんな人が多いのか確認させる。 発問「なぜ黒人が多いのだろうか」 　先住民の絶滅とサトウキビなどの農園の労働力とされたことを確認する。 ・奴隷貿易の歴史の説明 ・奴隷貿易の実態の説明 　「黒い積荷」とされた人間がどう扱われたのか説明する。とくに船上の生活を具体的な資料でとりあげる。 ・農園での奴隷生活の説明 　「白い商品」＝砂糖を生み出す農園における奴隷の扱いを説明する。黒人奴隷が優れた労働者であったことも紹介する。	プリントの地図に国名の記入。どんな人が多いのかを知る。 プリントで奴隷貿易の実態を知る。	中南米諸国の地図と人種構成表 奴隷船の実態と奴隷船の絵
終結	・大西洋をはさんで行われた三角貿易について説明。 ・イギリス 　奴隷貿易によるリヴァプールの繁栄を史料で確認させ、これが産業革命につながったことを説明する。 ・アメリカ 　サトウキビやコーヒー、タバコなどの農園の増加と黒人奴隷の増加を説明する。 ・アフリカ 　300年間以上続けられた奴隷貿易がアフリカに何をもたらしたのかを説明する。今日のアフリカが抱える様々な問題の原因の一つに奴隷貿易があることを指摘する。 ・アフリカ文化の伝統 　アフリカからは労働力だけでなく文化も伝えられたことを説明して中南米の音楽を紹介する。	プリントの地図に運ばれた商品を記入する。プリントで繁栄ぶりを知る。 アフリカからの人口移動の図で確認する。 レゲエなどの中南米の音楽を聴く。	19世紀のリヴァプールの繁栄 人口移動図 中南米音楽のCD

なお，次の授業では「奴隷貿易の島・セネガルのゴレ島」（TBSのテレビ番組・世界遺産，この番組は現在市販されている）を視聴する。

参考文献
千葉県歴史教育者協議会世界史部会編『たのしくわかる世界史100時間　上』あゆみ出版，1986年
川北稔　岩波ジュニア新書『砂糖の世界史』岩波書店，1996年

第7節　高校現代社会の授業づくりと方法

1　高校現代社会授業づくりの目標とポイント

　授業は教科書に書いてあることをなぞることではない。生徒にとって教科書を読んだだけではわからないものを意識させ，理解できるようにすることが大切である。授業の真髄は，教科書の記述を一通り理解させるだけにとどまらず，記述を読んでわかったつもりになっていても，実は間違った思い込みをしていたとか，肝心なことを見逃していたとか，言葉の意味を知っただけであって実態知らずであったといった自分の認識の発達課題に気づかせ，目標とする知識・技能や見方・考え方を学びとらせ，その過程でその重要性を認識させ，関心・意欲などを高めることにある。「現代社会」では，主権をもつ公民として社会を深く認識できる力を培うために，本当に知るべき社会の仕組み（仕掛け），その機能（影響・効果）や理想から見た課題（価値・意義の判断）とともに，そのとらえ方（追求方法・健全な批判力）をも伝授することがこの科目の受けもっている役割である。

　「現代社会」は，1978（昭和53）年の学習指導要領改訂のおりに，創設された科目であり，1989（平成元）年改訂での社会科解体時に「公民科」の科目に分類されたものである。学習指導要領1999年版に示された「目標」には，従来の「現代社会について理解を深めさせる」ことに加え，「人間としての在り方生き方についての自覚を育てる」という文言が盛り込まれた。ものの考え方や自分の生き方に絡めて学習させようとしている。2009年版学習指導要領では，教育基本法・学校教育法改正をもとに，「伝統や文化」が盛り込まれたほかは，ハドメ規定の削除，幸福，正義，公正などの価値やグローバル化といった着眼点など少しの文言を追加したにとどまった（巻末資料参照）。

　さて，「現代社会」は，当初1年次におかれ，系統的に知識の学習をすすめ

るのではなく，現実の社会の諸問題，国民生活とのかかわりに留意して課題を理解し，そこでの関心から深く学びたい選択科目につなげる基盤になるものとされた。1999年版では，「人間としての在り方生き方について考える力の基礎」を養うことが追加された。したがって，問題を軸に総合的にとらえるというかたちで教授内容を設定するとともに，問題の意味や構図が生徒の生き方や行動様式とも結びつけて理解されるように授業を創ることが，この科目のポイントである。

2　高校現代社会の内容と教材づくりのポイント

新学習指導要領では，「内容」として取り上げるべき項目が3つの大項目に整理してあり，教科書はそれを独自の見識で再構成している。1999年版で半分となった2単位という単位数は引き継がれるため，ハドメ規定はなくなったものの掘り下げた授業をするには，全体を見通した年間計画の工夫が求められよう。満遍なく取り扱えば，どれも浅薄なものになるので，生徒の興味や立場といった実態に合わせて重点項目を決めることが大切である。

授業準備では何より，学ばせる内容と授業で取り組ませる教材づくりが鍵になる。年間計画を意識したうえで，この単元，この授業では何をこそ学ばせたいのか，洗い出した学習課題をよく吟味して，焦点を絞りこんでおくことが不可欠である。時間も限られている。一教えるためには十を知り，一を聞いて十を知るように，その十を一に絞る＝内容に厳選することが教材研究である。授業目標に合った内容を学びとるのに最適な教材を精選することがポイントなのである。

学習の成立のためには，興味を引き出し，関心を高めることがいうまでもなく重要である。その点で話題沸騰の題材を取り上げることは，1つの意欲的な工夫である。しかし，いくら話題性があっても，将来に活かせる内容や能力を引き出せないような空疎な問題事例では教材としてふさわしくない。内容選択と教材づくりにあたっては，次の4つの要件を備えた力を培えるかどうか吟味

第7節 高校現代社会の授業づくりと方法

し、典型的で内容のつかみやすいものを厳選するようにしたい。

　まず、中長期的な視点で、公民として必要な力であること。次に放っておいてはなかなか自力では身につかないものであること。3番目に、難易度や関心からみて学習に適切なものであること。そして、能力が獲得できたという充実感を得られるようなものであること。これらの要件をできるだけ満たす内容をこそ学ばせたい。内容には、仕組みや働きといった実際の知識のほかに、見方とか分析・実証の仕方といったものが大切である。また生徒の思考は、いや人間の思考は具体的なほうが素直に活発に働く。背景や条件、課題が具体的に把握できる事例を用意したい。では、授業準備＝教材研究、内容の洗い出しはどうすすめたらよいであろうか。

　取り組むテーマ（単元）については、まず教科書の記述から、キーワード（基本用語や視点）を確認し、仕組みは機能の説明のしかたを把握することを手はじめとするとよい。複数の教科書を比較参照すると、一般的に注目されていることがわかる。指導資料（指導書）も踏み込んだ用語解説が書かれていたり、理解を助ける資料が載せられていたりして有益である。学校採用の授業向け資料集も工夫を凝らしたものが多いので、いくつか目をとおしておく。参考文献、新聞記事、統計などからも、発見や含蓄のあるものを探す。また、百科事典、時事用語事典は、その事項をとらえるために見落とせないポイントを拾い上げ、全体が理解できるようコンパクトにまとめてあるので、一読しておくべきである。もちろん専門書にも目を配る。

　また、テレビの報道特集番組・ドキュメンタリー番組は、問題把握や教材づくりの点で有益で見逃せないものがある。授業の焦点に合った、適切な番組、適切な場面があれば、教材にして活用すると、リアルな認識の獲得に役立つ。また、実践記録を見つけて参考にしたい。そのまま使える教材やヒントが詰まっている。なお、中学校社会科の教科書も参照し、既習事項を確認しておきたい。そして生徒が抱くであろう疑問をできるだけたくさん想定しておくとよい。

　基本知識や全体像を把握できたら、生徒に学ばせたい重点的内容を洗い出し、

内容の焦点化を図り，伝授すべきポイントを３点ないし４点に絞る。同時に全体がわかるように要点整理をする。そして思考の筋道を考えた板書計画ないし要約プリントの作成をする。また，目を向けるべき事実に気づかせ，思考するために欠かせない資料を精選し準備する。教材を活かした授業展開のためには，鍵となる主要「発問」をしっかり練り上げておきたい。

3　高校現代社会の学習指導案の作成

　ここでは，「地球環境問題」「資源・エネルギー問題」にかかわる原子力発電を例に取り上げて，学習指導案を作成してみよう。講義主体の授業を想定する。

　現代社会では，エネルギー確保に関する実際認識と多消費社会の反省が課題である。その１つの焦点が，初めは安さに目をつけて開発された原子力エネルギーである。教科書では，安全が焦点とされてきた。しかし，安全性が100％保障されなくとも，エネルギー確保のためには止むを得ないのではないかという考えが生徒に起きる。そこから，エネルギー需給による必要性の検討が，しっかり考えさせたい論点として浮かび上がってくる。ただ，近年は地球温暖化論が喧しくなるにしたがって，好都合にも CO_2 削減が推進の重要な論拠にされてくるようになった。目的が，後からそっと付け替えられているかのようである。必要性という点では，近年 CO_2 温暖化説への疑義が提起され，未知のところが多いことが知られるようになったので，今後吟味すべき課題として残しておく。

　教科書を比較してみるとふれるだけのものもあるなか，東京書籍の教科書「現代社会」(2006年3月検定) 第Ⅰ部「調べよう考えよう」のなかの「資源・エネルギー問題とわたしたちの生き方」で取り上げている「日本の原子力発電」というコラムに参考になるものがある。そこでは，「ディベートをしてみよう　テーマ「日本は今後，原子力発電所を増設すべきだ」」という見出しで，肯定側立論，否定側立論の論拠を例示している。

●肯定側立論	●否定側立論
1. 少ない燃料から，大量のエネルギーを得ることができ，価格も安い。 2. 二酸化炭素，窒素酸化物などの，地球温暖化の原因となる物質を出さない。 3. 原料のウランは，政治的に安定した地域から輸入されており，価格も安定している。 4. 使用済みの燃料を，再度利用でき，資源の少ない日本に適している。 5. 電力の需要は増加しており，化石燃料はこれ以上増やせず，他の代替エネルギーもすぐにはじゅうぶんな供給が期待できない。	1. 今まで，ひんぱんに事故が起こり，地域住民に被害をおよぼし，また環境を汚染してきた。 2. 原子燃料は，放射能の半減期が長く，長期にわたり毒性の高い物質を地球に残すことになる。 3. 将来，原子炉の解体や放射性廃棄物の管理に多大な費用がかかる。 4. 夏のピーク時を除けば火力，水力発電の稼働率は低い。省エネルギーを進めれば電力需要を増やさないことができる。 5. ヨーロッパでは原発廃止を決めた国もある。

　この問題については，推進の立場にある電気事業連合会から学校に送られてくる『図説』に基礎的図表が集められているので，目をとおしておきたい。反対する立場からの文献も見る。主要な問題点を幅広く検討していて筆者にとって参考になったのは，もう絶版だが緑の会編『原子力発電とはなにか』(野草社，1981) である。特に廃棄物の宿命，耐震問題を含めた安全性，エネルギー収支といった多角的な視点を取り上げて問題をわかりやすく解説している。手に入りやすい文献としては，広瀬隆・藤田祐幸『原子力発電で本当に私たちが知りたい120の基礎知識』が論点や根拠を丹念に集めている。

　新聞報道は近年，原発トラブルに関するものが大部分である。特に2007年7月16日の中越沖地震で火災や放射能漏れなどが発生した刈羽発電所に関しては，その後にトラブル隠し発覚が次々と記事になった。原子力発電とCO2との関係に関するものは，意外に少ない。

　テレビ番組では，NHKが事故と安全性に焦点をあてたシリーズ「地球法廷」を放送した。柏崎刈羽発電所トラブル隠しは，ワイドショーやニュースショーで取り上げられた。珠洲市の原発計画凍結もドキュメンタリー番組で報道され

ている。

　一般に教科書の記述は，問題を並べていても中身にまで掘り下げていないため，感情的な判断に終わりがちである。しかし，原子力発電は，その仕組みを的確に理解したうえで，推進論を検証することをとおして，冷静な分析による健全な批判力と合理的な判断力を培う題材になりそうである。

　このテーマ（単元）では，仕組みの理解をふまえる必要があると思われるので，総合的判断までには5時間配当とすると，事故の中身や意味の把握がしっかりできると思われるのだが，総時間数の制約を考慮すれば，3時間に抑えるのが妥協点であろう。そこで，本単元は3時間構成とし，そのなかの「必要性の検討」を本時の授業として配当し，その授業案を示すことにする。

　「必要性の検討」にあたっては，次の点を授業で検証する論点としたい。

---

a. 「原発がないと電気が使えなくなるから原子力発電が必要だ」（ほとんどの生徒はそう思いこんでいる）という点。
　政府が公表したエネルギー需給見通しを基に検証する。
　「見通し」に示された大幅需要増がなければ，輸入石油とLPGで需要を十分まかなえることになるのではないか。
　関西・北陸・中部電力自らが珠洲原発計画を凍結したことからわかることは。
b. 「石油が枯渇するから，新エネルギーが必要だ」という点。石油埋蔵量の意味・可採年数は50年前に30年の寿命であったものが，なんと伸びて今では40年に増加している。どういうことか。
c. 「ウランは石油より長く使える燃料である」という点。ウランも輸入燃料であり，各国が競って使えば100年ともたない。しかも，採掘・精錬・輸送，廃棄物の管理に石油の投入が不可欠。
d. 「CO_2を出さないから，排出削減の切り札となる」という点。
　推進側の発表では，石油火力742g/kwに対して原子力はわずか22g/kwである。しかし原子力は止められないので，夜間になくなる昼間の需要増への対処には問題がある。他の自然エネルギー利用をすすめることも課題。
　また地球温暖化問題には未知の部分が多い。

　やや多いが，これらを授業展開の核心場面に据えるのがよさそうである。
　導入では，本時の課題を確認するねらいを込めて，早めに「原子力は石油に変る夢のエネルギー源か」と考察課題を板書して示したい。そのうえで，「原

子力を使わないとどんなことになるか」と問いかけ、石器時代の生活に戻るといった素朴な意見を出させ、それから検討に入る。エネルギー需給については、1979年の新聞記事からつくったグラフに、1983年の需給予想（下方修正）を加えて表現するという方法によって実態の解明体験をさせたい。

公民科「現代社会」学習指導案
「原子力発電の必要性の検証～資源・エネルギー問題と私たちの課題」

〇〇県立〇〇高等学校1年
授業者：木内　剛

1　日　時　　略
2　学　級　　1年B組（男子20名，女子20名　計40名）
3　学級の特徴　授業中は，気づいたことをすぐ発言する生徒が3～4人いる。多くの生徒が原子力発電に関心を深めつつある。
4　単元名　　資源・エネルギー問題と私たちの課題：原子力発電を考える（教科書：××社『現代社会』）
5　単元目標　a　新しいエネルギーとされる原子力エネルギーを実用的に利用している発電の長所短所を分析的に検証して把握する（分析の視点は，原子力発電の宿命，経済性，安全性，必要性の4点）。
　　　　　　b　これからのエネルギー消費のあり方を，産業や生活スタイルの見直しなどによる省エネルギー推進の視点を交えて考える。
　　　　　　c　主権者としてのあり方，今後の課題を考える。
6　授業計画（計　6時間）
　　1　新エネルギーの種類と原子力を考える視点，原子力発電の仕組み
　　2　放射能の理解と原子力発電の宿命（高レベル・低レベル廃棄物，プルトニウム）
　　3　原子力発電の経済性とアメリカの動向
　　4　原子力発電の安全性　～　放射事故特有の恐ろしさ，日本の原発の安全性（根拠と検証）
　　⑤　原子力発電の必要性の検証　　　　　　　………　本時
　　6　自然エネルギー利用の実情とエネルギー多消費社会の見直し
7　本時の内容と教材解釈，留意点
　　この科目のはじめにおかれる課題追求学習「私たちの課題」の学習である。エネルギー問題の大きなテーマである原子力発電の諸論点を具体的に検証することは，そのものとして大切であるとともに，エネルギー問題を考える難しさ，課題の追求のしかたを学ばせる手本にもなる。
　　本時では，原子力発電の必要性を検討し，具体的に認識を深めることが第一の内

容であり，その検討を通して方法を学ぶ。
　検討の視点を次の４点にすることを確認した上で，論点毎に検証。
　a.「原発がないと電気が使えなくなるから原子力発電が必要である」について検討（多くの生徒がそう思いこんでいる）。政府が1979年に公表したエネルギー需給見通しを基に検証する。「見通し」に示された大幅需要増がなければ，輸入石油とLPGで需要を十分まかなえることになるのではないか。
　関西・北陸・中部電力が珠洲原発計画を凍結したことから分かることは，需要が当分急増しないことを電力会社自身が認めたこと。
　b.「石油が枯渇するから，新エネルギーが必要だ」という点の検討。石油埋蔵量の意味・可採年数は50年前に30年の寿命であったものが，なんと伸びて今では40年に増加している。可採年数は，科学的な概念ではなく，条件により変わるものであって，一つの試算にしか過ぎず，枯渇するのではなく逆に現在のような消費を続けてもその間は大丈夫だというもの。
　c.「ウランは石油より長く使える燃料である」という点の検討。ウランも輸入燃料であり，各国が競って使えば100年とは持たない。しかも，石油がなければ，採掘・精錬・輸送，廃棄物の管理ができない。
　d.「CO_2を出さないから，排出削減の切り札となる」という点。
　推進側の電力中央研究所の計算では，CO_2排出は石油火力742g/kwに対して原子力はわずか22g/kwである。なるほど排出が少ない。しかし原発は夜も止められないので夜間電力を賄うものになっている。昼間の需要増までまかなうなら夜止めなければならないが，それが難しい。他の自然エネルギー利用を推進すれば，昼間のCO_2を削減できる。放射能を捨象して環境に優しいと断言することができるかどうか。そもそも地球温暖化論議への批判反論が増えてきた今日，CO_2削減は本当に温暖化防止をもたらすのか，未知の部分がある。CO_2については，時間があれば今後の学習で扱うこととする。
　以上の検証から，必要性は，わずかにCO_2抑制にあるかも知れないというのが，授業者としての解釈である。この検討を通して，論点を集約し，概念を再確認したり事実を見つけだしたりして，論議を突き合わせることが批判的な見方考え方になることを学ばせることが本時の内容となる。

8　準備する資料教材
　プリント１枚　①エネルギー需給見通し（『読売新聞』1979年8月29日，出所：総合エネルギー調査会）＜棒グラフを作成＞
　　　　　　　　②ウラン資源の消費確保可採年数（『図表で語るエネルギーの基礎1986』『電気事業の現状2007』電気事業連合会）
　　　　　　　　③石油の可採埋蔵量の変化，1950－70－2005年（『世界国勢図絵2008/2009』矢野恒太郎記念会，2008年，日本エネルギー経済研究所石油センター〈http://oil-info.ieej.or.jp/whats_sekiyu/1-5.html〉）

第7節　高校現代社会の授業づくりと方法　　169

9　本時の授業展開

段階	学　習　内　容	教　授　活　動	学　習　活　動	留意・評価	資料
導入 4分	・原子力発電検討の項目 ・既習内容事項の確認 「原子力発電を考える〜6　なぜ必要なのか」 ＝　原子力は石油に代わる夢のエネルギーか？！　＝	・これまでの検討項目を尋ねる 「安全性が100％保証されなくとも、電力を使うためには必要だというなら仕方ないね」 『では、原子力を使わないと電力が使えなくなるのかな？』 「自動車も走れなくなるかな」 タイトルと学習課題を板書	「経済性」「安全性」「宿命」。 ・火力や水力よりコストが高い。 「電気が使えなくなる」 「テレビが見られなくなる」	・ノートを見て良い ・必ずしも答えなくとも良い。	
展開1 20分	1）エネルギー不足見通しの実際と内容の検討 ①エネルギー多消費型社会 原子力がなくとも石炭・天然ガスの輸入拡大で、1.6倍のエネルギーが使える。 原発は16％だけ。 →エネルギー供給が先細りのではなく、消費を激増させるから原子力が必要！ ②需要見通しは下方修正 92年実績は、5.41億kl →原子力なしで足りる。 （エネルギー不足の姿） ※　電気でしか使えない ・珠洲原発計画を電力会社が凍結	「今すぐ発電中の原子力を止めたら、一部停電が起きるかも知れないね。そうではなく、エネルギー全体で見ないといけないね。プリント1を配布。『これが、エネルギーとして原発が必要だとされた理由だ』 ・石油・その他・原子力の三区分で、見通しの累積折線グラフを完成するよう指示する。 ・間をおいて板書。 「95年にはエネルギー消費が先細るとあるかな？」「石油輸入は先細りかな」 『原子力がないと、エネルギー消費を切りつめなくてはならないかな？』 『原子力は、石油に代るかな』 ・要点を板書。 「ではその後どうなったろう？」 ・プリント2　配布。 「82年実績は？」「95年の修正予測は？」 ・グラフに実績を棒グラフで記入させる。95年予測も黄色で板書。 省エネ推進と成長鈍化を説明 『原子力がゼロだと、エネルギー不足で車も走れなくなるの？』 ・94年報告を読みとらせ、92年の実績、5.4億klを①に棒グラフで記入させる。 『珠洲市の原発計画を、電力3社が凍結したんだけど、その理由も当付くかな？』 「電力需要が、当分伸びそうにないからだって」	・グラフを完成する。 「95年は8.25億kl。すごい量使う」 「原子力がなくても、今以上のエネルギーが使える」 「2倍以上使うと、足らなくなる」 「原子力は、15％しか補えない」 「82年は3.89億klしか使っていない」 「95年も5.50億しか使わない」 ・グラフ記入 「あれ、原子力がなくても、余りが出る」 「反対が多い！」「お金がかかりすぎ」 「やっぱり…」	・初めの半分は描いてあるが、作業が分らない生徒を支援する。 ・石油換算の補足説明をする。 ・黒板に略グラフを描いて考えさせる。 ・はずれていなければ、出された意見を肯定する。 ・見通しの果した役割に気付かせたい。生徒自ら気がつくと、高く評価できる。 ・電気にしか使えないことに留意。	プリント①見通しの未完成グラフを添付。 プリント2③ プリント2④
展開2 14分	2）ウランと石油の寿命 ①ウランは夢の資源か ・ウラン資源も有限 　外国が使わないと、長持ち ・エネルギー収支も未知 　廃棄物の管理年数で激変 ②石油の寿命は30年？	・プリント1②『ウランなら、永遠に使えるのかなあ』 ウラン消費量と契約確保量を計算して比較する。 「何年持つか、計算してごらん」 ・他国があまりウランを使わなければ、資源寿命は90年以上ある。「でも、それも嬉しいこと？」 ・エネルギー収支という概念を説明。 ・採掘・精錬・輸送には石油が不可欠。プルトニウム警備や廃棄物管理のエネルギーに気づかせる（30年で済むか）。 「石油の寿命はどの位って習った？」 ・プリント2⑤を見させる。 「なんか変ではないか。1950年に20.3年の寿命なら70年にはあと0.3年になっ	・何人かは早速、計算 「200,000÷7,500で26.6…」「えっ、30年ないの？」 「地理やってない」 「30年くらい」	燃料30t×50基で1500t。濃縮前だと年間7500t。 ・処理に当たって廃棄物管理を30年しか想定していない。プルトニウムの半減期は2万4千年。	プリント1② プリント1③

	・石油は有限には違いないが、当分なくなる訳ではない。	ていると思うのに、逆に32.8年に増えている。」『2005年だと寿命が50年にも。このカラクリ見当付く？』・埋蔵量の意味を説明。	・ちょっと待つと、からくりに気づく生徒もでる。「資源の発見がある！」	
展開3 38分	3）新しい理由 CO2 CO2削減の切札か？ 　←　放射性廃棄物の問題は？ そもそも、CO2による地球温暖化って、確実なのか ※　原発以外の開発予算は、まだ少ない。	「近年、新しい推進理由が言われ始めた。なーんだ？」 ・CO2排出は、石油火力742g/kwに対して原子力はわずか22g/kwだそうだ。そこで環境に優しいエネルギーと言われるようになった。 「どう考える？」 ・CO2さえ、出さなければいいのかな？ ・それにCO2が温暖化の原因と決めつけられない（これは別のところで学ぶ）。 ・他の新エネルギーは、まだコストが高い。	「そんなにCO2少ないの」 「放射能は環境に優しくない」 「エネルギーの使いすぎこそが問題では？」 「エアコン効かせ過ぎだよ」	放射能に気づくかどうか。 何人かがエコロジー感覚でものを言うであろう。
まとめ 4分	○　必要性の中身 　君はどう考えるか。 ○　検証方法 1．論点整理 2．事実を確かめる 3．理屈を考える 4．言葉の意味を調べ直す 5．推移・歴史で考える 6．安易に思いこまない	「今日の分析検討で、必要性の中身が掴めましたか？　どこが一番考え違いしていたかな？」 ・こんな手近にあるデータを使っても、批判的に吟味してみると、ここまで分るんだね。今日の検討方法も今後に役だてて下さいね。	・自由に発言させる。	・3〜4人に聞くことで、生徒同士意見を少しでも交流させ、思考を促したい。

参考文献・資料

Wikipedia（http://ja.wikipedia.org/）
「エネルギー需給見通し」『読売新聞』1979年8月29日，1面
教育科学研究会社会認識部会『社会認識を育てる社会科の創造』国土社，1991年
広瀬隆・藤田祐幸『原子力発電で本当に私たちが知りたい120の基礎知識』東京書籍，2000年

第8節　高校政治経済の授業づくりと方法

1　高校政治経済授業づくりの目標とポイント

(1)　「政治・経済」の目標と性格

「政治・経済」は1960年の学習指導要領改訂で，以前の「社会科社会」に代わって「倫理・社会」とともにつくられた科目である。1978（昭和53）年改訂で，「現代社会」が必修で登場したことで，選択科目となった。1989（平成元）年改訂では，公民科のなかにくくられ，必修の「現代社会」を，「政治・経済」・「倫理」に代えてもよいことにされた。学習指導要領では目標が，広い視野に立って，「民主主義の本質に関する理解を深めさせ」，「現代における政治，経済，国際関係などについて客観的に理解させる」とともに，それらに関する諸課題について「主体的に考察させ，公正な判断力を養い」，「良識ある公民として必要な能力と態度を育てる」とされている。「現代社会」と重なる部分が大きいが，「政治・経済」の目標には「客観的に理解させる」という文言がある点で「現代社会」とニュアンスの違いが見られる。1999年版では，それまでの内容の学習順序が政治→経済に改められ，課題追求学習がおかれた。「現代社会」は課題を総合的に気づいてから知識を学ぶのに対して，「政治経済」は少し掘り下げて「理論的，体系的」に学び，それを現実の課題を追求するなかで総合化するという構成にも違いを打ち出している。しかし，構成より履修年齢の違いに留意すべきであろう。

(2)　学習指導要領に見る「内容」と科学的な認識

学習指導要領の示す「内容」を総括的にみると，大項目の「現代の政治」「現代の経済」では，示した内容について「理解させ」，「探求させ」「基本的な見方や考え方を身に付けさせる」という記述パターンである。各中項目では「理解」「探求」「考察」が指示されている。いずれにおいても理念的にのみ考

察するのではなく、現実課題と結びつけて考察する。第三大項目「現代社会の諸課題」は、それまでの学習理解を基にした実際の課題追求によって現実を把握するのである。理論的理解と実際の把握が時期的に分断されているが、認識のうえでは理論と実際を対応させた授業がポイントになろう。

「政治・経済」の目標とポイントは、まず学習事項そのものの現実の深層を科学的な視点で直接的具体的にとらえさせるところにある。しかしそれだけでは、「公民として必要な能力」を養ったことにはならない。そうした把握の過程をとおして、批判力を働かせて自力で事態をとらえることができるように、社会事象に対する科学的で普遍性のある高次の見方や考え方を学び取らせるところにもう1つの重要なポイントがあることに留意したい。

社会的事象において、とらえ方が科学的であるためには、次の4要件を満たしていることが肝要である。

① 実証的にとらえる
② 全体的にとらえる
③ 法則的にとらえる
④ 歴史的にとらえる

実証的にとらえるという場合、簡単に事実を確かめればよいというものではない。事実をとらえ、根拠を読み解くためには適切な概念が必要になる。つまり概念の獲得が欠かせないのである。1年かけて、いろいろな概念を正しい意味で獲得させていきたい。

適切な内容の絞り込みをするためには、1単元、1時間の授業を考えるときも、前後のつながりや、年間計画での位置づけに留意したい。

2 高校政治経済学習の内容と教材づくりのポイント

教科書に書いてあることをなぞって、知らない用語を辞典的に説明しただけでも授業らしい風景になるが、それなら素人でもできる。わかっていることをくどくどと上塗りするだけであれば、生徒は授業にうんざりする。

「政治・経済」の目的が,「公民として必要な能力と態度を育てる」ところにあることから,授業もそれに向けてつくることになる。すでに見たように,まず学習事項そのものの現実の深層を科学的な視点で直接的具体的にとらえさせることが授業づくりの第1の目標になる。そしてその過程をとおして,批判力を働かせて自力で事態をとらえることができるように,社会事象に対する科学的で普遍性のある高次の見方や考え方が学び取れるようにすることにもう1つのポイントがある。

第1の目標のために,教科書を読んでわからないことを説明して,理解を助けることが授業の基礎になる。しかし,さらに教科書を表面的に読んだだけではつかめないことを教えるところに授業の目標がある。実態や謎に気づかせ,構造や意味を読み取らせ,その過程で重要な概念や批判的な見方考え方を教え,自力で科学的に社会の深層を認識する能力を培うのである。

そうした授業をするためには,まず授業者自身が学習テーマ（事項）について研究し,科学的にとらえるために必要な概念や実態を洗い出し,全体像を把握する。専門的用語は,特別な概念をもつので,国語辞典を見るだけで済ませてはいけない。そしてこの単元,この授業で生徒に学ばせるべき学習課題をよく吟味して,授業内容としての目標を具体的に洗い出し,焦点を絞っていくことがポイントである。第2の目標として,普遍性のある公民的能力を育てる視点から,どんな見方考え方に気づかせ,また批判のしかたを学び取らせるのかを考える。どちらの目標にあっても「現代社会」の節で述べた,将来的有用性,伝達の必要性,学習の適時性,主体的成長感という4つの規準を念頭におきたい。

授業は,学びとらせたい授業内容をしっかり生徒に理解させ,学びとらせることが課題である。抽象的なもの理論的なものでは,思考が働きにくい。イメージがつかめるような具体性が欠かせない。さらに自分にもかかわる問題として関心をひくものがよい。そうした具体事例やモデルが求められる。また,観念的に理解するだけではなく,事実や実態を知ることが必要である。そのため

の教材づくりが必要になる。

　教材研究では，教科書だけでなく，政治経済の「資料集」を2～3冊比較するとよい。新書，ブックレット，実務書，新聞，テレビ番組は，内容研究と教材づくりの源泉である。実態を示す事実や事例で"これは使えそうだ"というものがあれば，授業の筋立てのなかでの活用方法を考え，適切な形態にする。教材の価値に気づかせるための発問，教材の使い方や提示のし方も準備したい。

3　高校政治経済の学習指導案の作成

　本節では「財政の仕組みと働き及び租税の意義と役割」の租税を例にとって，授業指導案の作成を説明しよう。

　財政を理解し批判できることは，公民的資質そのものだといってよいであろう。「政治・経済」の内容として定番項目である。教科書で太字になっているキーワードを拾う。財政は，歳出と歳入は様相が異なるので分けるが，国債による赤字財政と財政再建は両者を併せて考えさせるようになっている。

　歳入に焦点をあてると，国税，国債が主たる学習事項である。1時間では，国税，それも個人の税金の代表である所得税と消費税だけしか扱えないであろう（消費税には地方税部分があるが，分けないで扱うことにする）。小遣い稼ぎのアルバイトを別にすれば，所得税を納めている高校生は少ないであろうが，社会に出るにあたっては知っておきたいと感じている事項と推測される。

　所得税のポイントは，直接税であるという形態よりも累進制におきたい。「所得の再配分」「自動安定化装置（ビルト-イン-スタビライザー）」は，累進性があってこそ機能する。

　歴史的にみると，「減税」がたびたび行われ，累進性が緩められてきたことがつかめる。「減税」という言葉で飾られてきたため，問題が見えにくい。しかし，累進の緩和は，安定化機能の働きを鈍らせる。

　専門書で別の発見があった。それは，古いものであるが驚きの発見が詰まった『統計　日本経済分析　上』（統計指標研究会著，新日本出版社，1977年）のグラ

フ「大金持ちほど安い所得税」である。所得が2千万円を超えるとなんと，逆に税負担率が少なくなっていく。この謎を解くと，高額収入の源泉の大部分は給与ではなく資産収入であって，特例に優遇されているところにからくりがあった。なるほど当時でも，サラリーが2千万円以上なんて考えにくい。源泉分離で累進しない資産課税の特例は，資産収入が主である高額所得者にはありがたい仕掛けである。今でもそれは変わらない。これでは「水平的公平」からほど遠い。それに，所得税減税では，高額所得者ばかりがおいしい恩恵に浴しているのが実態である。それでいて税金収入が足りないとして消費税引き上げが叫ばれる。計算してみると，高所得者は所得税減税での恩恵が大きく，消費税が5％上がっても大変お得である一方，低所得者，いやほとんどの人は増税になる。知ったら怒りを感じるであろう。高校生もこれが理解できたら，やはり怒りが沸いてきて，関心・意欲を示すにちがいない。

そもそも累進課税の真の仕組みは，必ずしも教えられていない。とすると，生徒は，課税所得ランクが10％の税率から20％のランクに変わると，所得全体に20％が，もし40％のランクになると所得全体に40％が課され，どこが公平なのだと誤解しているようである。億万長者でも低所得者でも，課税対象額のうち195万円までは5％で万人共通，平等であることを知らない。これは累進制の基礎理解としてはずせない。

また税の学習においては，消費税をあわせて考えることがはずせない。

本時の授業で伝授したい焦点として，次の4点が浮かび上がってくる。

a. 課税の「公正」の考え方の変化をもとに累進課税の「公正」の意味と累進制の「垂直的公平」の仕組みを理解する。
b. これまでも所得税「減税」が行われ，選挙の「公約」が果たされてきたが，その恩恵は高額所得者に厚い。
c. 所得が高額になると累進が止まり，負担が減っていく実態に気づかせ，その謎解きから，「水平的公平」が阻害されているからくりを理解する。また，所得税の水平的公平の難しさを捕捉率からとらえる。
d. 消費税は10・5・3・1といわれる所得税より水平的公平性の面では優れているが，逆累進性をもつ。所得減税と消費税増税を合わせ考えて，自分の場合に絡めて判断

する。

　2005年で公表されなくなったが，長者番付を生徒に見せれば，関心をひくにちがいない。そして，高額所得者との格差を感じさせることもでき，累進制の理解への導入になるはずであるので，活用したい。そして所得税と消費税の位置を意識できるよう，はじめに前時の復習をして税体系，直接税と間接税の違いを確認しておくとよい。

公民科「政治・経済」学習指導案
　　本時の授業タイトル「公平性から租税を考える～所得税と消費税～」

　　　　　　　　　　　　　　　　　　　　　　　　○○県立○○高等学校3年
　　　　　　　　　　　　　　　　　　　　　　　　授業者　：　木　内　　剛

1　日　　時　　　略
2　学　　級　　　3年C組（男子17名，女子18名　計35名　必修）
3　学級の特徴　　受験科目と関係ない生徒が多い。関心が高い生徒も，低い生徒もいる。発言の多い生徒が5～6人いる。
4　単元名　　　　財政の仕組みと課題（教科書：○○社『政治・経済』）
5　単元目標　　a　財政の仕組，機能，規模について理解を深める。役割として，資源の再配分，所得の再配分，景気の安定（ビルトイン・スタビライザー機能と条件）を理解する。
　　　　　　　b　歳出の特徴を，生活基盤整備と産業基盤整備の対比，フィスカルポリシー概念で認識する
　　　　　　　c　租税徴収の公正原則・垂直的公平を考え，所得税と累進の計算方法をモデル例による算出で理解する。
　　　　　　　d　直接税と間接税の特性を掴み，減税の恩恵と影響，消費税増税の逆進性を捉える。
　　　　　　　e　国債の役割と大量発行による財政危機を実態に基づいて理解し，その原因が認識できる。
6　授業計画（計　4時間）
　　　　　　　1　財政の役割と機能は何か？　＜国家財政の機能と規模＞
　　　　　　　2　一般会計の使い道はキミの期待に沿っているか？＜一般会計歳出の特徴・会計検査に見る無駄遣い＞
　　　　　　　③　公平性から租税を考える＜所得税の仕組みと減税，そして消費税増税＞　　　　………… 本時

　　　　　a　所得税の累進制と「減税」
　　　　　b　累進制の現実と消費税の公平性は所得減税で負担をうち消せるか？＜税制改正の利害＞
　　　　4　国債発行と財政危機
　　　　　a　国債はどれほど深刻な問題か？＜国債の累積と財政硬直化の実態と原因＞
　　　　　b　財政投融資はどんな方面に使われているか？＜財政投融資の実態＞
7　本時の内容と教材解釈，留意点
　a．課税の「公正」の考え方，累進制による「垂直的公平」の仕組みとその意味を理解する。
　b．これまでも所得税「減税」が行われ，選挙の「公約」が果たされてきたが，その恩恵は高額所得者に厚い。
　c．所得が高額になると累進が止まり，負担が減っていく実態に気づかせ，その謎解きから，「水平的公平」が阻害されているからくりを理解する。また，所得税の水平的公平の難しさを捕捉率からとらえる。
　d．消費税は，10・5・3・1（トーゴーサンピン）といわれる捕捉格差の大きい所得税より水平的公平性の面では優れているが，逆累進性をもつ。所得減税と消費税増税を合わせ考えて，自分の場合に絡めて判断する。
　　留意点としては，何よりも，「これではお任せしておく訳にはいかないな」という問題意識を引き出したい。
8　準備する資料教材　〈プリント2枚〉
　1①　「公正」概念の進歩と累進制（国税庁『私たちの税金』平成5年度版，平成10年度版，大蔵財務協会）
　　［参考資料］高額所得者一覧上位40名の推定年収（2005年 NIKKEI NETより作成）
　2②　所得税減税と消費税増税（計算モデルを使った所得階層別所得税減税と消費税増税の恩恵）
　　③　高額所得者ほど実際の税負担率はかえって下がっていく
　　　（東京都新財源構想研究会第6次報告『東京都財政の緊急課題』都政新報社，1978年，268ページ）
　　④　どこへ消えた消費税

cf. 1988年の累進税率表　→　2008年

段階	課税所得	税率
①	300万円以下	10%
②	600万円以下	20%
③	1000万円以下	30%
④	2000万円以下	40%
⑤	2000万円　超	50%

段階	課税所得	税率
①	195万円以下	5%
②	330万円以下	10%
③	695万円以下	20%
④	900万円以下	23%
⑤	1800万円以下	33%
⑥	1800万円　超	40%

9　本時の授業展開

段階	学習内容	教授活動	学習活動	留意・評価	資料
導入 4分	○高額所得者の稼ぎ高	・高額所得者一覧を紹介してプリント配布 ・長者番付の課税額（推定所得）の大きさと収入の種類をみる。高額所得者の収入源は賃金ではないことをさりげなく確認。 ・秒あたり所得額の計算	思い思いに感想 「おおすごい」／「羨ましい」／「通販ってこんなに儲かるんだ」／「楽天、ソフトバンクってやっぱりすごい」	・どんな感想も、展開の足がかりになるので相槌 ・年収50億を、日給に換算。さらに金額の実感がわく秒給にまで割り算。メモ板書で手早く計算。	プリント1 [参考資料]
	○格差の実感	・「高額すぎて実感が沸かないね」「月給…時給に換算」「秒給だといくらだ」 直接税が所得によって税率に差をつけている意味・機能を確認。			
	○今日の学習課題確認　個人が納める税金の公平性	・国税のうち個人が納める直接税、間接税の具体的な種類を問う。 ・今日の課題は、個人が収める税金の仕組み 所得税の公平性と実情 消費税の特性	「直接税は、所得税」「間接税は、酒税」「ガソリン税」など	・正解がでれば、終了	
展開 (1) 25分	1．税の種類と私の負担 2．所得税の考え方と計算	・所得税の公平性。全員から同じ金額で集めるとしたら、所得税総額20兆円を老人と子どもを除いた4千万人で割ると一人あたり50万円、地方税を考えると90万円。大人4人家族だと360万円。納められないよね。発問『では全員から同じ税率、地方税を合わせて約20%で収めさせる定率制なら公平だと言えるだろうか?』	「公平じゃないって言いたいみたい」 「初任給20万円だと、毎月4万円ということ?」「安月給だと、生活できなくなる」		プリント1①
	1）所得税計算の原理 2）公平の考え方	・アダムスミスの公正原則とワーグナーの公正原則を説明　"垂直的公平"概念説明　最低生活費控除、勤労軽課も強調 ・累進税率表の正しい理解を図解		・納得がいったか? 要点のみ説明	
	3）累進課税の計算法	・課税所得額5千万円、500万円、250万円の三つのケースで、88年の税額算出	数カ所の空欄について、税率をかけた結果を答える	てきぱきと進める	
	3．減税万歳　政治家は選挙公約を果たしてくれた、有り難う	・度の減税後の2007年の税額を生徒と一緒に算出してみる ・減税幅を確認　恩恵の格差に注目させる	「250万円の人は微々たる減税」「高額所得者はすごい得」	・関心を示したか	プリント2②
		・減税は所得再分配効果を弱めるか?	「効果を弱める」	簡潔に説明	
	5）トーゴーサンピン　(10・5・3・1)	「じつは、公平をめざした所得税には悩ましい問題が」… トーゴーサンピンで"水平的公平"の問題を説明（野球選手の脱税にふれる）		・宮本慎也氏は経費の計上ができる人。顧問料が架空だったので脱税。アメリカでは重罪、社会から抹殺される。	
	4．消費税の長短	「今、消費税増税が話題」「消費税には、トーゴーサンピンがない点で水平的公平さがある」 『10%の消費税（増税）を所得税減税に加えて考えてみよう』	表の空欄に推定消費の10%の額を記入 「うわー、4百万円も得してる」		

第8節　高校政治経済の授業づくりと方法

		プリントに、三ケース別に推定消費税を記入 減税と合算してみる 「合わせると、五百万以下の人は増税だね。五千万の人は？」 「この現実、君は活力出る人？出ない人？」 間接税である消費税の"逆累進性"という概念を理解させる	「出ないよ。母さんに教えてあげたい」	プリントの一部を空欄にした計算表を拡大し、シールを剥がしながら、正解を示す
展開 (2) 15分	5．税負担率の実態 5 どこへ消えた？ 私の預けた消費税	・所得階層別税負担率グラフに注目させる 「この表を見て、なんか変に思うことない？」（課題提示） 『2千万円を超えると税負担率が低くなっていくって不思議だね。この仕掛けとかカラクリが推測できる人、いるかな？』 「こんなサラリーマンなんているかな？」 ・不動産売買や配当など"資産収入"の特例を説明する。 「資産収入は不労所得だね。ワーグナー原則では優遇すべきだったっけ？」 （時間をみながら） 消費税の不思議を話す。1989年4月1日に消費税が3％で導入された。多くの小売店が導入に反対していたけど、その後反対しなくなった。なぜだろう？ GDPの最終消費支出と住宅購入の合計は300兆円以上、その消費税（4％）は16兆円。なのに、納められた消費税は11兆円。「あれっ、5兆円はどこへ消えた。だれか見つけたら教えてください。」	「所得が多い人の方が、税率が低くなっている」 「2千万円くらいの人が、税金が一番重い」 「あっ、株じゃない？」 「勤労所得のほうが優遇されてないのは変だ」	・累進の原則に反する実態に、多くの生徒が気付くであろう。 ・気づくのを待つ。 ・土地長期譲渡では分離課税30％ ・配当利子所得者は源泉分離20％（住民税含む） ・当時の株売買利益は売却額の1％ 消費税5％の内、国4％、地方1％。疑問は残しておく。考え始める生徒もいる。次回謎解き。	プリント2 ③ プリント2 ④
総括 3分	○減税の恩恵は大きかったか ○君は消費税が上がっても、あまり響かない人？ ○累進性が緩むと、景気の調整がうまく働かなくなる ○自分の利害を検討して判断することで大発見	「今日、一番重大な発見は何だった？」 『もう、甘い言葉だけで喜ばないで、中身を分析しよう。君はそれが実感できたね』 「自分の立場を踏まえて税金の望ましいあり方を考え、政治家に要求していくのが、主権者の権利であり責任ではないだろうか」	・3～4人、意見を表明する	・選挙公約を鵜呑みにしないこと ・政府や議員に意見を伝える重要性を認識できたか。	

参考文献

全国民主主義教育研究会『私たちの政治経済読本』地歴社，2002年
青山芳之他『資料　政・経』各年次刊，東京学習出版社
NIKKEI NET 2004年度版高額納税者上位100人
　(http://www.nikkei.co.jp/sp2/nt50/20050516SP85G001_16052005.html)

第9節　高校倫理の授業づくりと方法

1　高校倫理授業づくりの目標とポイント

　高校公民科「倫理」の授業づくりを考えるにあたって，まず第1に，そもそも，なぜ人は学ばなければならないのか，という根本問題にさかのぼって考えてみることにしたい。義務教育が普及し，学校制度が整備・充実され，大学受験を頂点とする現行の教育システムが確立されていくなかで，この根本問題がしだいに自明視され，そのあげく見失われてしまったように思われる。だが，教育にたずさわる者は，時としてこの根源的な問いに立ち返ってみる必要があるだろう。そのように問い直してみるならば，小・中学校の社会科や高校の地歴科，公民科の目標として掲げられている「公民的資質」（「公民としての資質」）の育成というのは，教育全体のなかでもとりわけ重視されるべき根本的な目標の1つであるということがわかるであろう。

　ただし，「公民」とか「公民的資質」という語は，英語の「シティズン citizen」や「シティズンシップ citizenship」の訳語であるのだが，それらは本来「市民」とか「市民的資質」と訳されるべき語である。これらに「公」の字を当てたのは日本的な歪曲だったと思われる。もともとシティズンは，社会のなかで労働し生計を立てて家庭生活を営んでいくという私的側面と，市民社会や国家を形成していく政治の主体であるという公的側面との両方をもっていたはずである。特に民主主義社会においてはこの両側面は相互に連関しあっており，個人として自立して生きていくことができるということがあって初めて，政治的主権者としての意思決定が可能となる。「市民」という語はこの両側面を含んだ概念であり，「市民的資質の育成」とは公私両面にわたる主体的能動性を育んでいくことを意味するのでなければならない。ところが，シティズンが「市民」ではなく「公民」と訳されたことによって，シティズンの土台を支えるべ

き私的側面が軽視ないし無視され，公的側面ばかりが強調されることになってしまった。公民教育といえば，一方では，国家に忠誠を尽くす「滅私奉公」的な「国民」の育成がイメージされ，他方では，参政権を行使して国政に参与する「主権者」の育成がイメージされるわけだが，結局どちらも「公的なるもの」の育成にのみ焦点を当てているという点において，同じ土俵上で争っているということができるだろう。

　なぜ人は学ばなければならないのかという原点に立ち返るならば，たんなる「公民」的資質の育成ではなく，シティズンの根幹を支える私的側面も含めた「市民」的資質を育成することこそが教育の第1目的であるといえるのではないだろうか。それゆえ，まずは社会に出て自立して生きていくための力をつけることが優先されるべきであると私は考える。こうした観点からするならば，2002年の学習指導要領改訂以来「生きる力」の育成が教育の第1目的として掲げられるようになっていることは評価されるべきであろう。むろん，この語も多様な解釈を容れることのできる概念であるが，シティズンシップのなかで等閑視されてきた部分に光を当てた概念であるとみなすならば，現行の教育システムのなかで見失われがちな教育の本義を取り返すのに一役を担いうるものと思われる。

　そして，科目「倫理」も「生きる力」の育成というパースペクティブの下でとらえ返してみる必要があるだろう。1999年版の学習指導要領解説のなかでは，改訂に際して「生きる力」の育成という観点から科目の性格づけを明確にしたことが明記されている。2009年版では「倫理」の目標は次のように規定されている。「人間尊重の精神と生命に対する畏敬の念に基づいて，青年期における自己形成と人間としての在り方生き方について理解と思索を深めさせるとともに，人格の形成に努める実践的意欲を高め，他者と共に生きる主体としての自己の確立を促し，良識ある公民として必要な能力と態度を育てる」。「倫理」の授業づくりにおいては，「生きる力」の育成という点に留意する必要がある。

これと関連して第2に、「倫理」における道徳教育の可能性についてもふれておくことにしたい。以前から「倫理」の指導に際しては中学校道徳との関連を図るよう指導上の配慮が要求されていたが、上述のように2002年の改訂によって「生きる力」の育成がクローズアップされた際に、「高等学校における道徳教育の役割を一層よく果たすこと」が求められるようになった。2009年版では、この点がさらに推しすすめられている。

ただし、ここで注意しておくべきことがある。道徳教育というのは生徒たちに徳目を教え込めばそれで事足りるようなものではけっしてない。とりわけ現代のように日常的に大量の情報が溢れる高度情報化社会においては、生徒たちにとって学校で教師から伝えられる道徳的言説は、面白みと現実性に欠けたワンノブゼムにすぎず、たとえ徳目を暗唱できるようにさせたとしても、それが彼らの生き方に響いてくるようになるとはとうてい思われない。

ではこのような時代において、どのように道徳教育を構築していったらいいのだろうか。もちろんこの小論でそうした根源的な問いに軽々に答えることはできないが、1つの仮説として次のような提案をしておくことにしよう。それは、「知性を鍛えること」にほかならない。人から与えられた情報（明示的な徳目であれ、暗示的なメッセージであれ）を鵜呑みにするのではなく、自ら考え、判断し、取捨選択できるような、そういう力を育てていくことである。黙って言うことを聞く（そして、いつ突然キレてしまうかもわからない）「いい子」を育てるのではなく、心底納得いくまで粘り強く考え続け、道徳や倫理を深く理解することのできる知性を育てていくことが重要だと思われる。

現在の日本の道徳教育においては「豊かな心」の育成が強調され、道徳的心情の涵養が第1に掲げられている。出発点としてはそうしたことも必要かもしれないが、自然な情動を育んでいったその先に道徳や倫理が完成するわけではない。たとえば、小学校の高学年から道徳の内容として導入される他者の権利の尊重や差別・偏見の禁止など、また中学校段階から導入される寛容の心などは、友だちと仲良くすることの延長線上にはない。自らとは異質なものを受け

容れるというのは，きわめて知的な作業である。自分とは違う感じ方，考え方をする者が存在することを理解し，自分の感じ方や考え方を押しつけるわけにはいかず，そうした者たちの存在を承認したうえで，彼らと共存していかなければならないということを学ぶこと。それが寛容の心であり，他者の権利を尊重するということであろう。これらはきわめて高度な知的営みであり，感情や心情を豊かにすることとは明らかに次元の異なる問題なのである。少なくとも高校段階で，公民科という教科のなかの「倫理」という科目において行われる道徳教育であるのだとしたら，このような意味において「知性を鍛えること」に重点がおかれるべきであろう。

　しかしながら「知性を鍛える」とはいっても，ここで私が想定しているのはそれほど高度なことでも難解なことでもない。まずは倫理的な問題に関して考えさせること，それが出発点である。ただしその際，なぜ自分はそう思うのか，その理由を考えさせ，書かせることが肝要である。ただ思ったり感じたりするだけではなく，その根拠を問うことによって思考は活性化していくであろうし，それを書き留めることによって思考は深まっていくであろう。そのうえで次に，話し合わせる。これも一足飛びにディスカッションやディベートに進むのではなく，まずは他者との出会いの場を用意するだけで十分である。初めのうちは，何が正しいか，どちらが正しいかを決するような問題ではなく，人それぞれいろいろな感じ方考え方があっていいような問題を取り上げて，自分とは異なる感じ方考え方があるということを実感させることが重要である。そのうえで，さまざまな考えをもつ者同士が力を合わせてアイディアを出し合い，問題解決に取り組んでいく。そのような体験を積み重ねることによって知性は鍛えられていくである。そして，こうした知性は，最初に述べた「生きる力」「シティズンシップ」の根幹を成すものでもある。「倫理」の授業を構想していくにあたっては，このような知性の育成を念頭におく必要があるだろう。こうした方向性は，2009年版の改訂の際に，「論述したり討論したりするなどの活動」を充実させ，「論理的思考力や表現力を身に付けさせる」ことが重視されるよう

になったこととも軌を一にするものであるということができよう。

2　高校倫理学習の内容と教材づくりのポイント

「倫理」は大きく分けて3つの内容から構成されている。(1)青年心理関係，(2)先哲の思想，(3)現代社会の諸問題である。それぞれに即して教材づくりの留意点を考えていくことにしよう。

(1)　青年心理関係

学習指導要領のなかでもこの部分は「倫理」という科目への導入部として位置づけられており，高校生たちが「倫理」の内容を自らの問題として考えはじめるためのきっかけづくりの場とされている。当然のことながら，ここでは心理学用語を覚えることが到達目標ではない。心理学の概念を利用して，彼らが現実の問題を考えていくことができるようになることが目的である。その際に，まず基本概念を覚えたうえで具体的な問題へと応用するというよりは，ただちに問題に立ち向かい，その問題を分析・解決するために心理学の知識を学び活用するというようにしたほうが，学習効率も上がるし，知識の定着度も高まるであろう。青年心理に関する知見は，彼らが直面している諸問題を解きほぐしていくのに有効であり，青年期という不安定な時代を生きぬいていくために必要な力を与えてくれるということを実感することが重要である。

学習指導要領では「自らの体験や悩みを振り返ることを通して，青年期の意義と課題を理解させ，豊かな自己形成に向けて，他者と共に生きる自己の生き方について考えさせる」こととなっている。青年期における自己の確立の問題，恋愛や性，ジェンダーの問題，キャリア形成の問題などは，生徒たちにとって自分たちの実生活と密接に結びついた身近で切実なテーマである。たんなる一般論で終わらせることなく，自らの問題として考えさせることができれば，シティズンシップの根幹である生きて働く力を培っていくことができるであろう。そのためには，たとえば，葛藤場面で自分ならどうするかを考えてみたうえで，みんなのさまざまな対処法に耳を傾けてみたり，いまだに男女役割分業が色濃

く残っている日本社会のなかで，自分たちがどれほど偏見や差別に囚われているかを意識化し，その変革に向けてどのようなことができるかを話し合ってみたり，人はなぜ働かなければならないのか，働くことの意味を考え，自らの夢や将来について計画を練ってみたりすることなどが考えられるであろう。

(2) 先哲の思想

この部分は「倫理」のなかでも主要な位置を占めている。ただし，学習指導要領のなかには，内容の取扱いに関する次のような注意が付されている。「先哲の基本的な考え方を取り上げるに当たっては，内容と関連が深く生徒の発達や学習段階に適した代表的な先哲やその言説を精選すること」。実際には，教科書で取り上げられる思想家の数はそれほど減っていないし，むしろ少しずつ新しい思想家が取り上げられ，細かな事柄への言及も増えているように見受けられる。しかし，いずれにせよ諸思想を時代を追って順番に紹介していくといった教科書はもはや存在せず，テーマに即して古今東西さまざまな思想家を並列的に取り上げるようになっている。先哲の思想がまずありきではなく，先哲の思想を用いて自ら考えていくことが求められている。つまり，思想家の名前やそのキーワードを覚えることが目的なのではなく，生徒たちが直面している問題を先哲の思想を活用しながら考えていけるようになることがめざされなければならないのである。

そのためには，たとえば，対立する図式を意識させるようにするという手法が考えられる。プラトンとアリストテレス，カントとヘーゲル，定言命法と功利主義，明治期における啓蒙思想とロマン主義など，対立する思想について調べたうえで，自分はどちらが好きか，なぜ好きか，自分たちの問題にどのように活かすことができるかを考え，お互いに意見をぶつけあってみる。そういうことをするだけでも，現実問題をとらえるための枠組みが各自のなかに形成されていくとともに，自らとは異なるものの見方もあるということを知的に理解することが可能になっていくであろう。さらに余裕があれば，対立する立場からはどのような反論が可能であるかまで予想し，それに対して再反論を試みて

みるのも有効である。ここまでできれば個々の思想に関する知識が定着していることはもちろんだが，物事を多角的にとらえ，客観的かつ批判的に思考する力が身についていくことであろう。

(3) 現代社会の諸問題

学習指導要領には「現代に生きる人間の倫理的な課題について思索を深めさせ，自己の生き方の確立を促すとともに，よりよい国家・社会を形成し，国際社会に主体的に貢献しようとする人間としての在り方生き方について自覚を深めさせる」とあるように，(1)や(2)とも有機的に関連させつつ，私たちが生きる現代社会の諸問題にコミットしていくことのできる力を育成することが求められている。現代的課題としては，生命，環境，家族，地域社会，情報社会，文化と宗教，国際平和と人類の福祉という7つが例示されており，内容の取扱いに関して，これらを網羅的に扱う必要はなく，「学校や生徒の実態等に応じて課題を選択し，主体的に探究する学習を行うよう工夫すること」と注記されている。各教員が最も得意とするテーマを選んで，できるだけ多くの最新情報に触れさせるとともに，生徒たちが自分たちで調査し，問題の発生原因や解決方法などを自ら考え，グループで話し合い，発表することのできるような機会を設けていくことが必要であろう。

その際，現代社会がかかえる深刻な諸問題の前で彼らが無力感に屈してしまうことなく，自分たちが手をたずさえることによって現実を変革していくことができるかもしれないという希望を抱けるように導いていくことが重要である。鍛え上げられた知性に裏打ちされたポジティブな心性こそ，現代のような変動の激しい苛酷な時代のなかで一人の社会人として生き抜いていくのに必要な基盤であり，国家や世界の未来を切り開いていく原動力となるはずである。

3　高校倫理の学習指導案の作成

以下，高校「倫理」の教材を用いて「デス・エデュケーション」を行っていく簡便な指導案を紹介することにしよう。デス・エデュケーションとは「死の

教育」「死の準備教育」のことである。死を取り上げることによって，生命一般について深く考えさせていくことができるようになるし，また自らの生き方に関しても省察を促すことができるようになるだろう。死を扱った実践はすでに数多く行われており，たとえば熊田亘は1年間の「倫理」の授業全体を「死の授業」として構想し，実践している。その後，学習指導要領の改訂や教科書の改訂等により，このテーマでの授業はよりやりやすくなっているといえるので，ここでは小単元として構想を練ってみることにしよう。とりあえず全6時間で計画してみたが，これはいくらでも増減可能である。したがって，各回の詳しい授業案を提示することはせず，どのように組み立てていくか概略だけ示すことにする。

　第1回目は人間のみが時間をもち，未来を意識し，そして自らがいずれ死ぬことを知っている唯一の動物であることを紹介した上で，ハイデガーの「本来的生き方」「非本来的生き方」という思想を提示するなどしてこの単元へと導入していき，死を意識することによって生をとらえ返すことの意義を理解させたい。その後は「死んだらどうなるか？」という問いを提示して，一人ひとりに考えさせ書きとめさせたうえで，5～6人のグループで各自の死生観を発表し合う。ここでは，なぜそう考えるのかくらいまでは話し合ってもよいが，それ以上の価値判断や意見集約は不要であり，人それぞれの死生観を尊重し合うことの必要性に注意させたい。みんなの死生観を聞いてみてそれをどう感じたかを書きとめさせ，余裕があればそれをまた共有しあってもよいであろう。

　第2回目は第1回目をうけて，各文化の死生観について主に教科書などを用いて調べ学習を展開する。どの教科書でも，古代インド，キリスト教，イスラーム，日本の死生観などを調べることが可能であろう。生命や死に関する科学的知見がまったくなかったころに，人々が想像力を働かせて，それぞれ独自の死生観をつくり上げていったことを理解させたい。そのうえで，現代における臨死体験について紹介することもよいと思われるが，しかし，あいかわらず死後については不可知であることを強調する必要があるだろう。

第3回目からは、脳死臓器移植を取り上げる。まずは「脳死とは何か？」と問い、予想させてみたあとで、教科書等で調べさせる。その際、特に植物状態とどう違うかということをきちんと理解させるようにしたい。次に「自分が脳死になった場合に延命治療を停止し、臓器を提供するか？」「自分の家族が脳死になった場合に延命治療を停止し、臓器を提供するか？」と問い、その理由も書かせて、グループで話し合わせる。理由を見ていくと、そこには各人の死生観が反映されている。ところが、自分の場合と自分の家族の場合で答えがずれる人がけっこういることから、この問題が死生観だけでは片づかない問題も含んでいることに気づかせていく。その後、日本の臓器移植法について調べさせ、本人の意思表示と家族の同意が必要であることを理解させ、そのことがはらむ問題について話し合わせ、どうしたらいいかを考えさせる。

第4回目は、脳死ならびに臓器移植に関する賛成論、慎重論、反対論を紹介したり調べさせたうえで、自分はどの立場を選択するのか、その根拠は何かを考えさせる。さらに、死生観の場合とは異なり、人の死の定義や臓器移植の可否については、社会として一義的に決定する必要があることを理解させたうえで、各グループを1つの国家と見立てて、それぞれの国家で賛否両論あるなかでどのような法システムを構築したらいいか話し合い、1つの意見としてまとめて発表させる。余裕があれば、グループ同士で互いの決定について批判的に検討しあってみてもいいだろう。

第5回目は、「どんなふうに死にたいか」について考えさせる。突然ぽっくり死にたいか、ある程度わかったうえで時間をかけて死にたいのか、告知は受けたいかどうか、病院と自宅とどこで死にたいか、植物状態や脳死状態に陥ったときに延命措置を望むか否か、末期状態で耐え難い苦痛に襲われているときに安楽死を望むか否かなど。それぞれについて理由も含めて書きとめていき、グループで話し合わせる。告知、尊厳死、安楽死、病院での死、高齢社会などについては教科書等を使っての調べ学習を加えることも可能であろう。

第6回目は、ここまでの授業での学びを振り返らせ、今の時点での死生観を

固めるとともに，死を意識したうえで，では死までの時間，つまり今をどのように生きていきたいかを考えさせ話し合わせて，この単元のまとめとする。

この単元案は，私が看護専門学校で行っている「倫理学」の授業に基づいている。実際には『ホスピスの理想』という大学生向けの教科書を使って実践しているので，内容的にはここで提示したよりも高度な事柄を扱っているが，学生たちは詳細で正確な知識を得ることからよりも，学生同士での話し合いから，こちらが期待したよりもはるかに多くのことを学びとっており，短期間のあいだに自ら考える態度や，多面的に物事をとらえる視点が育っていっているように思われる。本節冒頭で述べた「シティズンシップ」や「生きる力」「知性を鍛えること」というのは，このようにちょっとした考える，書く，話し合うといった活動をとおして育んでいくことができるのではないだろうか。生徒たちの本当の力を引き出す授業が，数多く考案されていくことを期待したい。

参考文献
梅原猛編『「脳死」と臓器移植』朝日新聞社，1992年
熊田亘ほか『高校生と学ぶ死 「死の授業」の一年間』清水書院，1998年
小玉重夫『シティズンシップの教育思想』白澤社，2003年
立花隆『脳死臨調批判』中公文庫，1994年
立花隆『臨死体験』上・下，文藝春秋，1994年
箱石匡行・内田詔夫編『ホスピスの理想』金港堂，1997年
松下良平『知ることの力 心情主義の道徳教育を超えて』勁草書房，2002年
文部科学省『高等学校学習指導要領解説 公民編』実教出版，1999年

第4章　中等社会科教育の課題

第1節　青年期の発達課題と社会科教育

1　青年期の発達課題

　中学生から高校生までの年代，すなわち12歳から18歳ごろまでを青年期とよぶ。青年期は，子どもと大人との中間に位置する。児童期の子どもは，大人に依存し，大人の保護の下で比較的安定した生活を営んでいる。子どもが家庭や社会で果たす役割は，大人の役割とは質的に異なり，そのことを両者とも自覚している。青年の場合は，一定の自主性と責任をともなった大人としての役割がしだいに多くなってくるが，親から完全には自立していないため，ある場合には大人と認められ，他の場合には大人として認められない。このような青年の立場のあいまいさ，そして青年に出される要求の不整合が，心身の諸機能の急速な成長・変化とあいまって，青年の心理を動揺の激しい不安定な状態におく。この不安定な状態をくぐりぬけ，乗り越えるなかで青年はアイデンティティ（自我同一性）を獲得し，一人前の大人になる。そこで，青年期は第2反抗期とよばれたり，「第2の誕生」と表現されたりもする。心理学者エリクソンは，青年期の最大の課題は「アイデンティティの確立」にあるとした。すなわち，青年期には，それまでに自分が経験したことを見直し，反省するなかで，本当の自分は何なのか，自分に何ができるのか，何をすべきなのかといったことを自問し，「自分探し」をするのである。このアイデンティティの確立に失敗すると，青年は，自分の社会的役割の認識や遂行に混乱をきたすことになる。

　青年期の発達課題について，ハヴィガーストは，よりくわしくつぎの10項

目をあげている。

(1)同年齢の男女とのより成熟した新しい関係の達成，(2)男性あるいは女性としての社会的役割の獲得，(3)自分の身体の構造を理解し，身体を有効に使うこと，(4)両親や他の大人からの情緒的独立の達成，(5)経済的な独立について自信を持つこと，(6)職業の選択と準備，(7)結婚と家庭生活への準備，(8)市民として必要な知識と態度を発達させること，(9)社会的に責任ある行動を求め，それを成し遂げること，(10)行動の指針としての価値や倫理体系の確立。

　子どもの成長や自立の過程そのものは，子ども自身のなかで進行するものであり，子ども自身の努力なしには自立は達成されないが，子どもの自立は社会的な現象であり，社会的な過程でもある。社会的であるということは，社会の歴史的変遷にともなって，自立のあり方も歴史的に変化することを意味する。

　現代の日本社会では，成長加速現象が見られ，生理的・心理的には青年期の始まりは早まっている。ところが，過熱する受験競争のためわが国の中等教育は「受験教育体制」に巻き込まれて，青年期の発達課題を達成するという観点からいうとさまざまの障害が生じている。テストの成績，偏差値を至上とする価値観が青年の心をむしばみ，一人ひとりがバラバラにされ，孤立・孤独化がすすんでいる。それと同時に大きな社会問題となっているのは，青少年非行の増加で，青少年犯罪の増大，その凶悪化，低年齢化がすすんでいる。

　ところが，他方で青年の経済的自立は逆に遅くなり，親（特に母親）との相互依存が強くなって「心理的離乳」がなかなか果たせなくなってもいる。エリクソンのいうモラトリアム（精神的・社会的猶予期間）が長くなり，青年期はしだいに延長する傾向にもある。

　今日の中学生・高校生がもっとも悩む問題は，なんといっても進学あるいは就職の進路問題である。テスト作成者が要求するものを「カンよく，すばやく，正確に読み取る」ことにもっぱら自分の思考を訓練している青年たちは，自分の足下をしっかりと見つめ，何事も自分の頭で考え抜く力や態度を発達させることができない。一点を争う競争に巻き込まれた青年たちは，自主性や創意を

喪失し，統制された画一的思想に安んじて身をゆだねていくようにもなる。

　青年が科学的真実や芸術的美の追及に心を燃やすとともに，身体を鍛え労働を愛するといった心身の全面的・調和的発達の可能性は失われ，人間的な連帯の感情をも喪失していきやすい。今日の青年たちは，このような社会のなかで自立していかねばならないのである。

　青年期は，世界観が形成されるもっとも重要な時期である。この時期までに青年に蓄積された多数の知識を一般化し，まわりの世界の個々の事象を理解するだけでなく，それらを評価し，それらに対する自分の態度を決定できるような一定の統一的な体系にまとめようとする欲求が生じてくる。

　世界観の形成は，認識活動につきるものではない。世界観の形成や探求は，自分の人生計画のなかに現実化され具体化される。高校生ともなると，学校生活は一時的なもの，本当の生活ではないものに思われ，その先に別のもっと本当の生活があるように思われてくる。自分はどんな生き方をするか，自分はどんな職業を選択し，自分自身の生活をいかにしたら自分にとっても社会的にも意義あるものにすることができるかといった人生の意義に関する根本問題に考えをめぐらすようになる。このような人生計画や職業の選択も，最初はあいまいで空想的なものであるが，高学年になるにつれ選択の必要性は差し迫ったものになる。さまざまの空想的あるいは抽象的な可能性のなかからじょじょに現実的な対象を選択するようになる。

　青年には自主性や自立に対する強い欲望があり，自分自身に対する認識が深まるとともに自分というものを大切にし，自主的に自分の力で，自分をより良い，より強い人間にしようとする意識が発達する。青年が，ときどき自分一人でいたがるようになるのは，こうして自分自身の「内的世界」が形成され，この世界を簡単に侵されること，つまり大人から過度に干渉されたり，自主性を制限されることを厭うからである。

　しかし，子どもの自主性とか「内的世界」といっても，もともとは外界との相互交渉のなかで，外界の印象が内部に貯えられることによってできあがるも

のである。外部の世界を反映した内的世界をもつからこそ，人間は外部世界に対して自主的になることができる。内的世界をもたなければ，人間は外部の変転極まりない世界からの影響に直接さらされ，右往左往することになろう。

　自由とは必然性の認識である（ヘーゲル）。青年は，世界に関するさまざまの知識を獲得することによってのみ自由となり，自主的となることができる。そのような青年の自立を助けるのが教師の仕事であり，なかでもとりわけ重要な役割を果たすのが，社会認識の発達を援助する社会科の教師なのである。

2　社会認識の発達と教育

　子どもたちの社会認識を発達させ，それを科学的な社会認識，科学的な世界観にまで高めることが，社会科関係教育のもっとも重要な課題の１つである。

　子どもの社会認識が，身近な人々についての認識から出発することは明らかである。社会は，個々人のたんなる集合ではないが，さまざまの欲求，仕事，働きをもった個々人を構成要素とし，それら個々人がつくりだす種々の社会関係，制度，機関から成り立っている。そこで，わが国の小・中学校社会科の教育内容の系統は，子どもの社会認識が，家庭や近隣の人びとの仕事や施設の認識からはじまって，しだいに認識の輪を拡げ，郷土の市町村，より広い地域社会を経て，日本の諸地域，ついで世界の諸地域へと学年を追ってすすむという「同心円拡大方式」の原理に立って構成されている。

　だが，戦後アメリカの社会科にならって採用したこのような同心円拡大の方式が，子どもの社会認識の発達に本当に当てはまるものか，疑問とする人も少なくない。実際には，この仮説に大した根拠はなく，むしろいくつかの問題点をはらんでいるため，今ではアメリカの教科書でさえこの方式から離れてきている。学校で読み書きを習い，知的視野が大きく拡大しようとしている時期（小学校中学年以降）の子どもの認識的興味をこのようにして狭く限定し，枠づけることに難点があるだけでなく，子どもの社会認識や世界観の質についても家族中心，郷土・自国中心の偏狭な主観的，道徳的社会認識の形成と結びつき

やすいという危険性があると批判されるのである。

　社会科の教育内容編成が同心円拡大方式をとってきたのは，もともと「社会科は，いわゆる学問の系統によらず，青少年の現実生活の問題を中心として，青少年の社会的経験を広め，また深めようとする」（『小学校学習指導要領・社会科編』1947年）という経験主義的な生活単元学習を基本的な教育原理とするものであったからである。このような教育観は，社会科の教育を学習の主体である子どもの立場に立って考え，子どもの興味とか問題意識に基づいて学習指導が行われることを力説している点では，積極的な側面をもっていることを認める必要があろう。

　しかし，このような教科の系統にどれだけの合理的根拠があるのかについては，上述のように大きな疑問がある。身近な社会現象が，子どもにとっていつも単純でわかりやすいとはかぎらない。身近な地域の特色がわかるためには，他の地域との比較が不可欠である。ある点では共通しながら，他の点では非常に異なる諸地域との比較をとおして，地域の特色は1つずつわかってくるものである。また，共通する要素の発見やその分布の研究をとおして，それら諸事実の因果関係や法則性を認識することも可能となるだろう。

　そこで，社会科の内容編成においても，科学の基本的方法である分析と総合の原理にしたがい，社会事象をまずできるかぎり単純な要素に分解し，単純な事実や関係の学習からはじめて，しだいに複雑な事象の全体的認識にまですすむべきだという論理的構成の主張がある。

　現実の具体的問題は，つねに複雑で多面的である。科学者でも，これをいきなり解くことはできず，自然科学者の実験は，さまざまの道具や試薬などによって，生の現実をできるかぎり単純化したうえでなされる。複雑な資本制的生産様式を分析するにあたって経済学者マルクスもつぎのように述べている。

　「実在的で具体的なものから，現実的な前提から，したがって，たとえば経済学では全社会的生産行為の基礎であり主体である人口（住民）から始めるのは正しいことのように見える。だが，これはもっと立ち入って考察すると，間

違っていることが分かる。たとえば，人口は，もしこれを構成している諸階級を除外するなら一つの抽象である。これらの階級も，たとえば，賃労働，資本等などといったその基礎になっている諸要素のことを知らなければ，やはり一つの空語である。賃労働，資本等々は，交換，分業，価格等々を前提とする。たとえば，資本は，賃労働がなければ無であり，価値，貨幣，価格等々がなければ無である。だから，私が人口から始めるとすれば，それは全体の混沌とした表象なのである」（マルクス『経済学批判への序説』）。

マルクスは，こうして具体的なものから抽象的なものへすすむのでなく，反対に，後のものの理解の前提となるような単純な要素的・抽象的な概念から始めて，具体的なものへ上昇するのが「科学的に正しい方法」だと述べている。しかし，単純な抽象的概念から出発するのが正しい方法であり体系だとしても，その概念そのものはどのようにして得られるのかという疑問が生ずるだろう。

社会科の内容構成（系統性）がどのようなものであろうと，社会諸科学の個々の概念を子どもに獲得させたり，社会事象について科学的なものの見方を形成する場合には，できるかぎり子どもの目にふれる具体的事物についての観察から出発し，具体的思考から抽象的思考へとすすむようにするべきだろう。

これは，すべての認識に共通する一般的原則であるが，社会認識の場合には，それに加えて，認識の対象自体が認識主体と同じ人間であるという特殊性について考慮する必要がある。過去の歴史的事件にせよ，現在の社会諸制度にせよ，そこにはつねに生きた人間が存在し，さまざまの人間が悩み，考え，つくりだしたものであるということを認識しなければならない。このような対象を認識するうえでは，共感が重要な役割をはたす。歴史上の人物の立場に子どもを立たせ，自分だったらどうするかといったことを具体的に考えさせるのである。

そのことと関係して，社会認識においては，認識の客観性，整合性，実証性が問われると同時に，どのような立場において諸事実を関係づけ総合するかという認識主体の立場とか階級性が問われることになる。立場によって，ものの見方，諸事実の関係づけや意味づけが異なってくることが多いからである。

たとえば，同一の歴史事象についても異なる解釈があり，歴史理論がある。歴史解釈が「歴史家の創造した構成物」としての性質をもつことは，今日，歴史学や歴史教育の上で共通認識となってきている。したがって，米英の歴史教育やわが国でも一部の教師のあいだで行われているように，いくつかの歴史的事件や人物（フランス革命，イギリス産業革命，コロンブス，など）についてさまざまの異なる解釈があること，およびその理由を生徒に考察させ，対立する解釈の比較・検討・討論を通して歴史認識の方法自体を学ばせることは，かれらの歴史認識を深め，より科学的なものにするうえで有効であり，積極的に活用するべきであろう。

3 日本の社会科教育のすすむ道

社会科は，戦前の国史，地理，修身などの教科にかわる総合教科として第2次大戦後に成立した新しい教科であるが，当初からその基本的性格をめぐって種々の批判があり，早くも1950年代のはじめごろから社会科解体の是非が現実的問題として論議されてきた。主な論点は2つある。

第1に，社会科は，戦前の修身・歴史・地理教育が超国家主義的性格のものであったことに対する反省にもとづき，日本国憲法ならびに教育基本法の精神に従って「民主主義社会の建設にふさわしい社会人」を育成することを主目標として創設されたものであった。ところが，朝鮮戦争の勃発（1950年），サンフランシスコ講和条約ならびに日米安全保障条約の調印（1951年）のころから政府与党筋には，社会科が社会問題の「科学的解決」を過信し，道徳教育を軽視する傾向があるという批判が強まり，「愛国心」の高揚と道徳教育振興のため，総合社会科を解体し，地理・歴史教育の強化と「道徳」の独立を求める動きがあらわれた。1958年の学習指導要領改訂によって，その要求は半ば達成され，「道徳」の時間が特設されるとともに小学校高学年以上で地理・歴史の系統的指導が強化されることになった。現実生活の具体的問題に取り組むことをとおして民主的社会人を育成することに社会科の基本目標を置くという立場から，

郷土・国家への愛情を育てることに力点をおく立場への転換がここに見られるが、このような社会科解体論はその後もつづき，1989年改訂における「生活科」新設，高校社会科の解体，「地理歴史科」「公民科」の新設にまで及んでいる。

　第2に、生活中心，現実問題重視の社会科は，上述のように経験主義の教育理論を基礎とするものであり，生活から遊離した教科書的知識の詰め込み主義教育に対立するもので，そのかぎりにおいて教育現場でも歓迎される側面をもつと同時に，他方において，それが学問の系統性を軽視する立場にあることから，科学の基本的知識の教育がおろそかにされるという批判が，当初から歴史教育者を中心としてあった。この問題解決学習を基本とした社会科に対する系統学習の立場からの批判は，やがて学習指導要領改訂においてもあらわれ，1958年以降，社会科の経験主義的性格はしだいに薄まり，小学校高学年以上になると地理・歴史などの諸知識を分野別に系統的に指導することに重点がおかれるようになった。

　社会科における歴史・地理等の系統的学習の重視は，民間側からの主張でもあったが，系統的学習にも実はさまざまの立場のものがあることに注意する必要がある。どのような系統性を求めるかがとくに大切であり，真に学問的な知識の系統性であるかどうかという科学性の吟味とともに，それが現実生活の諸問題の理解や解決につながるものかどうかという「生活との結合」の如何が問われなければならない。科学の基本的知識を系統的に指導するということと，現実生活の諸問題を重視するということとは，必ずしも矛盾するものではないからである。しかし，今日，社会科は，いわゆる受験教育体制の影響もあって暗記教科に堕していることが多い。社会科が歴史や地理の諸知識の暗記学習に傾いているとすれば，社会科は文字通り解体し，戦後その発足にあたってきびしく反省し，批判していた戦前の国史・地理教育へと半ば逆戻りしているといわなくてはならないだろう。

　社会科教育の現実は，上述のように発足当時の状態とは大きく異なってきている。学習指導要領の数次におよぶ改訂のなかで「道徳」が特設され，地理・

歴史・公民等の分野別系統的指導が導入され，低学年社会科と高校の社会科は廃止されるなど，当初の総合教科的性格は今はほとんどなくなりかけている。

このような状況のなかでも，社会科発足時の初志の理念に立ち返り，その精神を受け継いで教育実践に努めるべきだと主張する向きがある。だが，それはどのような意味において可能であろうか。また，すでに50年以上前にもなる当初の理念のうち，今日においても継承すべきものはなんであり，改めるべきものはなんであろうか。

社会科が発足当初にもっていた経験主義的性格，すなわち学問の系統によらず，青少年が現実生活で直面する問題の解決を中心として学習をすすめるという教育形態を，今日そのままのかたちで受け継ぐことは実際上できないし，その必要もないだろう。社会科においても，歴史学その他の社会科学の成果や方法に学んで教育内容を編成する必要があるということは，社会科50年の歴史のなかで確認されてきた。しかし，それと同時に社会科が，現実生活の諸問題に肉薄することを重視するという立場から「生活との結合」をはかったり，「地域に根ざす」教育をめざしたことは，経験主義教育の積極面としてこれを継承しようとする傾向が民間の教育研究運動のなかでは強い。環境問題，人権問題，平和と福祉の問題など，現実生活の諸問題に肉薄することを重視するとともに，そのためにこそ科学の基本的な知識や方法を系統的に指導することにも努め，両者の結合をはかるというのが，その基本的立場であるといえよう。

こうした社会科教育が，憲法ならびに教育基本法の精神にしたがい，「平和で民主的な国家及び社会の形成者として必要な資質を備えた心身ともに健康な国民の育成」を基本目標にする必要があることはいうまでもない。日本の学校が日本国憲法の精神を堅持するかぎり，社会科は民主主義教育の根幹としての地位を守りつづけるべきであろう。

参考文献
日本経済新聞社・歴史教育者協議会編『歴史教育50年のあゆみと課題』未来社，1997年
柴田義松『教育課程――カリキュラム入門』有斐閣，2000年
柴田義松『批判的思考力を育てる――授業と学習集団の実践』日本標準，2006年

第2節　中等社会科教育と生活指導

1　「公民的資質」の形成と生活指導

「公民的資質」とはなにか

　「公民的資質」とはなにか。敗戦直後に構想された公民教育構想では，実践的指導と知的指導とでもって「公民的資質」を形成するものであるとしている[1]。ここからは，「公民的資質」の形成は，単に社会科の目標であることにとどまらず，生活指導，教科外教育さらには学校外教育をも含めたところで，その目標を達成するものであると考えられていたようである。

　1947年版，51年版の『学習指導要領』においては，現在は批判的とらえなおしがされつつあるが，新憲法のもとでの「国民教育」の中核を担う教科として社会科が設定されたのである。そこでは，とくに民主主義の原理にのっとった政治的な力量を獲得させるという意味において「公民」形成，「公民的資質」の形成という目標が掲げられている。

　民俗学者の柳田国男は，戦後新設された社会科の目標は「一人前の選挙民」をつくることであると考え，成城学園初等学校の先生たちと一緒に，そのためのカリキュラムをつくり，1954年度から使用された小学校社会科の教科書『日本の社会』をつくった[2]。

　柳田のいう「一人前の選挙民」は，議会制民主主義の制度のもとに政治が行われている近現代社会において，普通選挙が制度化された国や自治体に生きる人間の政治的な力量を形成するという社会科の目標を，端的にいい表しているものとしてはなはだ興味深い。

　このなかには，「選挙と政治」という単元があり，「クラスのいろいろな係」「全校児童会」「ピーティーエー」「郷土と学校」「郷土の役所」「地方議会」「地

方の政治と国の政治」というようなトピックがあり、自分たちの自治の問題から、少しずつ地方、国へとあがっていくような構成になっている[3]。

このように、初期の社会科は、まさに「公民的資質」形成の中核であり、知的な問題にとどまらず、こんにちでは、生活指導の課題である子どもたちの政治的行為・行動の指導までも含みこんでいたといえる。

しかしながら、1955年以降の学習指導要領改訂においては、回を重ねるごとに、「公民的資質」の内実が知的な側面に傾斜してゆき、社会科の役割も社会認識の形成のみを問題にし、社会的行為や行動の力をつくっていくという側面は、しだいに影を薄くしてきている。

また、社会科教育学においても、梶哲夫は「公民的資質」の形成において「生涯学習」を視野に入れることを主張していたのであるが、社会科はその「基礎を養うことが重要」であるとして、認識と行為の分断を容認するものとなってしまっている[4]。阪上順夫はアメリカの公民教育審議会の動向に注目し、「公民的資質」を「参加・一体化される」ものとして、「広義の公民教育」を提起している[5]。山根栄次は経済的社会化の観点から、生活指導や敗戦直後の公民教育構想に見られた「公民的実習」を視野に入れた「広義の公民教育」を提起している[6]。

しかしながら、これらの研究においては、「公民的資質」の形成に対して社会科教育以外の場面、たとえば「生涯学習」や生活指導の場面を視野に入れようとしてはいるが、それらと社会科教育とのかかわりはどのようになっているのかが問題にされていない。社会科教育は、知的な社会認識の形成のみを担うものとして位置づけられているにすぎないのである。

さらに、近年、グローバリゼイションの進展に伴って、「国際理解」教育をめぐっての議論がかまびすしい。そのなかで、箕浦康子は、「地球市民を育てる」ことを学校教育の目標としているが[7]、森田俊男のように、子どもが生活している地域の具体的現実のなかに地球社会の問題が存在し、それに取り組んでいくことが「地球市民」としての資質形成に役に立つこと、すなわちアクト・

ローカリーが重要であるという点は不十分である[8]。

　この目標から，社会科教育・生活指導の共通の目標として育てられるべきものは，「国際社会に生きる日本人としての生き方・あり方を身につける」ことではなく，「地球市民として自立し，共存し，連帯して，地域に生きる力を育てる」ことであるといえる。これこそがまさに現代の地域に，そして地球社会に生きる人間の「公民的資質」であるといえよう。

「公民的資質」の内容とその獲得・形成について

　それでは，「地球市民として自立し，共存し，連帯して地域に生きる力」という「公民的資質」の具体的な内容について考えてみよう。

　ここでは，とくに，社会的状況・場面における自己判断・自己決定・自己責任の力と自治の力の問題について考えてみたい。

　社会科教育においては，自己判断の元になる歴史・地理・「公民」に関する科学的な知識・認識の形成と，それらに基づくさまざまな「個人的知識」[9]の形成がその課題の中心となる。これらを「基礎的知識」と「基本的知識」の獲得・形成とよんでもよいが，これらを段階論的に把握することは誤りである。

　そして，「個人的知識」は，個人としての自己判断・自己決定をするにあたっての材料となるものであり，その自己決定に基づき，なんらかの社会的行為・行動が行われる。この社会的行為・行動を行うにあたっての見通しと手立てを与えてくれるのが生活指導という教育的な営みである。そこでは，自己責任のとりかた，他者との連帯と自治をつくりだす方法などが具体的な学校生活や社会生活のなかで問題とされる。

　「公民的資質」とは，これらの総体である。したがって，それはひとり社会科教育のなかでのみ獲得・形成されるものではなく，いわゆる学習指導によって他の教科においても形成される「個人的知識」や，教科外教育という領域においても形成される「個人的知識」と，生活指導という教育的営みのなかでつくりだされる自立と連帯，自治の力とがあいまって，獲得・形成されるものなのである。

子どもの成長と「公民的資質」獲得・形成のためのベース

それでは,「公民的資質」を獲得・形成していくためには,どのようなベースが必要なのであろうか。

「公民的資質」を獲得・形成していくためには,「あたま」だけではなく,「からだ」を,そしてさらに「こころ」や「ことば」を同時に育てていく必要がある。

そのためには,「地球市民として地域に生きるためのスキルとアートのトレーニング」が必要である。

具体的には,少年期において「大脳辺縁系―脳幹部―自律神経系」を成熟させる野生の生活と集団(社会)の経験を豊かにもたせること,そして生命を保存する「文化としてのからだ」「自我の祖型としてのからだ」をつくることである[10]。これらのことが,初等教育段階で期待されている「公民的資質」の基礎を養うこと,いいかえれば,民主主義を維持するために必要な自覚と教養を体験を通じて学ぶということを支えるベースとなる[11]。

その上にたって,中等教育段階から始まる青年期においては,「自分くずしと自分つくり」を行っていく必要がある。親やまわりの大人たちによって規定されている自分をくずし,自分の人生の主人公となる自分をつくることである。そのような「からだ」と「こころ」と「ことば」をつくっていく必要があるのである。

この,「からだ」「こころ」「ことば」をつくっていくものが,具体的な子ども・青年の生活それ自体なのであり,生活指導とは,子ども・青年の生活それ自体が子ども・青年を指導するということを把握しつつ,その生活を子ども・青年とともにつくりだしていく教育的営みであるといえる。

2 中等社会科の授業と生活指導

中等教育の基本的課題と社会科・生活指導

中等教育の基本的課題は,「自分くずしと自分つくり」「職業選択のための普

通教育と職業教育」「地球市民として地域に生きるためのスキルとアートのトレーニング」にある。

「自分くずしと自分つくり」については，前述のとおりである。「職業選択のための普通教育と職業教育」とは，自分の職業選択に向けた進路についての自覚とそこへ収斂される普通教育と，職業教育としての専門教育のことであり，これは高等教育にも引き継がれるものだが，中等教育において始められるべきものである。「地球市民として地域に生きるためのスキルとアートのトレーニング」は，初等教育で養われる民主主義を維持するために必要な自覚と教養の上にたって，行われるものである。これは，think globally, act locally というメンタリティーと行為・行動の力とを身につけることを目標とするものである。

中等社会科の授業においては，「職業選択のための普通教育と職業教育」の一部と，「地球市民として地域に生きるためのスキルとアートのトレーニング」のうちの主として認識形成にかかわる部分，すなわち，think globally にかかわる部分が行われる必要がある。

この観点から，現在の中等社会科のカリキュラムと授業を，具体的にはその教科内容，教材，教授行為（発問・指示・説明・評価言といった指導言とパフォーマンスなど），学習方法，学習組織を再検討していく必要がある。

いっぽう，中等教育における生活指導においては，「自分くずしと自分つくり」全般，「職業選択のための職業教育」と連動した進路指導，「地球市民として地域に生きるためのスキルとアートのトレーニング」のうちの「自治と交わり，共存・連帯」のためのスキルとアートのトレーニングが課題となる。

そもそも生活指導とは，子ども・青年が自分の生活現実を知り，自分の生きかたをより価値あるものに高めていくことができるように指導する教育活動であり，子どもの生活現実を発展的に変革していくことと，子どもの人格・個性を発達させていくこととを統一してとらえていくものである[12]。

社会科の授業と生活指導

このように見てくると，どの教科もそうであるのだが，とりわけ社会科は，いっそう生活指導とつながるかたちでの「カリキュラムづくり」「授業づくり」が必要であることがわかるであろう。

前述したように，社会認識の獲得・形成と社会的行為や行動の力の獲得とは，切り離して考えることはできないはずであるのに，社会科の授業の多くにおいては，社会的行為・行動の力の獲得の問題が等閑視されているのである。

また，現在の子ども・青年たちのおかれている状況からすると，「教科中心のカリキュラム」に入る前に，いや，場合によってはそれにとって替わるものとして，「ケアと癒しのカリキュラム」[13]「エンパワーメントのカリキュラム」が必要となってきている。

では，具体的にはどのような授業をつくっていったらいいのだろうか。

埼玉県の中学校教師渡辺雅之は，「公民」的分野の授業のなかで，在日朝鮮・韓国人の問題を取り上げ，その差別の実態を実感させるために，女生徒にチマチョゴリを着せて街中を歩かせ，周囲からどのようなまなざしを受けたのか，そして，どのような扱いを受けたのかを文化祭で発表させた。

ある生徒は，パネラーとしてつぎのような発表をした。

「私が考えていた，ジロジロ見る……という人は本当に少なく，チラッと見て，目をそらしてしまう感じでした。

Yさんがイトーヨーカドーの食品売場を歩いているとき，若い男の人が『なんだ？あの朝鮮人』といっているのを耳にしました。私が駅を歩いているときも，すぐ後ろで女子高生っぽい２人が，結構大きめの声でいきなりチマチョゴリの話をしだして，『これだよね』などということも言っていました。ちょっとイヤだったです。（中略）

私服で歩いているときとは全く違っていて，ちょっと距離をおかれている感じでした。たった30分程でもイヤな気持ちになってしまったのだから，朝鮮学校の人は，もっともっとつらいと思います。本当に朝鮮学校の人たちの気持

ちが分かりました。(以下略)」

また、別の生徒は、

「一番印象強かったことは、朝鮮人の人に話しかけられたことです。最初どう対応していいのか分からなくて、おどおどしていたけれど、その人の娘が朝鮮学校の高等部に通っていると言う事を聞いてびっくりしました。(ああ、この人は朝鮮人だったのか……)とその時、初めて分かりました。

歩いていて気付いたことは、すれちがう人の視線がちらちらこっちを見るという感じだったけれど、逆に遠くからだとジーっとみてくる感じで、なんだか嫌な印象を受けました。特別怪しいという人はいなかったけれど、私が座っている前をうろついていた人がちょっと怖かったです。その時、普段の格好だったら気にしなかったと思うけれど、チマチョゴリを着ているせいか、やたらと事件のことが頭をよぎりました。(中略)

今回チマチョゴリを着てみていろいろなことが分かりました。朝鮮人がいる前で、口には出さなくても、陰で『なんだ、あの朝鮮人』と言っていることから、やはり実際に『差別』が起こっているということが改めて分かりました。(以下略)」

という、発表をしている。

これは日本社会におけるマイノリティである在日朝鮮・韓国人に対する民族差別の問題なのであるが、そのことと同時に、性差別、ジェンダーの問題でもあることを生徒たちに気づかせることにもなっている。

この実践は、社会科の授業と教科外・生活指導との関係のあり方についての1つの典型となっているのみならず、社会科の授業と「総合的な学習の時間」との関係についても具体的な1つのモデルを提示するものとなっているといえよう。

第3節　社会科教育とマルチメディアの活用

1　情報化社会の課題とメディア・リテラシー

高度情報化社会の問題

　戦後日本は，書籍，新聞，雑誌という紙のメディアが中心であった時代から，ラジオ，テレビ，衛星放送という電波メディア中心の時代に移行してきた[14]。

　また，マスメディアだけでなく，パーソナルメディアの分野においても，手紙から電話へとその中心が移行している。また，電話においても，ケータイ（携帯電話），ピッチ（PHS），というような，いわば「どこでも電話」というメディアに移行しつつあり，これらは今や多くの若者にとっての必須のアイテムになっている[15]。

　また，近年コンピュータも大きく進化し，オフィシャルな場面のみならず，パーソナルな情報操作のメディアとして，市民権を得つつある[16]。

　とくにここ数年は，インターネットにより，さまざまな情報にアクセスすることがきわめて容易になってきている。また，そこでは，単に情報収集にとどまらず，BBS（電子掲示板）やブログなどによって，個人が情報を発信したり，やり取りしたりして，情報を共有することが容易にできるようになっている。さらに，HTML（ハイパー・テキスト・マークアップ・ランゲージ）を知らなくてもホームページが作成できるソフトが次々と開発され，個人が世界中に情報を発信することもきわめて容易にできるようになってきている[17]。

　個人間の通信手段としても，手紙や電話に替わるものとして，電子メールが使われている。このメールにはファイルを添付することができ，長い文書や絵や写真，音楽などを，そしてソフトウェアなども送ることができる[18]。

　また，メーリングリストなどを使うと，ちょっとした疑問やわからないこと

に対しての回答が，すばやく配信されてくる。また，何度でも聞きなおしたり，新しい疑問点などを提起したりすることもできる[19]。

こういった新しいメディアに満ちあふれた高度情報化社会においては，受け手の側による情報に対する主体的な価値づけという行為がなされないと，玉石混淆な情報がすべてフラットになってしまうという問題をはじめとするさまざまな問題点をはらんでいる[20]。

しかしながらそれはまた，「市民」の新しい学びのネットワークの可能性を次々と実現できる社会でもある[21]。

メディア・リテラシーとは何か

上記のような高度情報化社会の抱えるさまざまな問題に対応するためには，一人ひとりがメディアに対しての批判的読解能力を身につけることが必要となってくる。さらに，メディアをとおして情報を発信する力を身につけることが必要となってくる。

この「メディアに対しての批判的読解能力」および「メディアをとおして情報を発信する力」のことを「メディア・リテラシー」とよぶ。

鈴木みどりは，「市民がメディアを社会的文脈でクリティカルに分析し，評価し，メディアにアクセスし，多様な形態でコミュニケーションを創りだす力を指す。また，そのような力の獲得をめざす取り組みもメディア・リテラシーという[22]」と「能力」と「能力形成」の2つの面から「メディア・リテラシー」の定義をしている。

メディア・リテラシーは，子どものみならず，大人においても，自己選択・自己決定・自己責任の力をつけていくうえでの重要な「道具」である[23]。

メディア・リテラシーの内容とその形成の方法

では，メディア・リテラシーの内容はどのようなものか。

具体的には以下のようなものから構成されている[24]。

マスメディア・リテラシー

パーソナルメディア・リテラシー

コンピュータ・リテラシー
インターネット・リテラシー

　メディア・リテラシーを考えるうえで重要な問題が，レン・マスターマンによって「18の基本原則」としてまとめられている[25]。
　そのなかから，ここにかかわるものを抜粋して紹介しよう。
「1. ……［メディア・リテラシーの］中心的課題は多くの人が力をつけ（empowerment），社会の民主的構造を強化することである。」
「2. メディア・リテラシーの基本概念は，『構成され，コード化された表現（representation）』ということである。メディアは媒介する。メディアは現実を反映しているのではなく，再構成し，提示している。メディアはシンボルや記号のシステムである。」
「4. メディア・リテラシーは，単にクリティカルな知力を養うだけでなく，クリティカルな主体性を養うことを目的とする。」
「11. メディア・リテラシーは，内省と対話の対象を提供することによって，教える者と教えられる者の関係を変える試みである。」
「12. メディア・リテラシーは，その探究を討論によるのではなく，対話によって遂行する。」
「13. メディア・リテラシーの取り組みは，基本的に能動的で参加型である。参加することで，より開かれた民主主義的な教育の開発を促す。学ぶものは，自分の学習に責任を持ち，制御し，シラバスの作成に参加し，自らの学習に長期的視野を持つようになる。端的にいえば，メディア・リテラシーは新しいカリキュラムの導入であるとともに，新しい学び方の導入でもある。」
「14. メディア・リテラシーは，互いに学びあうことを基本とする。グループを中心とする。個人は競争によって学ぶのではなく，グループ全体の洞察力とリソースによって学ぶことができる。」
「15. メディア・リテラシーは，実践的批判と批判的実践からなる。文化的再生産（reproduction）よりは，文化的批判を重視する。」

「16. メディア・リテラシーを支えるのは，弁別的認識論（distinctive epistemology）である。既存の知識は単に教える者により伝えられたり，学ぶ者により「発見」されたりするのではない。それは始まりであり，目的ではない。メディア・リテラシーでは既存の知識はクリティカルな探究と対話の対象であり，この探究と対話から学ぶ者と教える者によって新しい知識が能動的に創り出されるのである。」

付け加えることは何もないくらい見事な整理である。ここからは多くのことを学びとることができるであろう。

2　社会科の授業とマルチメディアの活用

社会科の授業の諸類型とそれを止揚する「新しい学習観」にもとづくカリキュラムと授業

小西正雄によれば，社会科の授業は，すでにあるものを学ばせようとする「従来型」と近未来を志向する「提案型」に分けられるという。そしてこれからは「提案型」が残っていくだろうと主張している[26]。

藤岡信勝も，教師の信念の「構造の強さ」で類型化を試みている[27]。

パウロ・フレイレは，社会科のみには限定されないが，「伝達型」「銀行型」と「対話型」とを提起している。また，レイヴ＆ヴェンガーの「正統的周辺参加」に通じるような，「対話型」による社会的実践を通じての「リテラシー」の教育を具体化している[28]。

佐藤学は，「教科中心」型に対して，「ケア（care）と癒し（healing）中心」型の「カリキュラム」を提起している[29]。

ブーバーは，「われ」と「なんじ」との対話型の「教育」を提起している[30]。

これらを通じていえることは，「自分の中にもう一人の自分を置き，そのもう一人の自分と対話できる力をもつこと」[31]「社会のことは，社会に参加することを通じて学ばれる」「あたまとからだとこころのケアと癒しとなり，エンパワーメントになるようなカリキュラムと授業をつくっていく」「生徒たちの

人間関係や社会関係をくみかえていくような授業をこころみていく」というのが，これからの社会科の授業やカリキュラムにおいても中心的な課題の1つになってくるということである。

マルチメディア活用の授業形態

それでは，マルチメディアを活用する授業は，どのような形態をとることになるのだろうか。

以下，1つの類型を示して，それに即して考察したい。

社会科の「1単元」の授業は，次のような流れをとるものと想定する。

①疑問点を出す。→②話し合って全体の課題にする。→③課題にかかわる情報を収集する。→④収集した情報を吟味する。→⑤全体への提起，話し合い，議論，討論を行う。→⑥課題がどのように解決されたか。残された課題は何か，新たに生じてきた疑問点・課題は何か，確認する。

このサイクルのなかでメディアを活用する場面は，まず①において，疑問点を誘発するような教材が多様なメディアによって提供されるという場面で，③においては，インターネットでいろいろなホームページを見る（ネットサーフィン），テレビ番組，新聞，雑誌，書籍など，メディアから情報を得るという場面で，さらに，デジタルビデオカメラ，デジタルカメラ，カセットテープレコーダー，MDレコーダー，電子メールなどを使っての取材の場面で，④においては，得た情報の整理，編集，統計処理，グラフ化などをパソコン等を使って行う場面で，⑤においては，プロジェクションボード[32]を使ってのプレゼンテーションの場面で，⑥においては，学習の成果を編集機などを使って作品化するという場面で，などであろう。

ディベートのような授業形態をとる場合は，上の，②の後が③′対立する二つのグループとジャッジに分かれて，それぞれがその立場から情報を収集する。ジャッジも判断のために情報収集する。となり，⑤′ディベート本番。→⑥′ジャッジによる判定。ディベートを通じて明らかになったこと，わかったこと，わからなかったことを明らかにする，というかたちになるであろう。メディア

活用の場面は，③′においては，③と同様の場面で，⑤′⑥′においては，⑤⑥と同様の場面で，マルチメディアが活用できるのである。

マルチメディア活用のためのいくつかの課題
　ここにあげたマルチメディア活用の授業形態をとるためには，少なくとも以下のことが必要になってくる。
　①　学校建築を見なおすこと。
　まず第1に必要なことは，学習空間・学習環境の見なおしである。現在ある多くの学校の箱型の閉鎖的な教室，前にある黒板，前向きに座るような机と椅子というようなものにかえて，オープンスペースや，プロジェクションボードや，違ったかたちでの机と椅子の配置（ひとり学びと，グループでの学び，クラス全体での学びがスムーズにいくような，机と椅子。机には，パソコン用の赤外線ポートがある）など，検討されなければならない[33]。
　②　必要な数のメディア機材（パソコン，プロジェクタ，MO，ビデオ，DVD，LD，デジタルビデオカメラ，デジタルカメラ，カセットテープレコーダー，MDレコーダー，編集機など）をそろえること。
　パソコンなら教室に10台とか20台とかではなく，子ども1人に1台必要である。学習効果は1台あたりの人数が増えるにしたがって逓減する。それも，PHSがあらかじめビルドインされており，なおかつ赤外線ポートに対応した軽いノートタイプのパソコンが望ましい。さらにはもっと軽量の，Tipo PlusのようなPDAのほうが安価なのでよいかもしれない。子どもは，教室外でも持ち歩き，宿題も自宅でそのパソコン，PDAのなかに入れてくればよいようにする。プロジェクタやビデオ，DVDなどは各教室に1台ずつ必要であるし，衛星放送等が受信できるテレビもあるのが望ましい。
　しかし，このことが難しければ，教科ごとに必要なメディア機材を選定し，教科教室型の学校建築にするという方法もある[34]。
　社会科においては，HUB，LAN経由でインターネットにつながっているパソコン，それもできればBTRON[35]も使えるパソコン，プロジェクションボ

ード，ビデオ，DVD，LD（これは将来的にはすべてDVDに移行する可能性があるが，いまのところソフトの関係で必要である），CD-RW，MO，衛星放送の受信できるテレビが教室にあり，フィールドワークや取材，そして「番組」「作品」制作のために，デジタルビデオカメラ，デジタルカメラ，カセットテープレコーダー，MDレコーダー，ヴォイスレコーダー，編集機などがあることが必要である。

③　学校にサーバを設置し，LANをはる，もしくは，そとのプロバイダに専用線で接続すること。

パソコンは，ネットにつながっていてはじめてその威力を発揮する。個々のパソコンが学内のネットはもとより，インターネットにつながっていることが絶対に必要である。そして，可能な限りそれは光ファイバ[36]でつなぐのが望ましい。

④　教師および子どもが，特に教師自身が，メディア・リテラシーを獲得している，もしくは獲得しつつあること。

上記の3つが，建築，器材というハードの問題であるのに対し，これはそれらのハードをいかに使って「学び」をつくりだしていくのかという，いわばソフトの問題である。これについては本節の前半で議論しているので，もう一度たちもどって考えてみてほしい。

高度情報化社会においては，社会科教育においても，マルチメディアを活用した教育が必要になってくるのである。

注
1)　文部省『国民学校公民教師用書』1946年（片上宗二編著『敗戦直後の公民教育構想』教育史料出版会，1984年所収）参照。
2)　「柳田社会科」については，拙稿「『柳田社会科』の目標と内容についての考察」『東京大学教育学部紀要』第24巻，1984年，同「『柳田社会科』の教材としての教科書『日本の社会』について」『福島大学教育学部論集』教育・心理部門，1988年，谷川彰英『柳田国男と社会科教育』三省堂，1988年，参照。
3)　柳田国男『日本の社会　6年下』実業之日本社，1954年

4) 梶哲夫「『国民主権を担う公民』の観点にたって」『教育科学社会科教育』No.170，1978年
5) 阪上順夫「公民教育の意義と役割」日本社会科教育学会編『社会科における公民的資質の形成』東洋館出版社，1984年
6) 山根栄次「経済的社会化と公民教育」同上書
7) 箕浦康子『地球市民を育てる教育』岩波書店，1997年
8) 森田俊男『平和・国際教育論―新しい市民の形成を―』平和文化，1993年
9) マイケル・ポラニー（長尾史郎訳）『個人的知識』ハーベスト社，1985年
10) 竹内常一『子どもの自分くずし，その後』太郎次郎社，1998年
11) 野田俊作・萩昌子『クラスはよみがえる』創元社，1989年
12) 竹内常一「生活指導」『大百科事典』（第8巻）平凡社，1985年
13) 佐藤学『学び その死と再生』太郎次郎社，1995年
14) 1952年ラジオで「君の名は」放送開始。同年ラジオ受信契約1000万台突破。1958年「ミッチーブーム」でテレビ受信契約100万台突破。1962年テレビ受信契約1000万台突破。1969年NHK，FM本放送開始。1971年テレビのカラー契約数がモノクロを追い越す。1975年テレビ広告費が新聞広告費を追い越す。
15) ケータイ（PHSも含む）がもたらす子ども・青年たちの新しいかかわりの特質と問題点については，中西新太郎「耳元でささやく―ケイタイライフと声の文化―」『季刊 高校のひろば』No.27（1998年春季号），藤川大祐『ケータイ世界の子どもたち』講談社現代新書，2008年，石野純也『ケータイチルドレン』ソフトバンク新書，2008年，参照。
16) Windows，MacOSと，いずれもGUI（Graphical User Interface）が洗練されてきて，使いやすくなっている。文字入力以外は，マウスを使うことで，ほとんどキーボードを触らなくても作業ができるようになってきている。
17) 代表的なものとして，Front Page98，Adobe Page Mill，Claris Homepage，Hot Al l，IBM Homepage Builderなどがある。
18) 電子メール用のソフト（メーラー）としては，Becky!，AL-Mail，Eudora，Eudora Pro，電信八号，Netscape Messenger，Outlook Express，Post Petなどがある。
19) メーリングリストについては，拙稿「電脳空間における新しい学びのネットワーク」『福島大学生涯学習教育研究センター年報』第3巻，1998年3月，参照。
20) 佐伯胖・坂村健・赤木昭夫『コンピュータと子どもの未来』岩波ブックレット，1988年，佐伯胖『コンピュータと教育』岩波新書，1986年，佐伯胖『新・コンピュータと教育』岩波新書，1997年，拙稿「社会科教育におけるコンピュータの使用について」『福島大学教育実践研究紀要』第15号・別冊その2，1989年3月，参照。
21) イリッチの提起した「新しい学びのネットワーク」が電脳空間上に形成されつつあるといえる。イリッチ（東洋・小沢周三訳）『脱学校の社会』東京創元社，1977年，参照。
22) 鈴木みどり「メディア・リテラシーとは何か」鈴木みどり編『メディア・リテラシーを学ぶ人のために』世界思想社，1997年，p.8
23) 山田卓生『私事と自己決定』日本評論社，1987年，桜井哲夫『〈自己責任〉とは何か』講談社現代新書，1998年，参照。
24) マスメディア・リテラシーの一部である報道写真に対するリテラシーについては，今橋映子『フォト・リテラシー』中公新書，2008年，参照。

第3節　社会科教育とマルチメディアの活用　215

25)　鈴木みどり編　前掲書，pp. 296-297 の宮崎寿子・鈴木みどりの訳文による。また，カナダ・オンタリオ州教育省編，FCT（市民のテレビの会）訳『メディア・リテラシー―マスメディアを読み解く―』リベルタ出版，1992 年，も参照のこと。
26)　小西正雄『提案する社会科―未来志向の教材開発―』明治図書，1994 年，pp. 124-137
27)　藤岡信勝『授業づくりの発想』日本書籍，1989 年，pp. 184-209
28)　パウロ・フレイレ，小沢有作・楠原彰・柿沼秀雄・伊藤周訳『被抑圧者の教育学』亜紀書房，1979 年，同，里見実・楠原彰・桧垣良子訳『伝達か対話か―関係変革の教育学』亜紀書房，1982 年，ジーン・レイヴ＆エティエンヌ・ヴェンガー，佐伯胖訳『状況に埋め込まれた学習―正統的周辺参加―』産業図書，1993 年，参照。
29)　佐藤学「ケアリングと癒しの教育」『生活指導』No. 519，1997 年 11 月号，同『学びの身体技法』太郎次郎社，1997 年，広井良典『ケアを問いなおす―〈深層の時間〉と高齢化社会』ちくま新書，1997 年，香山リカ『テレビゲームと癒し』岩波書店，1996 年，リタ・ベネット，浜崎英一編訳『心のいやしと解放』生ける水の川，1990 年，ウルズラ・ヌーバー，丘沢静也訳『〈傷つきやすい子ども〉という神話―トラウマを超えて―』岩波書店，1997 年，参照。
30)　マルティン・ブーバー（植田重雄訳）『我と汝・対話』岩波文庫，1979 年
31)　渡辺雅之「キレる（？）現代の中学生とのつき合い方」『わが子は中学生』No. 247，1998 年 7 月号，p. 8
32)　プロジェクションボードとは，電子黒板と訳される。液晶プロジェクタとちがい，ブラウン管のように裏側から投影するリヤースクリーン方式のものである。
33)　学校建築については，鈴木敏恵『マルチメディアで学校革命』小学館，1996 年，長澤悟「創意あるプランと設計を求めて」武藤義男・井田勝興・長澤悟『やればできる学校革命』日本評論社，1998 年，長澤悟『ニュースクールデザイン事典』産業調査会，1997 年，などを参照。
34)　長澤悟「創意あるプランと設計を求めて」武藤義男ほか，前掲書，参照。
35)　BTRON，そして TRON については，坂村健『TRON からの発想』岩波書店，1987 年，同『コンピュータいま何がなぜ？』読売新聞社，1996 年，同監修『マルチメディア子ども大図鑑』世界文化社，1998 年，および，URL: http://www4.tokyoweb.or.jp/tron/whatst/index.htm，参照。
　　TRON とは，かんたんにいってしまえば，「どこでもコンピュータ」，「多文化・多言語コンピュータ」である。
36)　プラスチックや石英ガラスを主成分とした，光を伝送するための伝送路。通信コストが低く，銅線の 1000 倍ともいわれる通信速度をもつ。

＊紙幅の都合で，「インターネットハイスクール」の問題についてはふれることができなかった。また別の場で論じたいと思っている。

〈巻末資料〉

◇中学校・高等学校学習指導要領 「社会科編Ⅰ」
中等社会科とその指導法　試案（1951年10月5日　文部省）

まえがき

　昭和24年以来，中等社会科学習指導要領の改訂に着手してきたが，今回は昭和22年版と違って，中等社会科学習指導要領を3巻にわかち，第1巻を「中等社会科とその指導法」とした。これは旧学習指導要領（社会科編，昭和22年度）の第一章序論を拡大したものである。

　社会科の出発以来，社会科についていろいろな誤解もあったが，特に指導法に誤りが多かったように見受けられた。そこで社会科の授業をできるだけ正しい軌道に乗せるため，本書は指導法の説明に多くのページが費やされている。したがって，この本は学習指導要領というよりも「中等社会科指導法」の性格を多分に帯びたものである。

　なお，第2巻は中学校第1学年から高等学校第1学年までの社会科，第3巻は高等学校の分化した社会科（日本史・世界史・人文地理・時事問題）とし，それぞれの参考単元を中心としたものが刊行されることになっている。

目　次

まえがき
第Ⅰ章　社会科とその目標
　社会科と社会科学
　中等社会科の目標
第Ⅱ章　社会科の教育課程
　一般社会科と分化した社会科
　単元組織
　参考単元
　社会科と道徳教育
　社会科と他教科との関係
第Ⅲ章　社会科の指導と評価
　指導の準備
　単元の提出
　計画の実行（種々な学習活動）
　評価の意味
　評価の観点と方法
　各単元に共通した評価法
第Ⅳ章　単元を指導する際の注意事項
　講義法の改善
　読書活動
　教科書の選択
　報　　告
　面接と見学
　分団（委員会）学習
　生徒の個人差に応ずる指導
　視聴覚教具の利用
第Ⅴ章　社会科の指導計画および
　　　　指導法の地方への適応
　社会科の教育課程の組織
　地域社会の学習資料の利用
　時事的できごとの利用
　あとがき

第Ⅰ章　社会科とその目標

　終戦後，新たに組織された社会科は，その後各学校において，しだいに健全な発達を遂げつつある。しかしながら，今日の社会科教育には，まだ多少の誤解や混乱があることを認めざるをえない。その最も大きな原因の一つは，これが新しく生まれた教科であるだけに，その性格に関する解釈に，人によって多少の違いがあったためと思われる。たとえば，地理や歴史や公民に分けないで組織することを，社会科の最も重要な性格のように考え

た人もあったし，討議・報告・見学・面接その他の学習活動の形式に，社会科教育のおもな特性を認めようとする人もあった。また多くの教科の区別を無視して，あらゆる分野から必要な学習内容を得るように計画されたものを社会科と考えた人もあった。

社会科と社会科学

社会科の性格を正しく理解するためには，まず社会科と社会科学との関係を考えることが最も近道であろう。ここでいう社会科学とは，歴史学・人文地理学・政治学・経済学・社会学などのように，人間関係について，それぞれの立場から系統立てて深く研究されている科学の総称である。これらは，われわれの先人によって残された各分野における貴重な知識を基礎として，常に発展しつつあり，またこれに伴なって，それぞれがさらに細かい多くの専門的分野に分かれつつある。

社会科もまた，人間関係をそのおもな学習内容とする教科である。したがって社会科と社会科学とは密接な関係をもっている。社会科学の発達をその背景としてもたなかったならば，社会科は成立することができない。したがって社会科の教師は，現代の社会科学について，相当な教養をもっていなければ，社会科の計画も指導もできない。これは，たとえば理科の教師が，物理学・化学・生物学・地学などについての教養がなければ，理科の教育計画や指導ができないのと同様である。

しかしながら，それと同時に社会科の教師は，社会科と社会科学の相違をよく知らなければならない。社会科学は元来，成人のものであり，どこまでも科学として研究されているものである。だからこのような内容は単に程度からいっても，中学校や高等学校の生徒に適当でないことは明らかである。さればといって，ただその内容を平易にして，生徒にわかるようにしただけでは，必ずしも社会科とはなりえない。それは，社会科学においては，学校教育ということは，ほとんど考えられていないからである。すなわち社会科学と社会科との最も大きな違いは，一方は純然たる科学であり，一方は学校教育における一つの教科である点である。そして社会科はおもに社会科学の取り扱う分野について，これを学問的立場からではなく，現代の学校教育という立場から，一つの教科として組織されたものである。

中等社会科の目標

学校教育という立場から，教科としての社会科を組織するためには，何よりもまず社会科の教育目標を設定し，すべての計画や指導は，これに基いて行われなければならない。戦後の日本の教育において，最もたいせつなことの一つは民主的社会における正しい人間関係を理解させ，有能な民主的社会人として必要な態度・能力・技能等を身につけさせることでなければならない。そこで中等社会科学習指導要領改訂委員会においては，中等社会科の一般目標を次のように考えることとした。

一般目標

理　解

1．民主主義がわれわれの生活の幸福にどのような意味をもっているかの理解。
2．民主主義を現代のわが国の政治的・経済的・社会的活動に具体化することが，どんなに重要であるかの理解。
3．現代の政治的・経済的・社会的問題がどのような歴史的背景をもって今日に及んでいるかの理解。
4．われわれの社会生活が，自然環境とどのような関係をもって営まれているかの理解。
5．各地の文化，たとえば言語・宗教・芸術・風習・衣食住の様式などにはいろいろの違いがあるが，その底には共通な人間性が横たわっていることの理解。
6．各地の人々の相互依存関係がどんなに重要であるかの理解。

態　度

1．人種・国籍・信条・性別・社会的身分などの

いかんにかかわらず，他人の権利や業績を尊重する態度。
2。社会の一員として自己の責任を自覚し，義務を果たすとともに，自分の権利が尊重されることを主張する態度。
3。自分と反対の見解や，他人の意見に対して，広い心をもって接する態度。
4。人々と協力して，社会生活上の種々の問題解決に，みずから進んで参加する態度。
5。真理を追及〔ママ〕し，正義の実現に努力する態度。
6。外国の文化を尊重するとともに，わが国の文化をいっそう発展させようとする態度。
7。生活を計画的に営み，日常の行動において，礼儀を正しくする態度。

能力・技能
1。書籍・雑誌・パンフレットなどから，あるいは観察・調査・面接などによって，適切な資料を見出す能力・技能。
2。資料を科学的に処理し，正しい結論を得る能力と技能。
3。地図・統計資料・グラフ・絵画などを解釈したり，作ったりする能力と技能。
4。社会生活上の種々の問題を見出し，社会生活をよりよくする計画を立てる能力。
5。人々といろいろな問題について討議したり，自分の考えをはっきり発表する能力。
〔注〕 目標をこのように理解・態度・能力・技能などに分けると，かえって不完全なものになる。なぜならば，これらはたがいに密接に関連しており，別々に考えるべきものではないからである。しかし，このように分けたほうがわかりやすいので，便宜上この方法を採用することにした。

ところで，現在の中等社会科の教育課程では，中学校においては一般社会科の形で課され，これとは別に日本史が課されてもよいことになっているし，高等学校第2学年以上の社会科は，日本史・世界史・人文地理・時事問題に分かれている。このような諸科目が存在する意義については次章に譲ることとしても，ここで注意しなければならないことは，これらの諸科目の計画および指導においても，常に社会科の一般目標の達成を目ざさなければならないことである。しかしながら，これらの分化した社会科においては，そのおもに取り扱う分野にもそれぞれ特殊性があるので，その計画や指導にあたって，特に重点をおくべき点を明らかにした特殊目標を設定したほうが便利である。これらに関して改訂委員会において設定したものは次のようである。

中学校日本史の特殊目標
1。日本の社会は概括的にみて，原始社会・古代社会・封建社会を経て近代社会へと発展し，それぞれの社会は本質的に相違することを理解すること。
2。それぞれの社会における人々の生活，生活上の問題解決を理解することを通じて，今日のわれわれの問題解決に資すること。
3。それぞれの社会における政治・経済・文化生活は，たがいに密接な関係をもっていることを理解し，これを総合して考える能力を育てること。
4。日本の社会の発展を常に世界史の背景のもとに理解するとともに，日本の特殊性を考え，現在の社会問題を世界史的にはあくする能力を養うこと。
5。生徒の身近かな生活環境の中に存する歴史の姿を通じて，日本社会発展の姿を理解すること。
6。文化遺産を正しく評価し，これを尊重し，積極的に親しもうとする態度・趣味を養うこと。
7。社会の進歩に貢献した先人の業績などを通じて，積極的に社会の発展に協力したり，他人から尊敬されるような人格を築きあげる態度・習慣を養うこと。
8。郷土および国に対して深い愛情と尊敬をもつとともに，世界各国の人々と友好的に交際する

態度・能力を養うこと。

高等学校日本史の特殊目標

1．日本歴史の発展を科学的・合理的に理解するとともに、その時代概念を明確にする能力を養うこと。
2．現代社会の諸問題の歴史的理解を深め、その問題解決に必要な能力を発達させること。
3．歴史発展における普遍性と同時に、地域による特殊性を認識すること。
4．現代社会の生活文化を総合的・発展的に理解すること。
5．歴史が人間の努力によって進歩発展することを理解することにより、社会進展に対する自己の責任感と情熱とを養うこと。
6．日本の各時代・各社会に共通する人間性のはあくに努力すること。
7．日本歴史における史実を、合理的・批判的に取り扱う態度と技能を育てること。
8．日本の社会の発展を常に世界史的にはあくし、現代日本の世界史的地位を認識する能力を育成するとともに、進んで国際親善・人類平和の増進に協力する態度を養うこと。
9．わが国の文化遺産を、社会性との関連において正しく理解し、これを尊重愛護する精神を育て、さらにわが国に対する愛情を深め、そのよい伝統を保持し、伸張する態度を養うこと。
10．歴史地図を読んだり、描いたり、また正確な資料を入手して、これを正しく図表などに表現する技能を養うこと。
11．日本の国の正しい姿を知るとともに、歴史学への学問的関心を深める態度を養うこと。

高等学校世界史の特殊目標

1．世界的の広い視野に立って、国際協力をおしすすめる精神を育て、世界平和への努力を惜しまない人類愛を養うこと。
2．世界史の発展と動向とをくりかえし理解することによって、歴史的思考力を訓練し、現代社会の諸問題を理性的に批判し、正確に判断する能力を養うこと。
3．世界史における時代概念を適確に理解することによって、現在社会の歴史的地位をはあくし、正しい社会観と健康な常識とを育成すること。
4．世界における古典や名著に親しんで、その読解力をたかめ、また、文学・美術・音楽などの作品を通じて、芸術愛好の心情を養い、豊かな人間性を養うこと。
5．現代日本の世界史的地位を理解することにより、わが民族使命を自覚し、あわせて、個人の努力の価値をも認識すること。
6．調査・見学・研究などの実践を通じて、研究に対する誠実な態度と、資料を歴史的に整理する能力とを育て、討論・発表に必要な技能と公民的素質を養うこと。

高等学校人文地理の特殊目標

1．自然環境と人間生活との関係を科学的に研究し、これを正しく理解すること。
2．現実の社会生活の種々なできごとを正しく判断するために、必要な地理的知識を獲得すること。
3．現代の社会ではわれわれの生活は広く世界各地につながりをもって営まれていることを理解させ、他地方や外国の人々の生活に対して心からの理解をもち、狭い愛郷心や愛国心にとらわれず、他地方や外国の人々と協力する態度を養うこと。
4．自然環境を有効に利用するとともに、資源を愛護する態度を養うこと。
5．現代社会の地理的問題に対する関心や敏感性、さらに問題解決の能力を養うこと。
6．地図を読み、描き、また正確な資料を入手して、これを正しく解釈する技能を養うこと。
7．地理的観察力・思考力・判断力を養うこと。
8．種々の地理的書物や紀行文などを愛読する習慣や、旅行の趣味を養うこと。

高等学校時事問題の特殊目標

1．政治的・経済的・社会的事象についての基本

的概念・原則を理解するとともに，それらを現実の問題に応用する能力を養うこと。
2．現代の社会人として日常当面する重要な政治的・経済的・社会的問題に対して，正当な関心を養うこと。
3．生徒が現在および将来当面する個人的・社会的諸問題に取り組む態度を養うとともに，それを合理的に解決する能力を発展させること。
4．個人的・社会的諸問題の解決に必要な民主的方法の意義を体得すること。
5．社会の問題の解決に役だつ種々な資料，たとえば新聞・雑誌・放送・映画などによって提供される資料を批判的に選択し，これを自己の公正な意見を組み立てるために有効に使用する技能を育てること。

第Ⅱ章 社会科の教育課程

社会科の教育課程を立てるにあたっては，何よりも社会科の教育目標を重視し，これに最もよく到達できるように考慮を払わなければならない。それがためには，一方ではその内容や組織が生徒の必要・能力・関心などにも合致し，教育上最も有効に学習されることが重要である。これは概念的には考えられるが，具体的にこれを行うとなると，いろいろむずかしい問題に当面する。

一般社会科と分化した社会科

わが国の旧制中学校における科目の中，今日の社会科に相当するものとしては歴史・地理・公民の三科をあげることができる。これらはその教育目標も今日の社会科とは違うものであり，特に戦前のものは国家主義的教育の色彩が濃厚なものであったから，そのままで社会科になると考えては大きな誤りである。しかしながら社会科の課程としては，歴史・地理・公民に分けても成り立つことができるし，現に高等学校第2学年以上の社会科は日本史・世界史・人文地理・時事問題（公民）に分かれて選択科目として課されている。

ところで中学校と高等学校とでは教育課程に種々な違いがある。まず中学校では，生徒の年令や義務教育であることが考慮されて，大部分の教科は必修となり，選択教科はごくわずかである。そこで中学校の社会科として，歴史・地理・公民の三科目に分け，これらを必修として課すように計画すると仮定しよう。この場合も過去のようにそれぞれの科目を相互に関係なく，しかも先人がそれぞれの分野において残した遺産を，ただ平易にして生徒に伝える，というような考え方をしてはならない。社会科の教育においては，その目標に示されているように，生徒に現代の社会生活をよく理解させ，これを基礎として民主的社会人として望ましい態度・習慣・能力・技能などを身につけさせることに中心が置かれることを忘れてはならない。だからこのような目標を常によく考えて，これに到達しやすいように各科目の計画を立てなければならない。したがって，各科目の内容も過去のそれと，いろいろな点で違ってこなければならないはずである。たとえば歴史の内容も，過去のそれのように，政治史や戦争の歴史を主体としたものであってはならず，それぞれの時代における政治的・経済的・社会的活動を広く取り入れて，現代社会生活の歴史的背景を理解させることに重点がおかれなければならない。また地理も各地域の自然環境と社会生活との関係を中心とし，広く各地の政治・経済・社会的活動を取り扱うとともに，これらの活動と自然環境との関係が，歴史的にどのように発展してきたかについても考察しなければならないはずである。さらに現代の政治的・経済的・社会的活動の学習を主体とする公民においては，これらの諸活動の歴史的背景や自然環境との関係も，当然その内容としてはいってこなければならないことになる。このように考えると，各科目の内容にははなはだしい重複をきたし，しかもそれぞれの科目によって教師が違う場合には，相互の関連もふじゅうぶんとなって，生徒は同じようなことを違った時間に，違った教師からくりかえして教えられることが，しばしば起りがちと

なる。しかも同一事象に対して，それぞれの科目の立場から違った見解を教えられるようなことがあると，まだこれらを自分で統一できるだけの域に達していない中学校生徒には，理解に混乱がもたらされやすい。それに中学校の諸教科がそれぞれ幾つもの科目に分かれることになると，科目の数が全体としてはなはだしく多数となり，それぞれを一週きわめてわずかな授業時間で受け持つことになる。そして，このような教育課程では，生徒は幾つもの小さな部屋に分離されたような知識や考え方をばらばらに得るにとどまりがちである。そこで教科としては，内容をもっと大きくくくり，細かい「ワク」をはずしたほうがよいとの考えは，戦前のわが国の教育でも論ぜられ，一部のものには，これが実施されつつあった。すなわち，たとえば理科や数学においてはこのような方向の教育課程が組織され運営されつつあったのである。そこで人間関係をその学習の中心とする社会科関係のものについても，その内部の科目の境を外して，大きくまとめたほうが中学校の教科としては有効ではないかとのことは，当然考えられてくる。

終戦後のわが国の中学校においては，すべての教科について，まずそれぞれの教育目標を明確にし，これに到達することを主眼として，これまでの内部の小さな境にとらわれない教科制が採用された。これはこれまでの科目の内容を単に関連づけたり，合わせたりする考えとは，その出発点において違っている。そして社会科においても，一般社会科が計画されるようになった。しかも生徒をりっぱな民主的社会人として成長させることの必要性から，この一般社会科は高等学校第1学年まで必修教科として課せられることになったのである。それにつけても一般社会科となってから，歴史教育・地理教育・公民（政治・経済・社会）教育がなくなったように考えることは大きな誤りである。一般社会科では，これらを別々の科目として取り扱わないだけのことである。

ところで中学校の社会科で，日本史が別に設けられてもよいことになっていることは，矛盾のように見える。事実，日本史を一般社会科と別個に課さなければならないという積極的理由は存在しない。しかし一方，過去の日本史が極端な日本中心主義の思想の養成に大きな役割を演じていたことは否定できない。自分の国の歴史について，このようなかたよった考え方を教えてきたことは，日本の教育にとって不幸なことであったといわなければならない。そこでせめて義務教育の間に，生徒に，日本の現代社会の歴史的背景を誤りなく理解させたいとのことから，これが別個に設けられてもよいことになっているにすぎない。

しかしながら，日本史を別個に課さなくとも，一般社会科の中でじゅうぶんにその目的が達せられるように計画することも可能である。この学習指導要領では，一般社会科と日本史とが別に計画されているが，各学校の実際指導計画では，両者を合わせたものを作ってさしつかえない。もっともこの場合，一般社会科の各単元は，歴史・地理・公民の内容が均等に融合されたものでなければならないように狭く考える必要はない。また，たとえ日本史を別にする場合でも，一般社会科と日本史とは同一の教師が教えて，その内容のむだな重複を除き，また常に社会科としての目標を認識して，両者の指導に矛盾がないように注意することが望ましい。

高等学校になると，この年令の生徒の必要および心身の発達を考えて，必修教科は少なくなり，たいていの教科はそれぞれ幾つかの科目に分かれて，しかも選択制となっている。社会科においても第2学年以上では，日本史・世界史・人文地理・時事問題に分かれているが，これらも過去のもののように，それぞれ相互に関係なく独立したものと考えてはならない。たとえ幾つかの科目に分化していても，これらは共通に社会科の目標の達成を目ざさなければならないものであり，ただ，その重点の置き方における多少の違いが，それぞれの特殊目標として区別されているにすぎない。

単元組織

 一般社会科や分化した社会科の内容を、どのように組織するのが教育上最も効果があるかについては、いろいろ考慮しなければならない問題がある。ごく旧式の教育では、教科書を中心として、これに書かれている事実をよく覚えさせることが主眼であったが、今日の社会科の教育目標は、このようなものではないし、また、これは単に教科書に書いてあることを覚えさせるような指導によっては達成することができない。

 教科書は学習上、重要な手がかりであるには違いないが、これにとらわれることなく、生徒の必要・能力・関心などをよく考慮して、社会科として最も効果が上がるような組織にしなければならない。これに関して、今日多くの人々によって推奨されているものの一つに単元組織がある。ところで単元という場合には、だれでもその内容がなんらかのまとまりをもったものを考えているが、その定義は人によってまちまちであり、極端な場合には、教科書の章に相当するものを単元とよんでいる人もある。

 そこでここでは、社会科の単元としては、「歴史・地理・政治・経済・社会等の人間関係の分野において、生徒にとって関心があり、また重要な問題を中心として、ある一定の教育目標の達成を目ざして展開される学習経験のまとまり」と考える。もっとも、この定義によっても、単元についてはまだばく然とした概念しか得られないし、またその解釈いかんによって、種々な性格の単元が考えられるわけである。しかし単なる内容の集まりではなく、問題から出発して、目標や内容が構成されるものであることに注意しなければならない。たとえばこの学習指導要領に示されているどの参考単元でも、これまでの歴史や地理や公民の内容を、それぞれ適当な大きさにまとめたものではなく、題目として示されている問題をまず考えて、これを中心として作られたものである。

 このような単元組織は、その学習にあたって、どんな長所をもつであろうか。まず生徒は一つの問題を中心として、幾日間もこれに取り組んで学習することができる。また、いろいろな事実を相互に関係なく、ばらばらに学習する不利から脱して、大きな問題を中心として、すべての事実が相互に密接な関連をもつようにその学習経験を組織されるから、生徒は基本的知識や理解をよく身につけることができる。さらに単元の学習の最初にあたって、生徒にはその目標や内容の全体がわかるから、各生徒は、自分が現在やっていることが、単元の全体から見て、どんな意味をもっているかを常に自覚しながら、学習が進められるばかりでなく、他の生徒の学習の進度にわずらわされないで、自分の創意によって学習を続けていくこともできる。単元学習の大きな特徴の一つは、種々の形式の学習活動が容易にかつきわめて自然に取り入れられる点である。教師の講義本位による単調で受身的な授業から脱して、問題解決に向かっての生き生きとした種々の学習活動を通じて、民主的社会における人間関係の基本的知識や理解をはじめ、民主的社会人として望ましい態度・能力・技能等を発達させることができる。

参考単元

 社会科の学習効果が上がるためには、単元計画が適当であることも一つの重要な条件である。単元計画を学習指導要領に書き表わす形式については、別にきまりがあるわけではない。単元計画はきわめて簡単にも、あるいは詳細にも、書き表わすことができる。しかし各教師が実際に指導計画を立てるにあたって最も利用されやすいようにするためには、中等社会科としては、少なくとも次の諸事項が含まれていることが望ましい。

1。単元の題目 単元の内容およびその学習の方向が、だいたいわかるようなものを選ばなければならない。しかも生徒に興味を感じさせ、自分たちの学習する問題であることを意識させるために、生徒の経験を基礎とした疑問体の表現を用いることが望ましい。

2．要旨　その単元が，学年全体の計画の中でどのような位置を占め，またその学習が，生徒にとってどんな意味をもっているかが，各教師によくわかるように要点をつかんでしるされなければならない。

3．目標　各単元の学習目標をできるだけわかりやすく項目別に掲げるとともに，目標としては知識や理解事項ばかりでなく，民主的社会人として望ましい態度・能力などもじゅうぶんに考慮しなければならない。また，これらは，生徒の発達を考慮して，これに向かって成長可能と考えられるものでなければならない。

4．内容　目標を達成するに最も適当と考えられる材料を厳選し，いたずらにもりだくさんにならないように注意することが必要である。またその排列は，定義や一般的原則からではなく，できるだけ生徒の身近かな問題から出発して，これを広く発展させ，基本的知識や理解がよく身につくように考慮が払われなければならない。

5．学習活動の例　選ばれた内容を，どのようにして学習するのが，単元の目標に向かって成長する上に最も有効であるかをよく考えて，種々な形式の学習活動が選ばれなければならない。

　〔注〕　学習活動には教科書が大いに利用されることは当然であるが，教科書としては，いろいろな種類のものがあるから，これらの内容の適切な部分を示すことは困難である。そこで，この学習指導要領では，できるだけ一般的な活動の例をあげ，教師の利用に弾力性をもたせることにした。

6．評価　学習によって単元の目標がどの程度に達成されたかを測定する観点や方法を，できるだけ具体的にあげる。この場合，知識や理解ばかりでなく，態度・能力等の評価法についてもじゅうぶんに考慮されなければならない。

7．参考資料　単元の学習に参考となる生徒の資料として，読書活動用のものばかりでなく，視聴覚的材料も含んだ表が作られることが望ましい。

　〔注〕　教科書もこの中に含まれるべきであるが，当然のことであるから省略されてもよい。なお，この学習指導要領では，科目によって，ある研究機関が作製したものを転載してあるが，これは改訂委員会が最も適当な参考資料表と考えたわけではなく，むしろ単元として形式をととのえることがおもな目的で，このようなことが行われているにすぎない。

　ところで各学年にどのような単元を選んだらよいかを決定することは，むずかしい問題である。学習指導要領に示される諸単元は，どこまでも参考用であって，このとおり実行しなければならない性質のものではないが，それにしてもできるだけ適切なものであることが望ましいわけである。それには生徒の能力や関心，現代諸科学の発達，社会生活に対する有用性その他を考え合わせなければならないが，それにしても社会科のような性格の教科では，ある学年ではこの単元でなければならないというような絶対的なものは考えることができない。

　改訂委員会においては，この点で多くの議論がなされたが，結局，一般社会科では生徒の発達も考慮に入れて，学年の主題を，第1学年「われわれの生活圏」，第2学年「近代産業時代の生活」，第3学年「民主主義の発展」，高等学校第1学年「われわれの社会生活の基本的諸問題」と定め，それぞれのもとに各学年に4あるいは5単元を選定して，学年ごとに学習の系統とまとまりを与えることにした。このように主題を定めたり，単元を排列するに際しても，中学校の生徒になると，いろいろな知識や考え方にも分野の区別があることにしだいに目ざめてきていることにも考慮を払った。それは，知識や見解にも分野の違いのあることを，生徒の発達に応じて気づかせることも，教育の任務の一つであると考えたからである。そこで一般社会科の単元といえば，その内容は歴史・地理・政治・経済等の面がすべて均等に融合され

たものでなければならないような狭い見解を排して，各単元がそれぞれ余り狭い分野にとどまることがないように注意するとともに，第1学年は地理および歴史，第2学年は歴史および地理，第3学年は政治・経済・社会および歴史的なものを主体として排列することにした。また高等学校の一般社会科には，新しい学校生活並びに第2学年以上で分化する社会科の諸科目へのオリエンテーションを与えるように計画されている。一方，分化した社会科の諸科目については，それぞれの分野が比較的明らかであるから，学年の主題を設ける試みはしなかったが，社会科の一般目標およびそれぞれの科目の特殊目標をよく考慮して，各単元が社会科としての性格をじゅうぶんに備えたものに改め，また単元の記載形式も一般社会科とあまり違わないようにした。

社会科と道徳教育

生徒の道徳的生活の向上に向かって努力することは，今日のわが国の学校教育に課せられた重大な問題である。戦前のわが国の教育課程には修身科があっていろいろな徳目をかかげ，しかもその中には，国家主義的色彩が濃厚なものが多く，これらについておもに訓話が行われていた。修身科の目的や内容が不適当であったことはもちろんであるが，このように道徳を正面から取り上げて訓話的に教え込むやり方が，教育的効果の薄いものであることは，すでに多くの人々によって認められている。それに道徳教育は，ある特定の教科や科目だけが受け持つべきものではない。それは学校教育全体が責任を負わなければならないものであり，各教師は学校教育のあらゆる機会をとらえて，生徒の道徳的理解・判断力・態度・習慣の養成に努めなければならない。

そこで戦後のわが国の教育課程からは修身は除かれ，したがって社会科にも過去の修身科が含まれていないことに注意しなければならない。しかしながら人間関係をそのおもな学習領域とする社会科が，生徒の道徳的理解や判断力の養成に大きな貢献をしなければならないことは明らかである。すなわち社会科の一般目標に示されている態度の諸項目を見ても，これらはどれも民主的社会人として望ましい道徳的な面ばかりといってもよいくらいである。さらに各単元の諸目標の中に含まれている態度・習慣等の項によれば，その目ざす方向がいっそう具体的にはあくされるであろう。もっとも一般目標中の態度のすべてが各単元の目標として具体化されているわけではなく，その単元の特殊性に関連した特色のあるものだけが掲げられているにすぎないことに注意しなければならない。各単元にその学習の目ざす民主的社会人として望ましい態度や能力を多く掲げようとすれば，各単元ともにあまりに同一項目がくり返されすぎるので，これを避けたわけである。

したがって社会科の教師は，まず社会科の目ざす民主的態度の目標をよく認識し，あらゆる学習活動の機会をとらえて，その育成に努力しなければならない。たとえば，どの単元の学習にあたっても，自分の責任の自覚や義務の実行，人々と協力する，他人の権利や業績を尊敬する，礼儀を正しくする，その他の態度の養成は共通に目ざさなければならないものであるし，観察・調査・面接などに際しても，その能力や技能ばかりでなく，他人を尊敬し，礼儀正しい態度が養われるように指導しなければならない。

しかしながら，今日の教育では，これらの態度を訓話や命令によって強制する方法をとるのではないことに注意しなければならない。それは常に具体的問題を通して生徒自身が考えるように仕向け，またあらゆる機会にみずから経験しながら，これを体得するように指導することが望ましい。もっとも，これらの態度は単に社会科の学習だけによって養われるものではなく，他教科の学習に際しても，あるいはその他の学習活動によっても，常に目ざさなければならないものであるが，社会科においては，これらの態度育成の重要な背景である道徳的理解や判断力を養わせる点において，

他教科に比べて大きな責任を負わなければならない。特に小学校の児童よりも精神的発達が進んだ中等学校の生徒には、この点の指導が重要となってくる。それに中学校上学年から高等学校の生徒になると、精神的発達が著しく進み、道徳の知的解明を求める時期になる。そこで各参考単元も、このようなことを考慮に入れて計画されているし、特に今回の改訂に際しては、生徒の国際理解を深め、広い視野に立った世界人としての日本人を育成することに力が注がれている。そこで各校での指導計画や実際の指導に際して、このような点に特に留意されることが望ましい。

生徒の道徳的生活の向上を目ざして指導するに際しても、成人の社会の道徳の現実は、常に教師を悩ますところに違いない。そして時には学校教育の無力さを痛感せざるをえないようなこともあるであろう。しかしわれわれは、教育の効果を上げることにあせってはならない。忍耐強く、しかも将来に希望をもって生徒を指導していくことが重要である。

社会科と他教科との関係

人間関係をおもな学習対象とする社会科では、ややもするとその内容の取扱方において、他教科と重複を起しがちである。それはどんな教科でも、その内容として人間関係に関することが、なんらかの形で取り上げられるのが当然であるからである。現在の教育課程では、過去のそれのように、各教科の境は明確に区画されるべきではないが、一方では他教科との間のむだな重複は極力避けて、学習の能率を上げるように計画されなければならない。

過去の一般社会科においては、この点でやや欠点があったことは否定できない。そこで今回の改訂に際しては、この欠点をできるだけ除くことにした。それには、第一に社会科の一般目標並びにこれをさらに具体化した各単元の目標の達成を目ざして内容およびその取扱方を厳選し、いたずらに材料の関連性をもって内容の範囲を広げないことにした。それと同時に他教科においても、それぞれの目標に再検討を加え、たとえ社会科と同一種類の材料を取り扱う場合でも、その観点にそれぞれの教科の特性を持たせることに努力が払われた。

さればといって、これは実際の指導において、他教科のことを考慮しなくともよいということにはならない。元来諸教科はたがいに助け合って、生徒の健全な成長を促進しなければならない。したがって社会科の指導においても、たとえば国語、理科、職業・家庭のような社会科と密接な関係のある諸教科の学習の助けになるように心がけなければならないし、また反対に、社会科も他教科の学習によって助けられるように願うべきである。そして指導に当たって最も避けなければならないことは、各教科その他の活動のなわばり争い、あるいは指導の責任の押しつけ合いである。

◇中学校学習指導要領「社会科」（1977年7月23日）

第2節　社　会
第1　目標

広い視野に立って、我が国の国土と歴史に対する理解を深め、公民としての基礎的教養を培い、民主的、平和的な国家・社会の形成者として必要な公民的資質の基礎を養う。

第2　各分野の目標及び内容

〔地理的分野〕
1 目　標
(1) 日本や世界の様々な地域についての学習を通して，地理的な見方や考え方の基礎を培い，広い視野に立った我が国土に対する認識を養う。
(2) 日本や世界の各地域における人々の生活には，地方的特殊性と一般的共通性のあることに気付かせ，各地域やそこに住む人々の生活を正しく理解するための基礎を培う。
(3) 日本や世界には大小様々な地域的まとまりがあり，それらが相互に関連し合っていることを理解させるとともに，国際社会における日本の役割を考えさせる。
(4) 自然及び社会的条件と人間との関係は，人間の活動によって絶えず変化し，それに伴って地域も変容していることに気付かせるとともに，環境や資源の重要性についての認識を養う。
(5) 地理的事象に直接触れてそれを正しく考察することに必要な能力と，地理的事象を適切な資料に基づいて多面的に考察し公正に判断しようとする態度を育てる。

2 内　容
(1) 世界とその諸地域
　ア　生活舞台としての地球
　　地球儀に親しませ，世界地図に対する正しい見方を育てるとともに，水陸の分布，大陸相互の位置関係，地球上における人口分布並びに主な国の国土の形状と面積及び我が国との関係位置を取り上げて，人間の生活舞台としての地球の様子について理解させる。
　イ　世界の自然
　　世界の地形，気候，植生，海洋などを大観させ，世界は様々な自然条件をもつ地域から成り立っていることを理解させる。
　ウ　世界の諸地域
　　世界の諸地域における人々の生活及び地域の特色を，以下の項目をもとにして理解させる。
　　(ア)　位置と歴史的背景
　　　地理的位置の変化，探検や開発の歴史，国家の成立などに関する事柄のうち，各地域の現在の主な生活様式や地域の特色を把握（はあく）するための手がかりとなるものを取り上げて，そのあらましを理解させる。
　　(イ)　自然の特色
　　　地形，気候，植生，海洋などのうち，各地域の生活や産業と深い関係をもっている事象を取り上げて，地域の自然の特色を理解させる。
　　(ウ)　住民と生活
　　　人口の分布・増減，住民の民族構成，生活様式にみられる特色などのうち，適切なものを取り上げて，地域の人々の生活の特色を理解させる。
　　(エ)　資源と産業
　　　主な資源の分布と開発状況，主な産業などを取り上げて，それらを成り立たせている地理的諸条件やそれらが地域において果たしている役割を理解させるとともに，それらの資源，産業などと日本との関係に着目させる。

(2) 日本とその諸地域
　ア　国土の成り立ち
　　国土の位置，領域の特色と変化，人口分布のあらましなどを取り上げて，国土の現状を大観させ，国土が様々な地域から成り立っていることを理解させる。
　イ　国土の自然
　　地形，気候，植生，日本をめぐる海洋，自然の災害などを取り上げて，国土の自然の特色を世界各地域のそれと比較しながら全体的に把握させるとともに，地域によって様々な差異がみられることを理解させる。
　ウ　身近な地域
　　身近な地域における諸事象を取り上げて，縮尺の大きな地図の読み方についても理解させながら解察や調査をさせ，地理的な見方や考え方の基礎を身につけさせるとともに，生徒が生活

している土地に対する理解と関心を深めさせる。
エ　日本の諸地域
　日本の諸地域における人々の生活及び地域の特色と動向を，以下の項目をもとにして世界や日本の他地域との比較や関連において理解させる。
　（ア）　位置と歴史的背景
　　地理的位置の変化，開発の歴史などに関する事柄のうち，各地域の現在の主な生活様式や地域の特色を把握させるための手がかりとなるものを取り上げて，そのあらましを理解させる。
　（イ）　自然の特色
　　地形，気候などのうち，各地域の生活，産業，自然の災害などと深い関係をもっている事象を取り上げて，地域の自然の特色を理解させるとともに，自然と人間との関係が人間の活動によって絶えず変化していることを着目させる。
　（ウ）　資源の開発と産業
　　主な資源の分布と開発状況，主な産業などを取り上げて，それらを成り立たせている地理的諸条件やそれらが地域において果たしている役割を理解させ，資源の開発や産業の発展が地域の人々の生活と深くかかわっていることに着目させる。
　（エ）　人口と居住
　　人口の分布・増減・移動，主な都市の発達と機能などを取り上げて，それらを産業や交通と結び付けて考察させるとともに，都市化が進むにつれて現れてきた問題に着目させる。
　（オ）　他地域との結び付き
　　物資や人口の移動現象などを取り上げて，地域は，広く日本や世界の他地域と結び付きながら日本や世界の一部としての役割を果たしていることを理解させるとともに，各地域の結び付きやそれぞれの役割は，産業や交通の発達に伴って変化していることに着目させる。

(3)　世界の中の日本
　日本や世界の諸地域の学習によって養われた目で日本を全体的に見直し，世界との比較や関連において，我が国土に対する認識を深めさせる。
　ア　世界との結び付き
　　交通，貿易などによる世界との結び付きを取り上げて，国際分業の中で果たしている我が国の役割や国際関係の中で我が国が当面している問題に着目させ，国際協力の重要性に気付かせる。
　イ　国土の利用と保全
　　我が国が当面している人口，食糧，資源，産業，都市などの問題のうち，幾つかを取り上げて，国土の利用やその動向について考察させ，国民生活の安定と向上を図るためには，国土の合理的な利用と保全が大切であることを理解させる。

3　内容の取扱い
(1)　内容の(1)，(2)及び(3)は，この順序に取り扱う必要がある。
(2)　内容の(1)並びに(2)のア及びイの取扱いに当たっては，生徒の発達段階を考慮し，複雑な地域の結び付きや事象などに深入りしないように配慮する必要がある。また，内容の(2)のウ及びエ並びに(3)の取扱いに当たっては，生徒の発達段階を考慮し，日本や世界の様々な地域の相互関連や動向にも触れながら多面的に取り扱うように配慮する必要がある。
(3)　内容の(1)のウの取扱いに当たっては，我が国と政治，経済又は文化の上で関係の深い地域又は国を中心とし，その他の地域又は国については簡略に扱うように配慮する必要がある。
(4)　内容の(2)のウの取扱いに当たっては，指導の観点や学校所在地の事情によって，内容の(2)のエの中の学校所在地を含む地域の学習と結び付けて学習の効果を高めるようにするなど，弾力的に取り扱ってもよい。また，指導に当たっては，歴史

的分野の指導との関連を考慮して取り扱う必要がある。
(5) 内容の(2)のエにおける日本の地域区分については，指導の観点，学校所在地の事情などを考慮して適切に決める必要がある。また，各地域の特色については，等質地域と機能地域の両面から考察させるようにする必要がある。

〔歴史的分野〕
1 目標
(1) 我が国の歴史を，世界の歴史を背景に理解させ，それを通して我が国の伝統と文化の特色を考えさせるとともに，国民としての自覚を育てる。
(2) 歴史における各時代の特色と時代の移り変わりを，地理的条件にも関心をもたせながら理解させるとともに，各時代が今日の社会生活に及ぼしている影響を考えさせる。
(3) 国家・社会及び文化の発展や人々の生活の向上に尽くした先人の業績を学ばせるとともに，現在に伝わる文化遺産をその時代や地域との関連において理解させ，それを愛護し尊重する態度を育てる。
(4) 歴史にみられる国際関係や文化交流のあらましを理解させ，他民族の文化，生活などに関心をもたせて国際協調の精神を養う。
(5) 具体的な事象の学習を通して歴史に対する関心を高めるとともに，歴史的事象を多角的に考察し公正に判断しようとする態度と能力を育てる。

2 内容
(1) 文明のおこりと日本
人類が，それぞれの地域の自然環境に対応しながら，文明を築き上げていったことを理解させる。
また，日本列島に住む人々の生活が狩猟・採集から農耕へと発展し，やがて，東アジアの情勢とも関連をもちながら次第に国が形成されていったことを理解させる。
　ア　人類の出現と世界の古代文明
　　人類の出現と古代文明を扱い，特に自然環境との関連，技術の発達，文字の使用などに着目させる。
　イ　日本人の生活の始まり
　　縄文（じょうもん）文化と弥生（やよい）文化を扱い，当時の人々の生活のありさまを理解させる。
　ウ　国の成り立ちと東アジアの動き
　　古墳文化を中心に扱い，大和朝廷によって国が統一されていったことを理解させるとともに，当時の人々の信仰に着目させる。また，当時の朝鮮や中国の情勢を簡潔に扱うとともに，大陸から移住してきた人々が日本の社会の発展に果たした役割に着目させる。

(2) 奈良（なら）・平安の都と貴族の政治
大陸の文物・制度を積極的に取り入れて律令（りつりょう）政治による統一国家の形態が整えられ，仏教文化が栄えたことを理解させるとともに，当時の文化に見られる国際的な要素に着目させる。
また，都を中心とした貴族社会の繁栄と地方における農民の生活に着目させ，律令政治の変質に伴って武士がおこり次第に力を強めていったこと及びその間に文化の国風化が進んだことを理解させる。
　ア　聖徳（しょうとく）太子と飛鳥（あすか）文化
　　当時の東アジアの情勢のあらましに触れながら，聖徳太子の政治と飛鳥文化の特色を理解させる。
　イ　奈良の都と天平（てんぴょう）文化
　　大化の改新と律令の制定に触れながら，律令国家の組織が整えられていったことを理解させる。また，奈良の都の様子と天平文化の特色を理解させるとともに，遣唐使の派遣に着目させる。
　ウ　平安の都と武士のおこり
　　平安京への遷都，摂関政治及び武士のおこりを扱い，荘園（しょうえん）の発達に触れなが

ら，律令政治の変化のあらましを理解させる。
　エ　貴族の生活と国風文化
　　貴族の生活のありさまと国風文化の特色を理解させる。また，遣唐使の廃止と東アジアの情勢の変化に着目させる。
(3)　武家政治の展開と庶民生活の向上
　鎌倉（かまくら）幕府によって武家政治が始まり，次第に武家社会が発展していったこと及び鎌倉時代から室町時代の間に武士や庶民の生活が向上し，武家文化の形成と庶民文化の芽生えがあったことを理解させる。
　ア　鎌倉幕府と武士の生活
　　源平の戦いの後，鎌倉幕府が開かれ武家政治が成立したことを理解させる。また，武士の生活と鎌倉文化の特色を理解させるとともに，新仏教の興隆に着目させる。
　イ　蒙古（もうこ）襲来とアジアの動き
　　大陸における蒙古民族の活動について簡潔に扱うとともに，蒙古襲来とそれがその後の幕府政治に及ぼした影響を理解させる。
　ウ　室町幕府の政治と外交
　　鎌倉幕府の滅亡から建武の新政を経て室町幕府の成立に至るまでのあらましと室町幕府の政治及び日明（にちみん）貿易のありさまを理解させる。また，応仁（おうにん）の乱の後，各地に戦国大名が台頭してきたことに着目させる。
　エ　都市の発達と庶民文化
　　鎌倉時代からの農業の発達と新しい都市の形成を扱い，畿内（きない）を中心とした農村や都市に自治的な組織が生まれてきたこと及び庶民文化が芽生えてきたことを理解させる。また，東山文化を中心に室町時代の文化の特色を理解させる。
(4)　天下統一の歩み
　ヨーロッパ人が我が国に来航した時代的背景に着目させながら，ヨーロッパ文化に初めて接した当時の日本人の対応とヨーロッパ文化の影響について理解させる。

　また，織田（おだ）・豊臣（とよとみ）による国内の統一とその時代の対外政策のあらましを理解させるとともに，時代の風潮を反映した清新活達な文化が創出されたことに着目させる。
　ア　ヨーロッパ人の来航とその背景
　　ヨーロッパ世界の動きを，ルネサンスと宗教改革を中心に扱うとともに，ヨーロッパ人の海外発展について，イスラム世界との接触などに触れながら理解させる。また，ヨーロッパ文化の伝来とその影響について理解させる。
　イ　織田・豊臣の国内統一
　　織田・豊臣の統一事業及び海外との関係のあらましを扱い，この時代の国内の動きと社会の新しい気運について理解させる。
　ウ　安土（あづち）・桃山時代の文化
　　安土・桃山時代の文化を，南蛮文化の受容にも触れながら理解させる。また，武将，豪商などの生活文化に着目させる。
(5)　江戸幕府と鎖国
　将軍と大名との関係，身分制度を基礎にした社会，鎖国政策などを通して，幕藩体制の特色を理解させる。
　また，この時代には各地域に特色ある産業が発達したこと，経済の発展に伴い町人勢力が増大し町人文化が都市を中心に形成されてきたことを理解させる。
　ア　将軍と大名
　　江戸幕府の成立，大名の統制，身分制度の確立及び城下町と農村の様子を扱い，次第に幕藩体制が確立していったことを理解させる。
　イ　鎖国と幕府政治の推移
　　日本人の海外発展と鎖国を扱い，鎖国政策の影響について着目させる。また，享保の改革のころまでの幕府政治のあらましを理解させる。
　ウ　産業の発達と町人文化
　　新田開発，農業技術の発達などによる農業生産の増大と諸産業及び交通の発達について理解させる。また，幕府の学問奨励，町人の台頭な

どと関連させて元禄（げんろく）文化の特色を理解させる。
(6) 開国前の日本と世界
　アジアに進出してきた欧米諸国の動きとその背景にあるヨーロッパの近代社会の発展のあらましを理解させる。
　また，幕藩体制が動揺していった事情を理解させるとともに，そこに新しい思想や近代社会への動きが芽生えていたことに着目させる。
　ア　ヨーロッパの近代社会と産業革命
　　イギリスの革命，アメリカの独立，フランス革命などを中心とする近代民主政治の成立と発達，産業革命と社会の変化，近代科学と文化の発達などを扱い，それらが後に我が国の近代社会の形成や発展に影響を与えたことに着目させる。
　イ　ヨーロッパ勢力の進出とアジア
　　ヨーロッパ諸国の進出とアジア諸国の対応を，インドと中国を中心に扱い，そのあらましを理解させる。また，これらを通して，ヨーロッパ諸国の産業革命後の対外進出の動きについて理解させる。
　ウ　幕政の改革と対外政策
　　商業の発達に伴う都市と農村の変化を扱い，幕府財政の窮乏，百姓一揆（いっき）などに触れながら幕政の改革を理解させる。また，欧米諸国の接近に対する幕府の対応策に着目させる。
　エ　新しい思想と地方の文化
　　化政文化を扱い，蘭学（らんがく）と国学を中心とする学問・思想の新しい動きと教育・文化の広がり及び地方の生活文化について理解させる。
(7) 明治維新
　内外の複雑な情勢の中で明治維新を実現したことに着目させるとともに，近代国家の形成に当たって新政府のとった諸政策について理解させる。
　また，我が国の独立の確保と国家の発展に尽くした維新当時の人々の努力，生活文化面における西欧化と伝統文化とのかかわりなどに着目させる。
　ア　開国と幕府の滅亡
　　ペリーの来航，開国による社会の混乱と尊皇攘夷（じょうい）運動及び幕府の滅亡を扱い，開国から維新までの経過のあらましを理解させる。
　イ　新政府の成立
　　王政復古によって新政府が成立し，廃藩置県，身分制度の廃止，学制の頒布，徴兵令の公布，地租改正などの諸改革によって，国家・社会の体制を整えていったことを理解させる。また，朝鮮及び中国との条約締結，領土の画定などを通して新政府の外交に着目させる。
　ウ　文明開化と殖産興業
　　欧米の思想，技術，諸制度，生活様式などを積極的に取り入れ，欧米諸国にならった近代社会をつくることに努めたこと及び政府の富国強兵・殖産興業の政策によって近代工業が育成されたことを理解させる。
(8) 近代日本の歩み
　我が国が，明治の初期以来，次第に近代国家の体制を整えるとともに，産業や文化の発展をもとに社会の近代化を進めていったこと及びその間に国際的地位が高まっていったことを理解させる。
　また，急速に列強に追い付こうとしたことから，そこに多くの問題が生じてきたことに着目させる。
　ア　大日本帝国憲法の制定と議会政治
　　自由民権運動が広がっていった時代の動きを背景に，大日本帝国憲法が制定された経緯のあらましを理解させる。また，この憲法の制定及び議会政治の開始の歴史的意義に着目させる。
　イ　アジアの国際関係と対外政策
　　当時の国際環境を背景に，日清（にっしん）・日露戦争及び条約改正を扱い，我が国と大陸との関係に着目させるとともに，欧米諸国との対等の外交関係の樹立に国民的関心が払われたことを理解させる。
　ウ　近代産業の発展と社会問題

我が国の産業革命の進行を扱い，近代産業が発達し資本主義経済の基礎が固まっていったこと及び産業の発展に伴い都市や農村に社会問題が起こってきたことを理解させる。
　エ　生活の変化と近代文化の形成
　　都市，農・山・漁村などの生活の変化及び学問，教育，科学，芸術などの発展を簡潔に扱い，生活や文化が次第に近代化されてきたことを理解させる。
(9)　二つの世界大戦と日本
　第一次世界大戦と第二次世界大戦を中心として，当時の国際情勢のあらましとそれに対応する我が国の動きに触れながら，その間の国内の政治・経済及び国民生活の推移を理解させる。
　その際，世界の国々の関係がいよいよ緊密となり，国内の動きが国際情勢と深くかかわりをもってきたことに着目させるとともに，近代における戦争が全世界的な規模をもち，多くの人々に惨禍を及ぼしたことを理解させる。
　ア　第一次世界大戦と戦後の世界
　　第一次世界大戦の勃発（ぼっぱつ）とその背景となった国際関係，日本の参戦，ロシア革命及び戦後の国際協調を扱い，国際関係の推移のあらましを理解させるとともに，民族運動の高揚，アメリカ合衆国やソビエト連邦の動向及び国際平和への努力に着目させる。
　イ　政党政治の発達と文化の大衆化
　　国民の政治的自覚の高まり，政党政治の発達，社会主義運動や労働運動の展開，都市を中心とする文化の大衆化などについて理解させるとともに，民本主義の思想が普及していったことに着目させる。
　ウ　激動する世界と日本
　　第一次世界大戦後から第二次世界大戦にかけての世界の動きを，特に世界恐慌以後の欧米諸国の政治・経済体制の変化を中心に扱い，その特色を理解させる。この間，国内においては，経済の混乱が社会問題を生み，軍部の台頭もみられ，それらが政治・外交に大きな影響を及ぼしたことを理解させる。また，日華事変を，中国をめぐる国際情勢を背景に扱い，中国の民族運動と我が国の大陸進出に着目させる。
　エ　第二次世界大戦
　　第二次世界大戦勃発前後の国際情勢のあらましと国内の動きを扱い，戦争の開始から敗戦までの経過を，戦時下の国民生活にも触れながら理解させる。
(10)　新しい日本と世界
　我が国の民主化と再建の過程を，いわゆる冷たい戦争，アジア・アフリカ諸民族の独立，日本の独立と国際連合への加入などと結び付けて理解させるとともに，科学技術の急速な進歩とそれに伴う国民の生活や意識の変化及び国際社会の動きと日本の進展のあらましを大観させる。
3　内容の取扱い
(1)　内容の(1)から(5)までの取扱いに当たっては，生徒の発達段階を考慮し，具体的な事象や事物の学習を中心として，抽象的かつ高度な内容，複雑な社会構造などに深入りしないように配慮する必要がある。また，内容の(6)から(10)までの取扱いに当たっては，生徒の発達段階を考慮し，各時代の諸事象を広く国際情勢などにも触れながら多角的に取り扱うように配慮する必要がある。
(2)　内容の(1)のアにおいてギリシア，ローマなどの古代文化を取り扱う場合には，それぞれの文化的特色に触れる程度とする。また，内容の(1)及び(2)の取扱いに当たっては，考古学などの諸科学の成果をも適宜活用するとともに，神話・伝承などの学習を通して，当時の人々の信仰やものの見方などに触れさせることが必要である。
(3)　郷土の史跡その他の文化財を見学・調査させて，我が国の歴史の発展を具体的に把握させるとともに，特に内容の(5)，(6)，(7)及び(8)の取扱いにおいては，地理的分野との関連を図り，かつ民俗学の成果を活用するなどして，郷土の生活文化に触れさせることが望ましい。その際，程度の高い

取扱いは避けるようにする必要がある。
(4) 内容の(10)の第二次世界大戦後の事項の取扱いに当たっては，特に公民的分野における指導との関連を考慮し，世界の歴史の動きを背景に，日本の歴史の大きな流れが大観できるように簡潔に取り扱う必要がある。
(5) 内容の全般にわたる学習を通して，生徒の歴史上の人物に対する興味や関心をできるだけ生かした指導に努めるとともに，特に郷土の人物を含めて二，三の人物を重点的に取り上げ，これを中心にして学習を展開するなどの工夫も必要である。

〔公民的分野〕
1　目　標
(1) 個人の尊厳と人権の尊重の意義，特に自由・権利と責任・義務の関係を社会生活の基本として正しく認識させ，民主主義に関する理解を深めるとともに，国民主権を担う公民として必要な基礎的教養を培う。
(2) 民主政治の意義，国民生活の向上と経済活動の関係などを認識させ，現代の社会生活における個人の役割についての理解を深めさせるとともに，社会の諸問題に着目させ，自ら考えようとする態度を育てる。
(3) 各国が相互に主権を尊重し，各国民が協力し合うことによって，世界の平和を維持し人類の福祉に貢献できることを認識させ，国際協調の精神を養うとともに，自国を愛し，その平和と繁栄を図り文化を高めることが大切であることを目覚せる。
(4) 社会的事象を確実な資料に基づいて様々な角度から考察し，事実を正確にとらえ，公正に判断しようとする態度と能力を育てる。
2　内　容
(1) 民主主義と現代の社会生活
　ア　人間の尊重と日本国憲法
　　民主主義の実現を目指す日本国憲法制定の歴史的な意義に気付かせ，人間の尊重についての考え方を，基本的人権を中心に深めさせる。また，国民主権と平和主義が基本的原則とされていることを理解させ，日本国及び日本国民統合の象徴としての天皇の地位について理解させる。
　イ　個人と社会
　　家族，地域社会などの身近な社会集団についての機能を扱い，人間は本来社会的存在であることに気付かせるとともに，社会生活における個人の役割とその在り方について理解させる。
　　また，現在の家族制度が，個人の尊厳と両性の本質的平等に基づいていることの意味と望ましい家族の人間関係について理解させる。
　ウ　現代の文化と生活
　　現代の社会生活における文化のはたらきとその特色を理解させ，我が国の文化の伝統に関心をもたせるとともに，文化を創造する意義に気付かせる。
(2) 国民生活の向上と経済
　ア　消費生活と経済の仕組み
　　価格のはたらきや物価の動きを理解させるとともに，貯蓄，保険，租税などの意義に着目させ，経済活動のあらましについて消費生活を中心に理解させる。
　イ　職業と生産活動
　　職業が生産活動に果たす役割及び勤労の権利と義務に関連させて，職業生活の意義について理解させる。その際，労働組合の意義及び労働基準法の精神について理解させる。
　　また，現代の生産の仕組みと関連させて，社会における企業の役割について理解させる。
　ウ　国民生活と福祉
　　国民生活にとって財政収支が重要な意味をもっていることを理解させるとともに，租税の役割と納税の義務についての理解を深めさせる。
　　また，国民生活の向上や福祉の増大のためには，雇用と労働条件の改善，消費者の保護，社会資本の整備，公害の防止など環境の保全，資源やエネルギーの開発とその有効な利用，社会

保障制度の充実などが必要であることを理解させる。その際，国や地方公共団体の役割を理解させるとともに，個人，企業などの社会的責任について考えさせる。

エ 貿易と国際協力

国家間の経済の交流を成り立たせている貿易の意義と役割及び我が国の貿易の特色を理解させる。また，国際的な協力が我が国及び世界の経済の発展にとって大切であることを理解させるとともに，世界には資本主義経済のほかに社会主義経済を建前とする諸国があることについても理解させる。

(3) 日本の政治と国際社会

ア 民主政治と法

法の意義について，具体的な生活とのかかわりから扱い，民主的な社会生活を営むためには，法に基づく政治が確立されなければならないことに着目させるとともに，法を守ることが大切であることを理解させる。また，社会の秩序を維持し，国民の権利や義務を守るために，法による公正な裁判の保障があることに気付かせる。

イ 議会制民主主義

地域社会における住民の権利や義務と関連させて，地方自治の基本的な考え方を理解させ，地方自治の発展に寄与しようとする住民としての自治意識の基礎を育てる。

また，国会を中心とする民主政治の仕組みやはたらき，特に議会制民主主義の意義について理解させるとともに，多数決の原理とその運用の在り方についての理解を深めさせる。

ウ 選挙と政党

国民主権の具体的な現れとしての選挙についてのあらましを理解させるとともに，民主政治における政党の役割についても理解させる。

エ 国際社会と平和

国家の主権，領土（領海，領空を含む。）国際連合などの学習を通して，第二次世界大戦後の我が国をめぐる国際関係の推移のあらましに触れながら，国家間の相互の主権尊重と協力，各国民の相互理解と協力が平和の維持と人類の福祉の増進にとって大切であることを理解させるとともに，日本国憲法の平和主義についての理解を深め，我が国の安全の問題について考えさせる。その際，核兵器の脅威に着目させ，戦争を防止し，平和を確立するための熱意と協力の態度を育てる。

3 内容の取扱い

(1) 内容の取扱いに当たっては，地理的分野及び歴史的分野の学習の成果を活用するとともに，これらの分野で育成された態度や能力が，更に高まり発展するように配慮する。

また，社会的事象はすべて相互に関連し合っていることに留意し，特定の内容だけを取り上げることなく，分野全体としてのまとまりと筋道のある学習指導の展開ができるようにする。

(2) 内容の取扱いに当たっては，内容の基本的な意味を理解させるように配慮する必要があり，専門用語を乱用することになったり，細かな事柄や程度の高い事項の学習に深入りしたりすることのないようにし，政治，経済などについての見方や考え方の基礎が養えるようにする。

(3) 内容の指導に当たっては，教育基本法第8条の規定に基づき，適切に行うよう特に慎重に配慮して，生徒の公正な判断力の育成を目指すことが必要である。

第3 指導計画の作成と各分野にわたる内容の取扱い

1 指導計画の作成に当たっては，小学校社会科の内容との関連及び各分野相互の有機的な関連を図るとともに，地理的分野及び歴史的分野の基礎の上に公民的分野の学習を展開するこの教科の基本的な構造に留意して，全体として教科の目標が達成できるようにする必要がある。

2 第1学年及び第2学年を通じて地理的分野と歴史的分野を並行して学習させ，第3学年において公民的分野を学習させることを原則とするが，

学校の実態に即して適切な指導計画を作成することができる。

各分野に充てる授業時数は，地理的分野140単位時間，歴史的分野140単位時間，公民的分野105単位時間を標準とする。

3　指導の全般にわたって，地図や年表を読みかつ作成すること，新聞，読み物，統計その他の資料に親しみかつ活用すること，観察及び調査したことを報告書にまとめることなど作業的な学習を十分取り入れる必要がある。

◇高等学校学校学習指導要領「社会科」（1978年8月30日）

第2節　社　会

第1款　目　標

広い視野に立って，社会と人間についての理解と認識を深め，民主的，平和的な国家・社会の有為な形成者として必要な公民的資質を養う。

第2款　各　科　目

第1　現代社会
1　目　標

人間の尊重と科学的な探究の精神に基づいて，社会と人間に関する基本的な問題についての理解を深め，広い視野に立って，現代社会に対する判断力の基礎と人間の生き方について自ら考える力を養うとともに，人間生活の向上を図り，進んで国家・社会の進展に寄与しようとする態度を育てる。

2　内　容

(1)　現代社会の基本的な問題
　　現代と人間
　　現代社会の成り立ちと人間生活
　　人類と環境
　　人口問題と資源・エネルギー
　　現代の経済社会と国民福祉
　　科学技術の発達と現代の経済生活（生産の拡大と現代の企業，市場機構と政府のはたらき，経済体制など）
　　日本経済の特質と国際化（国民所得の動き，景気の変動，国際収支の動向など）
　　経済の調和のある発展と福祉の実現（消費者保護と企業の責任，人間の尊重と公害の防止，労働条件と労働関係の改善，社会保障と福祉社会の実現など）
　　現代の民主政治と国際社会
　　日本国憲法の基本的原則と国民生活（基本的人権の保障と法の支配，平和主義と我が国の安全，国民主権と議会制民主主義など）
　　現代国家と民主政治（国家と個人，地方自治と住民福祉，世論と現代政治，世界の主な政治体制など）
　　国際平和と人類の福祉（国際法と国際政治の特質，国際連合と集団安全保障，核兵器と軍縮問題，人類の福祉と日本の役割など）

(2)　現代社会と人間の生き方
　　人間生活における文化
　　世界の諸地域の文化と文化交流
　　日本の生活文化と伝統
　　現代の文化
　　青年と自己探究
　　現代の青年の心理的・社会的諸問題
　　適応と個性の形成
　　現代に生きる倫理
　　真理を求めて思索することの意義（学ぶことの意義，哲学的なものの考え方と科学的なものの考え方など）
　　よく生きることと生きがいの追求（倫理的価値と人格，人生における宗教の意義，芸術

と人生，職業と余暇など）
民主社会の倫理（人間の生命の尊重，自由・権利と責任・義務，人間の尊厳と平等など）

3 内容の取扱い
(1) 内容の取扱いに当たっては，社会的事象はすべて相互に関連し合っているとともに，社会や人間の在り方と結び付くものであることに留意し，できるだけ総合的な視点から理解させ考えさせるように学習指導の展開を工夫する。
(2) 指導計画の作成に当たっては，内容についての具体的な指導事項や学習方法について様々な工夫をすることが考えられるが，その際，内容の(1)又は(2)のいずれかに偏ることのないようにする必要がある。
(3) 内容の取扱いに当たっては，特に抽象的で高度な事項に深入りしないように配慮し，事項の基本的な意味を理解させるとともに，ものの見方や考え方及び学び方を習得させるようにする必要がある。
(4) 政治及び宗教に関する事項の取扱いについては，教育基本法第8条及び第9条の規定に基づき，適切に行うよう特に慎重に配慮して指導する。

第2 日 本 史
1 目 標
我が国の歴史における文化の形成と展開を，広い視野に立って考察させることによって，歴史的思考力を培い，現代日本の形成の歴史的過程と自国の文化の特色を把握させて，国民としての自覚を深める。

2 内 容
(1) 日本文化の黎明（れいめい）
日本列島における人類文化の発生
水稲農業の開始と社会生活の進展
(2) 大陸文化の摂取と文化の国風化
東アジア文化の影響と国家の形成
隋（ずい）唐文化の摂取と律令制度の成立
国風文化の展開と地方の動き
(3) 武家文化の形成と庶民文化の萌芽（ほうが）
公武関係の推移と武家文化の成長
下剋上（げこくじょう）の社会と庶民文化
(4) 幕藩体制下の文化の動向
幕藩体制と封建的思想の展開
町人文化の発展と農村の生活文化
封建社会の動揺と新思想の展開
(5) 近代文化の形成と発展
欧米文化の導入と明治維新
近代国家の形成と政治思想
資本主義の発展と国民の生活
日本の近代化とアジア
両大戦間の内外情勢と時代思潮
(6) 現代社会と文化の創造
戦後の改革と国民生活の変化
現代の世界と日本文化
(7) 地域社会の歴史と文化

3 内容の取扱い
(1) 内容の全体にわたって，文化とそれを生み出した時代的背景との総合的な関連，異質文化との接触や交流による文化の変容の過程などに着目させ，その時代の文化の性格とそれを形成した様々な要因について多角的，総合的に考察させるようにする。
その際，政治・経済・社会的諸事象の取扱いに当たっては，文化の総合的学習という「日本史」の基本的性格に留意し，文化的事象との関連に重点を置くとともに，細かな事象や程度の高い専門にわたる事項は避けるようにする。
また，生活文化の取扱いに当たっては，民俗学などの成果を活用して，その具体的な様相を把握させるようにする。
(2) 近・現代史の指導に当たっては，客観的かつ公正な資料に基づいて，歴史の事実に

関する理解を得させるようにする。
その際，核兵器の脅威に着目させ，戦争を防止し，民主的で平和な国際社会を実現することが重要な課題であることを認識させるものとする。
(3) 内容の(7)の「地域社会の歴史と文化」の取扱いに当たっては，次の点に留意するものとする。
ア 地域の範囲は，学校所在地を中心とする日常の生活圏，都道府県，それらを包含する地方など，学習指導上の観点に立って適宜に設定すること。
イ 指導の観点や地域の特性に応じて，内容の(1)から(6)までの学習に関連させて適宜に実施するなど，効果的な方法をとること。
ウ 地域の歴史的事象の考察に当たっては，その地域の諸条件との関連に着目させること。
エ 史跡その他の遺跡，遺物，風俗，伝承などの文化遺産を取り上げて，それらについての理解と尊重の態度を育てるようにすること。
(4) 生徒の歴史的思考力を一層深めるため，歴史的な流れの学習の中で，適切な主題を設けて学習させるよう配慮する。その際，次の諸点を考慮して取り扱うものとする。
ア 主題の設定に当たっては，例えば，次のような観点が考えられること。
　a 日本の文化の発展に尽くした主な人物とその役割を，時代的背景との関連において学習できるもの
　b 歴史の展開にみられる日本の各地域の特性とその時代的変化を考察する学習ができるもの
　c 衣食住，年中行事，冠婚葬祭，生産用具などの生活文化の展開を，社会との関連において学習できるもの
イ 主題の配当については，できるだけ観点の異なるものを取り上げ，また，特定の時代や地域に偏らないように留意すること。

第3 世界史
1 目標
世界の歴史に関する基本的事項を理解させ，歴史的思考力を培うとともに，現代世界形成の歴史的過程と世界の歴史における各文化圏の特色を把握させて，国際社会に生きる日本人としての資質を養う。
2 内容
(1) 文明のおこり
　オリエント文明，イラン文明の成立
　地中海文明の成立
　インド文明の成立
　中国文明の成立
(2) 東アジア文化圏の形成と発展
　遊牧民族の活動と中目の社会・文化
　中国の社会・文化の変遷と隣接諸民族の発展
　中華帝国の繁栄
(3) 西アジア文化圏の形成と発展
　イスラム世界の形成
　インド・東南アジアとイスラム世界の拡大
　イスラム文化と東西文化の交流
(4) ヨーロッパ文化圏の形成と発展
　ヨーロッパの社会と文化の形成
　ヨーロッパの社会と文化の変動
　国民国家の形成と国際関係
(5) 19世紀の世界
　ヨーロッパ市民社会の成立とその文化
　産業革命の進展とアジア
　ヨーロッパの諸革命とアメリカ大陸
　帝国主義とアジア，アフリカ
(6) 両大戦間の世界
　第一次世界大戦とソビエト連邦の成立
　戦後のヨーロッパとアジア，アフリカの民族運動

アメリカ合衆国の動向と世界恐慌
全体主義の台頭と第二次世界大戦
(7) 今日の世界と日本
第二次世界大戦後の国際社会
国際情勢の推移と日本
科学技術の発達と今日の人類文化

3 内容の取扱い

(1) 内容の取扱いに当たっては，次の事項に配慮するものとする。

ア 内容の(1)については，人類が，各地域の自然環境に対応しながら文明を築き上げていったことを理解させるとともに，各文化圏の素地がつくられたことに触れること。

イ 内容の(2)，(3)及び(4)については，次の諸点に留意すること。

(ｱ) 各文化圏の風土や民族に触れ，人々の生活の様子が具体的に理解できるようにし，政治の流れのみを追う学習にならないようにすること。

(ｲ) 各文化圏における歴史の発展や特色を把握させ，文化圏としてのまとまりに着目させること。

(ｳ) 文化圏のまとめ方については，「地理」との関連に配慮するとともに，例えば，インドや東南アジアを独立した文化圏として取り扱うなど，いろいろと創意工夫すること。

ウ 内容の(5)，(6)及び(8)については，次の諸点に留意すること。

(ｱ) 広く世界の動きに着目させ，世界が一体化されていく過程を理解させるとともに現代世界成立の歴史的意義について考えさせること。

(ｲ) 日本やアジア，アフリカ，ラテンアメリカなどの動向を正しく位置づけて考察させるとともに，日本と関連の深い事項を重点的に取り上げるようにすること。

(ｳ) 内容の(6)及び(7)については，客観的かつ公正な資料に基づいて，歴史の事実に関する理解を得させるようにすることが必要であること。

(ｴ) 内容の(7)については，他科目との関連を図りながら，人類の当面する問題を課題として取り上げ，学習を展開することも考慮すること。その際，核兵器の脅威に着目させ，戦争を防止し，民主的で平和な国際社会を実現することが重要な課題であることを認識させること。

(2) 生徒の歴史的思考力を一層深めるため，歴史的な流れの学習の中で，適切な主題を設けて学習させるよう配慮する。その際，次の諸点を考慮して取り扱うものとする。

ア 主題は，生徒の関心や理解度，教材の効果などを吟味した上で，例えば，次のような観点などから選ぶこと。

a 地域ごとの比較考察的又は地域相互の関連的な学習のできるもの

b 時代別，地域別又は国別に，ある程度大きくまとめて学習できるもの

c 現代の諸地域の社会と文化について，文化人類学などの成果を活用しながら学習できるもの

d 世界の歴史上の事象と日本の歴史上の事象とを，比較させたり，関連させたりするなどして，世界の歴史における我が国の位置について学習できるもの

e 世界の歴史上の人物について，時代的背景や地域の特質との関連などにおいて学習できるもの

イ 主題の配当については，できるだけ観点の異なるものを取り上げ，また，特定の時代や地域に偏らないように留意すること。

第4 地 理

1 目 標

世界の人々の生活の地域的特色とその動向

を，自然環境及び社会環境とのかかわりにおいて理解させ，現代世界に対する地理的な認識を養うとともに，国際社会における日本の立場と役割について考えさせる。

2 内　容

(1) 人類と地球
　ア　人類の諸集団と生活
　イ　生活舞台としての自然
　ウ　自然環境と社会環境
　エ　地図の利用

(2) 人口と資源・産業
　ア　人口の地域的特色
　　　人口の分布と増減
　　　人口構成
　イ　食料の生産と消費
　　　農牧業の地域的特色
　　　水産業と漁場
　　　食料需給の地域的特色
　ウ　エネルギー資源と原料資源
　　　エネルギー資源の開発と需給
　　　鉱産資源の開発と需給
　　　林産資源の分布と利用
　エ　工業化と工業地域
　　　工業化の意義
　　　工業立地と工業地域
　オ　地域開発と環境保全

(3) 生活と地域
　ア　地域の調査
　イ　村落と都市
　　　村落の成り立ちと機能
　　　都市の機能と都市地域
　　　都市化と都市問題
　ウ　国土と住民
　　　国家の領域と国境
　　　国家と民族構成
　エ　世界の地域
　　　世界の地域区分
　　　世界の地域の特色

(4) 世界と日本
　ア　世界の結合
　　　世界の交通・通信
　　　世界の貿易
　　　国家間の結合
　イ　世界における日本

3 内容の取扱い

(1) 内容の(1)の取扱いに当たっては，次の事項に配慮するものとする。
　ア　「ア　人類の諸集団と生活」については，世界の各地の主な人類集団の衣食住や宗教上の慣習などの生活様式に着目させ，様々な地理的環境における人々の生活の多様性に気付かせるように扱うこと。
　イ　「イ　生活舞台としての自然」については，世界の地形，気候，植生などの自然環境と人文現象とを対応させながら理解させるように扱うこと。

(2) 内容の(2)の取扱いに当たっては，次の事項に配慮するものとする。
　ア　「ア　人口の地域的特色」については，内容のイからオまでの各項目を学習する際の基礎となるように扱うこと。
　イ　内容のイからオまでの各項目については，できるだけ具体的な地域を取り上げて扱うこと。

(3) 内容の取扱いに当たっては，次の事項に配慮するものとする。
　ア　人々の生活は地域と密接に結び付いていることに着目させ，小さな地域から大きな地域へ生活空間を拡大させなから考察させること。
　イ　「ア　地域の調査」については，指導計画の中に野外調査の時間を設けて実施すること。
　ウ　内容のイの「都市化と都市問題」については，都市と村落や大都市と中・小都市などの相互関連にも着目させて扱うこと。

エ 内容のエの「世界の地域区分」については，自然，政治，経済，文化などの指標によって様々なものがあることに着目させ，それらを比較対照させることによって，地域の概念，地域区分の意義を理解させるように扱うこと。

オ 内容のエの「世界の地域の特色」については，世界の諸地域のうち，幾つかの地域を事例として取り上げて，それぞれの特色を総合的に把握させるとともに，地域の実態を広い視野に立って探究する方法を理解させるように扱うこと。その際，それぞれの地域で取り扱う内容については，内容の(1)，(2)及び(3)のイ，ウの諸項目を考慮して適切に構成すること。

(4) 内容の全般にわたって，各項目の中にできるだけ日本を含めて扱うとともに，日本と比較関連させて考察するように配慮するものとする。

第5 倫理

1 目標
人間尊重の精神に基づいて，人間の存在や価値についての理解と思索を深めさせるとともに，自主的な人格の形成に努める実践的な態度を育てる。

2 内容
(1) 人間の自覚

自己探究と思想の源流

ギリシアの思想，キリスト教，仏教，儒学などの基本的な考え方と人間の自覚についての意義

現代に生きる思想

人間の尊重，合理的な精神，民主社会の倫理などについての思想の歴史的形成とそれらの思想が現代に生きる意義。

(2) 日本の思想

思想と風土

日本人にみられる人間観や自然観と風土

思想と伝統

外来思想の受容と独自な思想の形成にみられる日本の伝統

(3) 現代社会と倫理

現代の思想的課題

現代の主な思想にみられる共通で基本的な課題

思索と倫理的自覚

現代社会に生きる人間として自らを形成する課題

3 内容の取扱い
(1) 内容の取扱いに当たっては，「現代社会」との関連において，学習の深化発展を図るよう配慮し，全体としてのまとまりを工夫し，特定の内容だけに偏らないようにする。

(2) 内容の取扱いに当たっては，思想史を網羅（もうら）的に取り上げたり，先哲の考え方について細かな事柄や程度の高い事項に深入りしたりしないよう特に留意し，生徒自らが人生観・世界観を確立するための手がかりを得させる工夫をする。

(3) 学習方法については，例えば，先哲の基本的な考え方，思想の歴史的な展開，「現代社会」の倫理的内容，先哲の著作や言行の一部などを中心にして取り扱うなど，様々な工夫をすることが必要である。

(4) 政治及び宗教に関する事項の取扱いについては，教育基本法第8条及び第9条の規定に基づき，適切に行うよう特に慎重に配慮して指導する。

第6 政治・経済

1 目標
民主主義の本質に関する理解を深めさせるとともに，現代における日本の政治，経済，国際関係などにかかわる問題について客観的に理解させ，良識ある公民として必要な教養

を培う。

2 内容

(1) 日本国憲法と民主政治
　日本国憲法の基本的性格
　　民主政治の基本原理と日本国憲法の基本的性格など
　基本的人権の保障
　　自由権的基本権と生存権的基本権，基本的人権と公共の福祉など
　政治機構と政治の運営
　　国会，内閣，裁判所の機構と機能，地方自治など
　現代の政治における課題
　　現代の政治の特質と現状，国民の政治意識と参政の在り方など

(2) 日本の経済と国民福祉
　現代の経済の特徴とはたらき
　　経済社会の変容，現代の市場と企業など
　国民経済の構造と経済成長
　　国富と国民所得，経済の安定・成長と金融や財政の役割など
　国際経済と国際協力
　　国際経済の動向，経済体制の変化，国際経済における日本の役割と発展の方向など
　日本経済の現状と国民福祉
　　日本の産業構造と日本経済の課題，国民生活の向上と福祉の実現にかかわる基本的問題，特に科学技術の発達と資源・エネルギーの活用，公害の防止，労働関係の改善，消費者保護，社会保障制度の充実など

(3) 国際社会と日本
　国際関係と国家
　　国際関係の基本的要因，国際法の意義と国際政治の特質，国際連合と国際協力など
　国際平和と人類の福祉
　　第二次世界大戦後の国際政治の動向，国際平和と人類の福祉に寄与する日本の地位と役割など

3 内容の取扱い

(1) 内容の取扱いに当たっては，「現代社会」との関連において，学習の深化発展を図るよう配慮し。全体としてのまとまりを工夫し，特定の内容だけに偏らないようにする。
(2) 内容の取扱いに当たっては，政治や経済などに関する単なる機構・制度についての学習に終わることのないようにし，客観的な資料と関連させて具体的に理解させるとともに，政治や経済などについての見方や考え方を深めるようにする。
(3) 内容の取扱いに当たって現在の状況と課題を理解させる指導に際しては，現在の我が国で実現されている法的・制度的な面についての基本的な理解の上に立って，理論と現実の相互関連を理解させるようにする。
(4) 内容と関連のある現代の諸問題や時事的事象の取扱いについては，教育基本法第8条の規定に基づき，適切に行うよう特に慎重に配慮して指導する。

第3款　各科目にわたる指導計画の作成と内容の取扱い

1　「現代社会」は，原則として第1学年において履修させるものとし，「日本史」，「世界史」，「地理」，「倫理」及び「政治・経済」は，原則として「現代社会」を履修した後に選択して履修させるものとする。
2　指導の全般を通じて，地図や年表を読みかつ作成すること，各種の統計，年鑑，白書，新聞，読み物，その他の資料に親しみかつ活用すること，観察，見学及び調査したことを発表したり報告書にまとめたりするなど，様々な学習活動を工夫して学習効果を上げるようにする必要がある。

◇**中学校学習指導要領「社会科」**（2008年3月28日）

第2章　各教科
第2節　社会

第1　目標

広い視野に立って，社会に対する関心を高め，諸資料に基づいて多面的・多角的に考察し，我が国の国土と歴史に対する理解と愛情を深め，公民としての基礎的教養を培い，国際社会に生きる平和で民主的な国家・社会の形成者として必要な公民的資質の基礎を養う。

第2　各分野の目標及び内容

〔地理的分野〕

1　目標

(1) 日本や世界の地理的事象に対する関心を高め，広い視野に立って我が国の国土及び世界の諸地域の地域的特色を考察し理解させ，地理的な見方や考え方の基礎を培い，我が国の国土及び世界の諸地域に関する地理的認識を養う。

(2) 日本や世界の地域の諸事象を位置や空間的な広がりとのかかわりでとらえ，それを地域の規模に応じて環境条件や人間の営みなどと関連付けて考察し，地域的特色や地域の課題をとらえさせる。

(3) 大小様々な地域から成り立っている日本や世界の諸地域を比較し関連付けて考察し，それらの地域は相互に関係し合っていることや各地域の特色には地方的特殊性と一般的共通性があること，また，それらは諸条件の変化などに伴って変容していることを理解させる。

(4) 地域調査など具体的な活動を通して地理的事象に対する関心を高め，様々な資料を適切に選択，活用して地理的事象を多面的・多角的に考察し公正に判断するとともに適切に表現する能力や態度を育てる。

2　内容

(1) 世界の様々な地域

ア　世界の地域構成

地球儀や世界地図を活用し，緯度と経度，大陸と海洋の分布，主な国々の名称と位置，地域区分などを取り上げ，世界の地域構成を大観させる。

イ　世界各地の人々の生活と環境

世界各地における人々の生活の様子とその変容について，自然及び社会的条件と関連付けて考察させ，世界の人々の生活や環境の多様性を理解させる。

ウ　世界の諸地域

世界の諸地域について，以下の(ア)から(カ)の各州に暮らす人々の生活の様子を的確に把握できる地理的事象を取り上げ，それを基に主題を設けて，それぞれの州の地域的特色を理解させる。

(ア) アジア
(イ) ヨーロッパ
(ウ) アフリカ
(エ) 北アメリカ
(オ) 南アメリカ
(カ) オセアニア

エ　世界の様々な地域の調査

世界の諸地域に暮らす人々の生活の様子を的確に把握できる地理的事象を取り上げ，様々な地域又は国の地域的特色をとらえる適切な主題を設けて追究し，世界の地理的認識を深めさせるとともに，世界の様々な地域又は国の調査を行う際の視点や方法を身に付けさせる。

(2) 日本の様々な地域

ア　日本の地域構成

地球儀や地図を活用し，我が国の国土の位置，世界各地との時差，領域の特色と変化，地域区分などを取り上げ，日本の地域構成を大観させる。

イ　世界と比べた日本の地域的特色

世界的視野や日本全体の視野から見た日本の地域的特色を取り上げ，我が国の国土の特色を様々な面から大観させる。

(ｱ)　自然環境

世界的視野から日本の地形や気候の特色，海洋に囲まれた日本の国土の特色を理解させるとともに，国内の地形や気候の特色，自然災害と防災への努力を取り上げ，日本の自然環境に関する特色を大観させる。

(ｲ)　人口

世界的視野から日本の人口と人口密度，少子高齢化の課題を理解させるとともに，国内の人口分布，過疎・過密問題を取り上げ，日本の人口に関する特色を大観させる。

(ｳ)　資源・エネルギーと産業

世界的視野から日本の資源・エネルギーの消費の現状を理解させるとともに，国内の産業の動向，環境やエネルギーに関する課題を取り上げ，日本の資源・エネルギーと産業に関する特色を大観させる。

(ｴ)　地域間の結び付き

世界的視野から日本と世界との交通・通信網の発達の様子や物流を理解させるとともに，国内の交通・通信網の整備状況を取り上げ，日本と世界の結び付きや国内各地の結び付きの特色を大観させる。

ウ　日本の諸地域

日本を幾つかの地域に区分し，それぞれの地域について，以下の(ｱ)から(ｷ)で示した考察の仕方を基にして，地域的特色をとらえさせる。

(ｱ)　自然環境を中核とした考察

地域の地形や気候などの自然環境に関する特色ある事象を中核として，それを人々の生活や産業などと関連付け，自然環境が地域の人々の生活や産業などと深い関係をもっていることや，地域の自然災害に応じた防災対策が大切であることなどについて考える。

(ｲ)　歴史的背景を中核とした考察

地域の産業，文化の歴史的背景や開発の歴史に関する特色ある事柄を中核として，それを国内外の他地域との結び付きや自然環境などと関連付け，地域の地理的事象の形成や特色に歴史的背景がかかわっていることなどについて考える。

(ｳ)　産業を中核とした考察

地域の農業や工業などの産業に関する特色ある事象を中核として，それを成立させている地理的諸条件と関連付け，地域に果たす産業の役割やその動向は他の事象との関連で変化するものであることなどについて考える。

(ｴ)　環境問題や環境保全を中核とした考察

地域の環境問題や環境保全の取組を中核として，それを産業や地域開発の動向，人々の生活などと関連付け，持続可能な社会の構築のためには地域における環境保全の取組が大切であることなどについて考える。

(ｵ)　人口や都市・村落を中核とした考察

地域の人口の分布や動態，都市・村落の立地や機能に関する特色ある事象を中核として，それを人々の生活や産業などと関連付け，過疎・過密問題の解決が地域の課題となっていることなどについて考える。

(ｶ)　生活・文化を中核とした考察

地域の伝統的な生活・文化に関する特色ある事象を中核として，それを自然環境や歴史的背景，他地域との交流などと関連付け，近年の都市化や国際化によって地域の伝統的な生活・文化が変容していることなどについて考える。

(ｷ)　他地域との結び付きを中核とした考察

地域の交通・通信網に関する特色ある事象を中核として，それを物資や人々の移動の特色や変化などと関連付け，世界や日本の他の地域との結び付きの影響を受けながら地域は変容していることなどについて考える。

エ　身近な地域の調査

身近な地域における諸事象を取り上げ，観察や調査などの活動を行い，生徒が生活している土地に対する理解と関心を深めて地域の課題を見いだし，地域社会の形成に参画しその発展に努力しようとする態度を養うとともに，市町村規模の地域の調査を行う際の視点や方法，地理的なまとめ方や発表の方法の基礎を身に付けさせる。

3 内容の取扱い

(1) 内容の(1)及び(2)については，この順序で取り扱うものとする。

(2) 内容の取扱いについては，次の事項に配慮するものとする。

ア 地理的な見方や考え方及び地図の読図や作図，景観写真の読み取りなど地理的技能を身に付けることができるよう系統性に留意して計画的に指導すること。その際，教科用図書「地図」を十分に活用すること。

また，地域に関する情報の収集，処理に当たっては，コンピュータや情報通信ネットワークなどを積極的に活用するなどの工夫をすること。

イ 学習で取り上げる地域や国については，各項目間の調整を図り，一部の地域に偏ることのないようにすること。

ウ 地域の特色や変化をとらえるに当たっては，歴史的分野との連携を踏まえ，歴史的背景に留意して地域的特色を追究するよう工夫するとともに，公民的分野との関連にも配慮すること。

エ 地域的特色を追究する過程で生物や地学的な事象などを取り上げる際には，地域的特色をとらえる上で必要な範囲にとどめること。

(3) 内容の(1)については，次のとおり取り扱うものとする。

ア アについては，学習全体を通して，大まかに世界地図を描けるようにすること。

イ イについては，世界各地の人々の生活の様子を考察するに当たって，衣食住の特色や，生活と宗教とのかかわりなどに着目させるようにすること。その際，世界の主な宗教の分布について理解させるようにすること。

ウ ウについては，州ごとに様々な面から地域的特色を大観させ，その上で主題を設けて地域的特色を理解させるようにすること。その際，主題については，州の地域的特色が明確となり，かつ我が国の国土の認識を深める上で効果的であるという観点から設定すること。また，州ごとに異なるものとなるようにすること。

エ エについては，様々な資料を的確に読み取ったり，地図を有効に活用して事象を説明したりするなどの作業的な学習活動を取り入れること。また，自分の解釈を加えて論述したり，意見交換したりするなどの学習活動を充実させること。

(4) 内容の(2)については，次のとおり取り扱うものとする。

ア アについては，次のとおり取り扱うものとすること。

(ｱ) 「領域の特色と変化」については，我が国の海洋国家としての特色を取り上げるとともに，北方領土が我が国の固有の領土であることなど，我が国の領域をめぐる問題にも着目させるようにすること。

(ｲ) 日本の地域区分を扱う際には，都道府県の名称と位置のほかに都道府県庁所在地名も取り上げること。

(ｳ) 学習全体を通して，大まかに日本地図を描けるようにすること。

イ イの(ｱ)から(ｴ)に示した日本の地域的特色については，指導に当たって内容の(1)の学習成果を生かすとともに，日本の諸地域の特色について理解を深めるための基本的な事柄で構成すること。

ウ ウについては，次のとおり取り扱うものとすること。

(ｱ) 地域区分については，指導の観点や学校所在地の事情などを考慮して適切に決めるこ

と。
　(イ)　指導に当たっては，地域の特色ある事象や事柄を中核として，それを他の事象と有機的に関連付けて，地域的特色を追究するようにすること。
　(ウ)　(ア)から(キ)の考察の仕方については，学習する地域ごとに一つ選択すること。また，ウの学習全体を通してすべて取り扱うこと。
　エ　エについては，学校所在地の事情を踏まえて観察や調査を指導計画に位置付け実施すること。その際，縮尺の大きな地図や統計その他の資料に親しませ，それらの活用の技能を高めるようにすること。また，観察や調査の結果をまとめる際には，地図を有効に活用して事象を説明したり，自分の解釈を加えて論述したり，意見交換したりするなどの学習活動を充実させること。なお，学習の効果を高めることができる場合には，内容の(2)のウの中の学校所在地を含む地域の学習と結び付けて扱ってもよいこと。

〔歴史的分野〕
1　目　標
(1)　歴史的事象に対する関心を高め，我が国の歴史の大きな流れを，世界の歴史を背景に，各時代の特色を踏まえて理解させ，それを通して我が国の伝統と文化の特色を広い視野に立って考えさせるとともに，我が国の歴史に対する愛情を深め，国民としての自覚を育てる。
(2)　国家・社会及び文化の発展や人々の生活の向上に尽くした歴史上の人物と現在に伝わる文化遺産を，その時代や地域との関連において理解させ，尊重する態度を育てる。
(3)　歴史に見られる国際関係や文化交流のあらましを理解させ，我が国と諸外国の歴史や文化が相互に深くかかわっていることを考えさせるとともに，他民族の文化，生活などに関心をもたせ，国際協調の精神を養う。
(4)　身近な地域の歴史や具体的な事象の学習を通して歴史に対する興味・関心を高め，様々な資料を活用して歴史的事象を多面的・多角的に考察し公正に判断するとともに適切に表現する能力と態度を育てる。
2　内　容
(1)　歴史のとらえ方
　ア　我が国の歴史上の人物や出来事などについて調べたり考えたりするなどの活動を通して，時代の区分やその移り変わりに気付かせ，歴史を学ぶ意欲を高めるとともに，年代の表し方や時代区分についての基本的な内容を理解させる。
　イ　身近な地域の歴史を調べる活動を通して，地域への関心を高め，地域の具体的な事柄とのかかわりの中で我が国の歴史を理解させるとともに，受け継がれてきた伝統や文化への関心を高め，歴史の学び方を身に付けさせる。
　ウ　学習した内容を活用してその時代を大観し表現する活動を通して，各時代の特色をとらえさせる。
(2)　古代までの日本
　ア　世界の古代文明や宗教のおこり，日本列島における農耕の広まりと生活の変化や当時の人々の信仰，大和朝廷による統一と東アジアとのかかわりなどを通して，世界の各地で文明が築かれ，東アジアの文明の影響を受けながら我が国で国家が形成されていったことを理解させる。
　イ　律令（りつりょう）国家の確立に至るまでの過程，摂関政治などを通して，大陸の文物や制度を積極的に取り入れながら国家の仕組みが整えられ，その後，天皇や貴族の政治が展開したことを理解させる。
　ウ　仏教の伝来とその影響，仮名文字の成立などを通して，国際的な要素をもった文化が栄え，後に文化の国風化が進んだことを理解させる。
(3)　中世の日本
　ア　鎌倉（かまくら）幕府の成立，南北朝の争乱と室町幕府，東アジアの国際関係，応仁（おうにん）の乱後の社会的な変動などを通して，

武家政治の特色を考えさせ，武士が台頭して武家政権が成立し，その支配が次第に全国に広まるとともに，東アジア世界との密接なかかわりがみられたことを理解させる。
　イ　農業など諸産業の発達，畿内（きない）を中心とした都市や農村における自治的な仕組みの成立，禅宗の文化的な影響などを通して，武家政治の展開や民衆の成長を背景とした社会や文化が生まれたことを理解させる。
(4)　近世の日本
　ア　戦国の動乱，ヨーロッパ人来航の背景とその影響，織田（おだ）・豊臣（とよとみ）による統一事業とその当時の対外関係，武将や豪商などの生活文化の展開などを通して，近世社会の基礎がつくられていったことを理解させる。
　イ　江戸幕府の成立と大名統制，鎖国政策，身分制度の確立及び農村の様子，鎖国下の対外関係などを通して，江戸幕府の政治の特色を考えさせ，幕府と藩による支配が確立したことを理解させる。
　ウ　産業や交通の発達，教育の普及と文化の広がりなどを通して，町人文化が都市を中心に形成されたことや，各地方の生活文化が生まれたことを理解させる。
　エ　社会の変動や欧米諸国の接近，幕府の政治改革，新しい学問・思想の動きなどを通して，幕府の政治が次第に行き詰まりをみせたことを理解させる。
(5)　近代の日本と世界
　ア　欧米諸国における市民革命や産業革命，アジア諸国の動きなどを通して，欧米諸国が近代社会を成立させてアジアへ進出したことを理解させる。
　イ　開国とその影響，富国強兵・殖産興業政策，文明開化などを通して，新政府による改革の特色を考えさせ，明治維新によって近代国家の基礎が整えられて，人々の生活が大きく変化したことを理解させる。

　ウ　自由民権運動，大日本帝国憲法の制定，日清（にっしん）・日露戦争，条約改正などを通して，立憲制の国家が成立して議会政治が始まるとともに，我が国の国際的地位が向上したことを理解させる。
　エ　我が国の産業革命，この時期の国民生活の変化，学問・教育・科学・芸術の発展などを通して，我が国で近代産業が発展し，近代文化が形成されたことを理解させる。
　オ　第一次世界大戦の背景とその影響，民族運動の高まりと国際協調の動き，我が国の国民の政治的自覚の高まりと文化の大衆化などを通して，第一次世界大戦前後の国際情勢及び我が国の動きと，大戦後に国際平和への努力がなされたことを理解させる。
　カ　経済の世界的な混乱と社会問題の発生，昭和初期から第二次世界大戦の終結までの我が国の政治・外交の動き，中国などアジア諸国との関係，欧米諸国の動き，戦時下の国民の生活などを通して，軍部の台頭から戦争までの経過と，大戦が人類全体に惨禍を及ぼしたことを理解させる。
(6)　現代の日本と世界
　ア　冷戦，我が国の民主化と再建の過程，国際社会への復帰などを通して，第二次世界大戦後の諸改革の特色を考えさせ，世界の動きの中で新しい日本の建設が進められたことを理解させる。
　イ　高度経済成長，国際社会とのかかわり，冷戦の終結などを通して，我が国の経済や科学技術が急速に発展して国民の生活が向上し，国際社会において我が国の役割が大きくなってきたことを理解させる。
3　内容の取扱い
(1)　内容の取扱いについては，次の事項に配慮するものとする。
　ア　生徒の発達の段階を考慮して，各時代の特色や時代の転換にかかわる基礎的・基本的な歴

史的事象を重点的に選んで指導内容を構成すること。
イ　歴史的事象の意味・意義や特色，事象間の関連を説明したり，課題を設けて追究したり，意見交換したりするなどの学習を重視して，思考力，判断力，表現力等を養うとともに，学習内容の確かな理解と定着を図ること。
ウ　各時代の文化については，代表的な事例を取り上げてその特色を考えさせるようにすること。
エ　歴史的事象の指導に当たっては，地理的分野との連携を踏まえ，地理的条件にも着目して取り扱うよう工夫するとともに，公民的分野との関連にも配慮すること。
オ　国家・社会及び文化の発展や人々の生活の向上に尽くした歴史上の人物に対する生徒の興味・関心を育てる指導に努めるとともに，それぞれの人物が果たした役割や生き方などについて時代的背景と関連付けて考察させるようにすること。その際，身近な地域の歴史上の人物を取り上げることにも留意すること。
カ　日本人の生活や生活に根ざした文化については，政治の動き，社会の動き，各地域の地理的条件，身近な地域の歴史とも関連付けて指導したり，民俗学や考古学などの成果の活用や博物館，郷土資料館などの施設を見学・調査したりするなどして具体的に学ぶことができるようにすること。

(2) 内容の(1)については，次のとおり取り扱うものとする。
ア　アについては，中学校の歴史学習の導入として実施することを原則とすること。小学校での学習を踏まえ，扱う内容や活動の仕方を工夫して，「時代の区分やその移り変わり」に気付かせるようにすること。「年代の表し方や時代区分」の学習については，導入における学習内容を基盤にし，内容の(2)以下とかかわらせて継続的・計画的に進めること。
イ　イについては，内容の(2)以下とかかわらせて計画的に実施し，地域の特性に応じた時代を取り上げるようにするとともに，人々の生活や生活に根ざした伝統や文化に着目した取扱いを工夫すること。その際，博物館，郷土資料館などの施設の活用や地域の人々の協力も考慮すること。
ウ　ウについては，内容の(2)以下の各時代の学習のまとめとして実施することを原則とすること。その際，各時代の学習の初めにその特色の究明に向けた課題意識を育成した上で，他の時代との共通点や相違点に着目しながら，大観や表現の仕方を工夫して，各時代の特色をとらえさせるようにすること。
エ　ア，イ及びウについては，適切かつ十分な授業時数を配当すること。

(3) 内容の(2)については，次のとおり取り扱うものとする。
ア　アの「世界の古代文明」については，中国の文明を中心に諸文明の特色を取り扱い，生活技術の発達，文字の使用，国家のおこりと発展などの共通する特色に気付かせるようにすること。また，人類の出現にも触れること。「宗教のおこり」については，仏教，キリスト教，イスラム教などを取り上げ，世界の文明地域との重なりに気付かせるようにすること。「日本列島における農耕の広まりと生活の変化」については，狩猟・採集を行っていた人々の生活が農耕の広まりとともに変化していったことに気付かせるようにすること。「大和朝廷による統一と東アジアとのかかわり」については，古墳の広まりにも触れるとともに，大陸から移住してきた人々の我が国の社会に果たした役割に気付かせるようにすること。
イ　イの「律令国家の確立に至るまでの過程」については，聖徳太子（しょとくたいし）の政治，大化の改新から律令国家の確立に至るまでの過程を，小学校での学習内容を活用して大き

くとらえさせるようにすること。
　ウ　ウについては，文化を担った人々などに着目して取り扱うようにすること。
　エ　考古学などの成果を活用するとともに，神話・伝承などの学習を通して，当時の人々の信仰やものの見方などに気付かせるよう留意すること。
(4)　内容の(3)については，次のとおり取り扱うものとする。
　ア　アの「東アジアの国際関係」については，元寇（げんこう），日明（にちみん）貿易，琉球（りゅうきゅう）の国際的な役割などを取り扱うようにすること。「武家政治の特色」については，主従の結び付きや武力を背景にして次第にその支配を広げていったことなど，それ以前の時代との違いに着目して考えさせるようにすること。
　イ　イの「武家政治の展開や民衆の成長を背景とした社会や文化」については，この時代の文化の中に現在に結び付くものがみられることに気付かせるようにすること。
(5)　内容の(4)については，次のとおり取り扱うものとする。
　ア　アの「ヨーロッパ人来航の背景」については，新航路の開拓を中心に取り扱い，宗教改革についても触れること。「織田・豊臣による統一事業」については，検地・刀狩などの政策を取り扱うようにすること。
　イ　イの「鎖国下の対外関係」については，オランダ，中国との交易のほか，朝鮮との交流や琉球の役割，北方との交易をしていたアイヌについて取り扱うようにすること。「江戸幕府の政治の特色」については，その支配の下に大きな戦乱のない時期を迎えたことなど，それ以前の時代との違いに着目して考えさせるようにすること。
　ウ　ウの「産業や交通の発達」については，身近な地域の特色を生かすようにすること。「各地方の生活文化」については，身近な地域の事例を取り上げるように配慮し，藩校や寺子屋などによる「教育の普及」や社会的な「文化の広がり」と関連させて，現在との結び付きに気付かせるようにすること。
　エ　エの「幕府の政治改革」については，百姓一揆（いっき）などに結び付く農村の変化や商業の発達などへの対応という観点から，代表的な事例を取り上げるようにすること。
(6)　内容の(5)については，次のとおり取り扱うものとする。
　ア　アの「市民革命」については欧米諸国における近代社会の成立という観点から，「産業革命」については工業化による社会の変化という観点から，「アジア諸国の動き」については欧米諸国の進出に対するアジア諸国の対応と変容という観点から，それぞれ代表的な事例を取り上げるようにすること。
　イ　イの「開国とその影響」については，アの欧米諸国のアジア進出と関連付けて取り扱うようにすること。「富国強兵・殖産興業政策」については，この政策の下に新政府が行った，廃藩置県，学制・兵制・税制の改革，身分制度の廃止，領土の画定などを取り扱うようにすること。「新政府による改革の特色」については，欧米諸国とのかかわりや社会の近代化など，それ以前の時代との違いに着目して考えさせるようにすること。「明治維新」については，複雑な国際情勢の中で独立を保ち，近代国家を形成していった政府や人々の努力に気付かせるようにすること。
　ウ　ウの「日清・日露戦争」については，このころの大陸との関係に着目させること。「条約改正」については，欧米諸国と対等の外交関係を樹立するための人々の努力に気付かせるようにすること。「立憲制の国家が成立して議会政治が始まる」については，その歴史上の意義や現代の政治とのつながりに気付かせるようにす

ること。
 エ エの「我が国の産業革命」については，イの「富国強兵・殖産興業政策」の下で近代産業が進展したことと関連させて取り扱い，都市や農山漁村の生活に大きな変化が生じたことに気付かせるようにすること。「近代文化」については，伝統的な文化の上に欧米文化を受容して形成されたものであることに気付かせるようにすること。
 オ オの「第一次世界大戦」については，日本の参戦，ロシア革命なども取り上げて，世界の動きと我が国との関連に着目して取り扱うようにすること。「我が国の国民の政治的自覚の高まり」については，大正デモクラシーの時期の政党政治の発達，民主主義思想の普及，社会運動の展開を取り扱うようにすること。
 カ カについては，世界の動きと我が国との関連に着目して取り扱うとともに，国際協調と国際平和の実現に努めることが大切であることに気付かせるようにすること。
(7) 内容の(6)については，次のとおり取り扱うものとする。
 ア アについては，国民が苦難を乗り越えて新しい日本の建設に努力したことに気付かせるようにすること。「第二次世界大戦後の諸改革の特色」については，新たな制度が生まれたことなどに着目して考えさせるようにすること。
 イ イについては，沖縄返還，日中国交正常化，石油危機などの節目となる歴史的事象を取り扱うようにすること。

〔公民的分野〕
1 目標
(1) 個人の尊厳と人権の尊重の意義，特に自由・権利と責任・義務の関係を広い視野から正しく認識させ，民主主義に関する理解を深めるとともに，国民主権を担う公民として必要な基礎的教養を培う。
(2) 民主政治の意義，国民の生活の向上と経済活動とのかかわり及び現代の社会生活などについて，個人と社会とのかかわりを中心に理解を深め，現代社会についての見方や考え方の基礎を養うとともに，社会の諸問題に着目させ，自ら考えようとする態度を育てる。
(3) 国際的な相互依存関係の深まりの中で，世界平和の実現と人類の福祉の増大のために，各国が相互に主権を尊重し，各国民が協力し合うことが重要であることを認識させるとともに，自国を愛し，その平和と繁栄を図ることが大切であることを自覚させる。
(4) 現代の社会的事象に対する関心を高め，様々な資料を適切に収集，選択して多面的・多角的に考察し，事実を正確にとらえ，公正に判断するとともに適切に表現する能力と態度を育てる。
2 内容
(1) 私たちと現代社会
 ア 私たちが生きる現代社会と文化
  現代日本の特色として少子高齢化，情報化，グローバル化などがみられることを理解させるとともに，それらが政治，経済，国際関係に影響を与えていることに気付かせる。また，現代社会における文化の意義や影響を理解させるとともに，我が国の伝統と文化に関心をもたせ，文化の継承と創造の意義に気付かせる。
 イ 現代社会をとらえる見方や考え方
  人間は本来社会的存在であることに着目させ，社会生活における物事の決定の仕方，きまりの意義について考えさせ，現代社会をとらえる見方や考え方の基礎として，対立と合意，効率と公正などについて理解させる。その際，個人の尊厳と両性の本質的平等，契約の重要性やそれを守ることの意義及び個人の責任などに気付かせる。
(2) 私たちと経済
 ア 市場の働きと経済
  身近な消費生活を中心に経済活動の意義を理

解させるとともに，価格の働きに着目させて市場経済の基本的な考え方について理解させる。また，現代の生産や金融などの仕組みや働きを理解させるとともに，社会における企業の役割と責任について考えさせる。その際，社会生活における職業の意義と役割及び雇用と労働条件の改善について，勤労の権利と義務，労働組合の意義及び労働基準法の精神と関連付けて考えさせる。

 イ 国民の生活と政府の役割

  国民の生活と福祉の向上を図るために，社会資本の整備，公害の防止など環境の保全，社会保障の充実，消費者の保護など，市場の働きにゆだねることが難しい諸問題に関して，国や地方公共団体が果たしている役割について考えさせる。また，財源の確保と配分という観点から財政の役割について考えさせる。その際，租税の意義と役割について考えさせるとともに，国民の納税の義務について理解させる。

(3) 私たちと政治

 ア 人間の尊重と日本国憲法の基本的原則

  人間の尊重についての考え方を，基本的人権を中心に深めさせ，法の意義を理解させるとともに，民主的な社会生活を営むためには，法に基づく政治が大切であることを理解させ，我が国の政治が日本国憲法に基づいて行われていることの意義について考えさせる。また，日本国憲法が基本的人権の尊重，国民主権及び平和主義を基本的原則としていることについての理解を深め，日本国及び日本国民統合の象徴としての天皇の地位と天皇の国事に関する行為について理解させる。

 イ 民主政治と政治参加

  地方自治の基本的な考え方について理解させる。その際，地方公共団体の政治の仕組みについて理解させるとともに，住民の権利や義務に関連させて，地方自治の発展に寄与しようとする住民としての自治意識の基礎を育てる。また，

国会を中心とする我が国の民主政治の仕組みのあらましや政党の役割を理解させ，議会制民主主義の意義について考えさせるとともに，多数決の原理とその運用の在り方について理解を深めさせる。さらに，国民の権利を守り，社会の秩序を維持するために，法に基づく公正な裁判の保障があることについて理解させるとともに，民主政治の推進と，公正な世論の形成や国民の政治参加との関連について考えさせる。その際，選挙の意義について考えさせる。

(4) 私たちと国際社会の諸課題

 ア 世界平和と人類の福祉の増大

  世界平和の実現と人類の福祉の増大のためには，国際協調の観点から，国家間の相互の主権の尊重と協力，各国民の相互理解と協力及び国際連合をはじめとする国際機構などの役割が大切であることを認識させ，国際社会における我が国の役割について考えさせる。その際，日本国憲法の平和主義について理解を深め，我が国の安全と防衛及び国際貢献について考えさせるとともに，核兵器などの脅威に着目させ，戦争を防止し，世界平和を確立するための熱意と協力の態度を育てる。また，地球環境，資源・エネルギー，貧困などの課題の解決のために経済的，技術的な協力などが大切であることを理解させる。

 イ よりよい社会を目指して

  持続可能な社会を形成するという観点から，私たちがよりよい社会を築いていくために解決すべき課題を探究させ，自分の考えをまとめさせる。

3 内容の取扱い

(1) 内容の取扱いについては，次の事項に配慮するものとする。

 ア 地理的分野及び歴史的分野の学習の成果を活用するとともに，これらの分野で育成された能力や態度が，更に高まり発展するようにすること。また，社会的事象は相互に関連し合って

いることに留意し，特定の内容に偏ることなく，分野全体として見通しをもったまとまりのある学習が展開できるようにすること。
　イ　生徒が内容の基本的な意味を理解できるように配慮し，日常の社会生活と関連付けながら具体的事例を通して政治や経済などについての見方や考え方の基礎が養えるようにすること。その際，制度や仕組みの意義や働きについて理解を深めさせるようにすること。
　ウ　分野全体を通して，習得した知識を活用して，社会的事象について考えたことを説明させたり，自分の意見をまとめさせたりすることにより，思考力，判断力，表現力等を養うこと。また，考えさせる場合には，資料を読み取らせて解釈させたり，議論などを行って考えを深めさせたりするなどの工夫をすること。
(2)　内容の(1)については，次のとおり取り扱うものとする。
　ア　アについては，次のとおり取り扱うものとすること。
　　(ｱ)　地理的分野，歴史的分野との関連を図り，現代社会の特色をとらえさせるようにすること。
　　(ｲ)　「現代社会における文化の意義や影響」については，科学，芸術，宗教などを取り上げ，社会生活とのかかわりなどについて学習できるように工夫すること。「我が国の伝統と文化」については，歴史的分野における学習の成果を生かして特色あるものを扱うこと。
　イ　(1)については公民的分野の導入部として位置付け，ア，イの順で行うものとし，適切かつ十分な授業時数を配当すること。
(3)　内容の(2)については，次のとおり取り扱うものとする。
　ア　アについては，身近で具体的な事例を取り上げ，個人や企業の経済活動が様々な条件の中での選択を通じて行われるという点に着目させるとともに，市場における価格の決まり方や資源の配分について理解させること。その際，市場における取引が貨幣を通して行われていることに気付かせること。
　イ　イの「消費者の保護」については，消費者の自立の支援なども含めた消費者行政を取り扱うこと。「財政」については，少子高齢社会など現代社会の特色を踏まえて考えさせること。
(4)　内容の(3)については，次のとおり取り扱うものとする。
　ア　アについては，日常の具体的な事例を取り上げ，日本国憲法の基本的な考え方を理解させること。
　イ　イについては，次のとおり取り扱うものとすること。
　　(ｱ)　調査や見学などを通して具体的に理解させること。
　　(ｲ)　「法に基づく公正な裁判の保障」に関連させて，裁判員制度についても触れること。
(5)　内容の(4)については，次のとおり取り扱うものとする。
　ア　アについては，次のとおり取り扱うものとすること。
　　(ｱ)　地理的分野，歴史的分野との関連を図り，その学習の成果を生かす工夫を行うこと。
　　(ｲ)　「世界平和の実現」については，領土（領海，領空を含む），国家主権，主権の相互尊重，国際連合の働きなど基本的な事項を踏まえて理解させるように留意すること。
　　(ｳ)　「国家間の相互の主権の尊重と協力」との関連で，国旗及び国歌の意義並びにそれらを相互に尊重することが国際的な儀礼であることを理解させ，それらを尊重する態度を育てるよう配慮すること。
　　(ｴ)　国際社会における文化や宗教の多様性についても触れること。
　イ　イについては，次のとおり取り扱うものとすること。
　　(ｱ)　身近な地域の生活や我が国の取組との関

連性に着目させ，世界的な視野と地域的な視点に立って探究させること。
(イ) イについては，社会科のまとめとして位置付け，適切かつ十分な授業時数を配当すること。

第3　指導計画の作成と内容の取扱い

1　指導計画の作成に当たっては，次の事項に配慮するものとする。
(1)　小学校社会科の内容との関連及び各分野相互の有機的な関連を図るとともに，地理的分野及び歴史的分野の基礎の上に公民的分野の学習を展開するこの教科の基本的な構造に留意して，全体として教科の目標が達成できるようにする必要があること。
(2)　各分野の履修については，第1，第2学年を通じて地理的分野と歴史的分野を並行して学習させることを原則とし，第3学年において歴史的分野及び公民的分野を学習させること。各分野に配当する授業時数は，地理的分野120単位時間，歴史的分野130単位時間，公民的分野100単位時間とすること。これらの点に留意し，各学校で創意工夫して適切な指導計画を作成すること。
(3)　知識に偏り過ぎた指導にならないようにするため，基本的な事項・事柄を厳選して指導内容を構成するものとし，基本的な内容が確実に身に付くよう指導すること。また，生徒の主体的な学習を促し，課題を解決する能力を一層培うため，各分野において，第2の内容の範囲や程度に十分配慮しつつ事項を再構成するなどの工夫をして，適切な課題を設けて行う学習の充実を図るようにすること。
(4)　第1章総則の第1の2及び第3章道徳の第1に示す道徳教育の目標に基づき，道徳の時間などとの関連を考慮しながら，第3章道徳の第2に示す内容について，社会科の特質に応じて適切な指導をすること。

2　指導の全般にわたって，資料を選択し活用する学習活動を重視するとともに作業的，体験的な学習の充実を図るようにする。その際，地図や年表を読みかつ作成すること，新聞，読み物，統計その他の資料に平素から親しみ適切に活用すること，観察や調査などの過程と結果を整理し報告書にまとめ，発表することなどの活動を取り入れるようにする。また，資料の収集，処理や発表などに当たっては，コンピュータや情報通信ネットワークなどを積極的に活用し，指導に生かすことで，生徒が興味・関心をもって学習に取り組めるようにするとともに，生徒が主体的に情報手段を活用できるよう配慮するものとする。その際，情報モラルの指導にも配慮するものとする。

3　内容の指導に当たっては，教育基本法第14条及び第15条の規定に基づき，適切に行うよう特に慎重に配慮して，政治及び宗教に関する教育を行うものとする。

◇高等学校学校学習指導要領「地理歴史科」「公民科」（2009年3月9日）

第2節　地理歴史

第1款　目　標

我が国及び世界の形成の歴史的過程と生活・文化の地域的特色についての理解と認識を深め，国際社会に主体的に生き平和で民主的な国家・社会を形成する日本国民として必要な自覚と資質を養う。

第2款　各　科　目

第1　世界史A

1　目　標

近現代史を中心とする世界の歴史を諸資料に基づき地理的条件や日本の歴史と関連付けながら理解させ，現代の諸課題を歴史的観点から考察させることによって，歴史的思考力を培い，国際社会に主体的に生きる日本国民としての自覚と資質を養う。

2　内　容

(1)　世界史へのいざない

自然環境と歴史，日本の歴史と世界の歴史のつながりにかかわる適切な主題を設定し考察する活動を通して，世界史学習の基本的技能に触れさせるとともに，地理と歴史への関心を高め，世界史学習の意義に気付かせる。

ア　自然環境と歴史

歴史の舞台としての自然環境について，河川，海洋，草原，オアシス，森林などから適切な事例を取り上げ，地図や写真などを読み取る活動を通して，自然環境と人類の活動が相互に作用し合っていることに気付かせる。

イ　日本列島の中の世界の歴史

日本列島の中に見られる世界との関係や交流について，人，もの，技術，文化，宗教，生活などから適切な事例を取り上げ，年表や地図などに表す活動を通して，日本の歴史が世界の歴史とつながっていることに気付かせる。

(2)　世界の一体化と日本

近現代世界を理解するための前提として，ユーラシアの諸文明の特質に触れるとともに，16世紀以降の世界商業の進展及び資本主義の確立を中心に，世界が一体化に向かう過程を理解させる。その際，世界の動向と日本とのかかわりに着目させる。

ア　ユーラシアの諸文明

自然環境，生活，宗教などに着目させながら，東アジア，南アジア，西アジア，ヨーロッパに形成された諸文明の特質とユーラシアの海，陸における交流を概観させる。

イ　結び付く世界と近世の日本

大航海時代のヨーロッパとアフリカ，アメリカ，アジアの接触と交流，アジアの諸帝国とヨーロッパの主権国家体制，大西洋世界の展開とアフリカ・アメリカ社会の変容を扱い，16世紀から18世紀までの世界の一体化の動きと近世の日本の対応を把握させる。

ウ　ヨーロッパ・アメリカの工業化と国民形成

産業革命と資本主義の確立，フランス革命とアメリカ諸国の独立，自由主義と国民主義の進展を扱い，ヨーロッパ・アメリカにおける工業化と国民形成を理解させる。

エ　アジア諸国の変貌と近代の日本

ヨーロッパの進出期におけるアジア諸国の状況，植民地化や従属化の過程での抵抗と挫折，伝統文化の変容，その中での日本の動向を扱い，19世紀の世界の一体化と日本の近代化を理解させる。

(3)　地球社会と日本

地球規模で一体化した構造をもつ現代世界の特質と展開過程を理解させ，人類の課題について歴史的観点から考察させる。その際，世界の動向と日本とのかかわりに着目させる。

ア　急変する人類社会

科学技術の発達，企業や国家の巨大化，公教育の普及と国民統合，国際的な移民の増加，マスメディアの発達，社会の大衆化と政治や文化の変容などを理解させ，19世紀後期から20世紀前半までの社会の変化について，人類史的視野から考察させる。

イ　世界戦争と平和

帝国主義諸国の抗争とアジア・アフリカの対応，二つの世界大戦の原因と総力戦として

の性格，それらが世界と日本に及ぼした影響を理解させ，19世紀後期から20世紀前半までの世界の動向と平和の意義について考察させる。

　　ウ　三つの世界と日本の動向
　　第二次世界大戦後の米ソ両陣営の対立と日本の動向，アジア・アフリカの民族運動と植民地支配からの独立を理解させ，核兵器問題やアジア・アフリカ諸国が抱える問題などについて考察させる。

　　エ　地球社会への歩みと課題
　　1970年代以降の市場経済のグローバル化，冷戦の終結，地域統合の進展，知識基盤社会への移行，地域紛争の頻発，環境や資源・エネルギーをめぐる問題などを理解させ，地球社会への歩みと地球規模で深刻化する課題について考察させる。

　　オ　持続可能な社会への展望
　　現代世界の特質や課題に関する適切な主題を設定させ，歴史的観点から資料を活用して探究し，その成果を論述したり討論したりするなどの活動を通して，世界の人々が協調し共存できる持続可能な社会の実現について展望させる。

3　内容の取扱い
(1) 内容の全体にわたって，次の事項に配慮するものとする。
　　ア　1の目標に即して基本的な事項・事柄を精選して指導内容を構成するとともに，各時代において世界と日本を関連付けて扱うこと。また，地理的条件とも関連付けるようにすること。
　　イ　年表，地図その他の資料を積極的に活用したり，文化遺産，博物館や資料館の調査・見学を取り入れたりするなどして，具体的に学ばせるように工夫すること。
(2) 各項目については，次の事項に配慮するものとする。

　　ア　内容の(2)のアについては，近現代史を中心とするこの科目の特質を踏まえ，ユーラシアの諸文明を大観させるようにすること。
　　イ　内容の(3)については，単に知識を与えるだけでなく，現代世界が当面する課題について考察させること。その際，核兵器などの脅威に着目させ，戦争を防止し，平和で民主的な世界を実現することが重要な課題であることを認識させること。
(3) 主題を設定して行う学習については，次の事項に配慮するものとする。
　　ア　学習の実施に当たっては，適切な時間を確保し，年間指導計画の中に位置付けて指導すること。また，主題の設定や資料の選択に際しては，生徒の興味・関心や学校，地域の実態等に十分配慮して行うこと。
　　イ　内容の(1)については，中学校社会科の内容との連続性に配慮して，主題を設定すること。その際，アについては，この科目の導入として位置付け，内容の(2)のアと関連付けて指導すること。イについては，適切な時期に実施するようにすること。
　　ウ　内容の(3)のオについては，内容の(3)のアからエまでに示された事項を参考にして主題を設定させること。
(4) 近現代史の指導に当たっては，次の事項に配慮するものとする。
　　ア　客観的かつ公正な資料に基づいて歴史の事実に関する理解を得させるようにすること。
　　イ　政治，経済，社会，文化，宗教，生活など様々な観点から歴史的事象を取り上げ，近現代世界に対する多角的で柔軟な見方を養うこと。

第2　世界史B
1　目　標
世界の歴史の大きな枠組みと展開を諸資料に

基づき地理的条件や日本の歴史と関連付けながら理解させ，文化の多様性・複合性と現代世界の特質を広い視野から考察させることによって，歴史的思考力を培い，国際社会に主体的に生きる日本国民としての自覚と資質を養う。

2 内容

(1) 世界史への扉

自然環境と人類のかかわり，日本の歴史と世界の歴史のつながり，日常生活にみる世界の歴史にかかわる適切な主題を設定し考察する活動を通して，地理と歴史への関心を高め，世界史学習の意義に気付かせる。

ア 自然環境と人類のかかわり

自然環境と人類のかかわりについて，生業や暮らし，交通手段，資源，災害などから適切な歴史的事例を取り上げて考察させ，世界史学習における地理的視点の重要性に気付かせる。

イ 日本の歴史と世界の歴史のつながり

日本と世界の諸地域の接触・交流について，人，もの，技術，文化，宗教，生活などから適切な歴史的事例を取り上げて考察させ，日本の歴史と世界の歴史のつながりに気付かせる。

ウ 日常生活にみる世界の歴史

日常生活にみる世界の歴史について，衣食住，家族，余暇，スポーツなどから適切な事例を取り上げて，その変遷を考察させ，日常生活からも世界の歴史がとらえられることに気付かせる。

(2) 諸地域世界の形成

人類は各地の自然環境に適応しながら農耕や牧畜を基礎とする諸文明を築き上げ，やがてそれらを基により大きな地域世界を形成したことを把握させる。

ア 西アジア世界・地中海世界

西アジアと地中海一帯の地理的特質，オリエント文明，イラン人の活動，ギリシア・ローマ文明に触れ，西アジア世界と地中海世界の形成過程を把握させる。

イ 南アジア世界・東南アジア世界

南アジアと東南アジアの地理的特質，インダス文明，アーリヤ人の進入以後の南アジアの文化，社会，国家の発展，東南アジアの国家形成に触れ，南アジア世界と東南アジア世界の形成過程を把握させる。

ウ 東アジア世界・内陸アジア世界

東アジアと内陸アジアの地理的特質，中華文明の起源と秦・漢帝国，遊牧国家の動向，唐帝国と東アジア諸民族の活動に触れ，日本を含む東アジア世界と内陸アジア世界の形成過程を把握させる。

エ 時間軸からみる諸地域世界

主題を設定し，それに関連する事項を年代順に並べたり，因果関係で結び付けたり，地域世界ごとに比較したりするなどの活動を通して，世界史を時間的なつながりに着目して整理し，表現する技能を習得させる。

(3) 諸地域世界の交流と再編

ユーラシアの海域及び内陸のネットワークを背景に，諸地域世界の交流が一段と活発化し，新たな地域世界の形成や再編を促したことを把握させる。

ア イスラーム世界の形成と拡大

アラブ人とイスラーム帝国の発展，トルコ系民族の活動，アフリカ・南アジアのイスラーム化に触れ，イスラーム世界の形成と拡大の過程を把握させる。

イ ヨーロッパ世界の形成と展開

ビザンツ帝国と東ヨーロッパの動向，西ヨーロッパの封建社会の成立と変動に触れ，キリスト教とヨーロッパ世界の形成と展開の過程を把握させる。

ウ 内陸アジアの動向と諸地域世界

内陸アジア諸民族と宋の抗争，モンゴル帝

国の興亡とユーラシアの諸地域世界や日本の変動に触れ，内陸アジア諸民族が諸地域世界の交流と再編に果たした役割を把握させる。

　　エ　空間軸からみる諸地域世界

　　　同時代性に着目して主題を設定し，諸地域世界の接触や交流などを地図上に表したり，世紀ごとに比較したりするなどの活動を通して，世界史を空間的なつながりに着目して整理し，表現する技能を習得させる。

(4) 諸地域世界の結合と変容

　　アジアの繁栄とヨーロッパの拡大を背景に，諸地域世界の結合が一層進展したこととともに，主権国家体制を整え工業化を達成したヨーロッパの進出により，世界の構造化が進み，社会の変容が促されたことを理解させる。

　　ア　アジア諸地域の繁栄と日本

　　　西アジア・南アジアのイスラーム諸帝国や東南アジア海域の動向，明・清帝国と日本や朝鮮などとの関係を扱い，16世紀から18世紀までのアジア諸地域の特質とその中での日本の位置付けを理解させる。

　　イ　ヨーロッパの拡大と大西洋世界

　　　ルネサンス，宗教改革，主権国家体制の成立，世界各地への進出と大西洋世界の形成を扱い，16世紀から18世紀までのヨーロッパ世界の特質とアメリカ・アフリカとの関係を理解させる。

　　ウ　産業社会と国民国家の形成

　　　産業革命，フランス革命，アメリカ諸国の独立など，18世紀後半から19世紀までのヨーロッパ・アメリカの経済的，政治的変革を扱い，産業社会と国民国家の形成を理解させる。

　　エ　世界市場の形成と日本

　　　世界市場の形成，ヨーロッパ諸国のアジア進出，オスマン，ムガル，清帝国及び日本などアジア諸国の動揺と改革を扱い，19世紀のアジアの特質とその中での日本の位置付けを理解させる。

　　オ　資料からよみとく歴史の世界

　　　主題を設定し，その時代の資料を選択して，資料の内容をまとめたり，その意図やねらいを推測したり，資料への疑問を提起したりするなどの活動を通して，資料を多面的・多角的に考察し，よみとく技能を習得させる。

(5) 地球世界の到来

　　科学技術の発達や生産力の著しい発展を背景に，世界は地球規模で一体化し，二度の世界大戦や冷戦を経て相互依存を一層強めたことを理解させる。また，今日の人類が直面する課題を歴史的観点から考察させ，21世紀の世界について展望させる。

　　ア　帝国主義と社会の変容

　　　科学技術の発達，企業・国家の巨大化，国民統合の進展，帝国主義諸国の抗争とアジア・アフリカの対応，国際的な移民の増加などを理解させ，19世紀後期から20世紀初期までの世界の動向と社会の特質について考察させる。

　　イ　二つの世界大戦と大衆社会の出現

　　　総力戦としての二つの世界大戦，ロシア革命とソヴィエト連邦の成立，大衆社会の出現とファシズム，世界恐慌と資本主義の変容，アジア・アフリカの民族運動などを理解させ，20世紀前半の世界の動向と社会の特質について考察させる。

　　ウ　米ソ冷戦と第三世界

　　　米ソ両陣営による冷戦の展開，戦後の復興と経済発展，アジア・アフリカ諸国の独立とその後の課題，平和共存の模索などを理解させ，第二次世界大戦後から1960年代までの世界の動向について考察させる。

　　エ　グローバル化した世界と日本

　　　市場経済のグローバル化とアジア経済の成長，冷戦の終結とソヴィエト連邦の解体，地域統合の進展，知識基盤社会への移行，地域

紛争の頻発，環境や資源・エネルギーをめぐる問題などを理解させ，1970年代以降の世界と日本の動向及び社会の特質について考察させる。
　　オ　資料を活用して探究する地球世界の課題
　　　地球世界の課題に関する適切な主題を設定させ，歴史的観点から資料を活用して探究し，その成果を論述したり討論したりするなどの活動を通して，資料を活用し表現する技能を習得させるとともに，これからの世界と日本の在り方や世界の人々が協調し共存できる持続可能な社会の実現について展望させる。
 3　内容の取扱い
(1)　内容の全体にわたって，次の事項に配慮するものとする。
　　ア　1の目標に即して基本的な事項・事柄を精選して指導内容を構成するとともに，各時代における世界と日本を関連付けて扱うこと。また，地理的条件とも関連付けるようにすること。
　　イ　年表，地図その他の資料を積極的に活用したり，文化遺産，博物館や資料館の調査・見学を取り入れたりするなどして，具体的に学ばせるように工夫すること。
(2)　各項目については，次の事項に配慮するものとする。
　　ア　内容の(2)及び(3)については，各地域世界の人々の生活，宗教，意識などを具体的に把握できるようにし，政治史のみの学習にならないようにすること。
　　イ　内容の(5)については，単に知識を与えるだけでなく，地球世界の課題について考察させること。その際，核兵器などの脅威に着目させ，戦争を防止し，平和で民主的な世界を実現させることが重要な課題であることを認識させること。
(3)　主題を設定して行う学習については，次の事項に配慮するものとする。
　　ア　学習の実施に当たっては，適切な時間を確保し，年間指導計画の中に位置付けて段階的・継続的に指導すること。また，主題の設定や資料の選択に際しては，生徒の興味・関心や学校，地域の実態等に十分配慮して行うこと。
　　イ　内容の(1)については，中学校社会科の内容との連続性に配慮して，主題を設定すること。その際，アについては，この科目の導入として位置付けること。イ及びウについては，適切な時期に実施するようにすること。
　　ウ　内容の(2)のエ，(3)のエ及び(4)のオについては，次の事項に留意すること。
　　　(ｱ)　それぞれの項目の内容に示された事項を参考にして主題を設定し，生徒の主体的な追究を通して，歴史的思考力を培うようにすること。
　　　(ｲ)　内容の(2)のエ及び(3)のエについては，年表や地図その他の資料を活用して説明するなどの活動を取り入れること。
　　　(ｳ)　内容の(4)のオについては，文字資料に加えて，絵画，風刺画，写真などの図像資料を取り入れるよう工夫すること。
　　エ　内容の(5)のオについては，内容の(5)のアからエまでに示された事項を参考にして主題を設定させること。
(4)　近現代史の指導に当たっては，次の事項に配慮するものとする。
　　ア　客観的かつ公正な資料に基づいて歴史の事実に関する理解を得させるようにすること。
　　イ　各国史別の扱いにならないよう，広い視野から世界の動きをとらえさせるようにすること。
　　ウ　政治，経済，社会，文化，宗教，生活など様々な観点から歴史的事象を取り上げ，近現代世界に対する多角的で柔軟な見方を養

うこと。
　エ　日本と関連する諸国の歴史については，当該国の歴史から見た日本などにも着目させ，世界の歴史における日本の位置付けを明確にすること。

第3　日本史Ａ

1　目標

　我が国の近現代の歴史の展開を諸資料に基づき地理的条件や世界の歴史と関連付け，現代の諸課題に着目して考察させることによって，歴史的思考力を培い，国際社会に主体的に生きる日本国民としての自覚と資質を養う。

2　内容

(1) 私たちの時代と歴史

　現代の社会やその諸課題が歴史的に形成されたものであるという観点から，近現代の歴史的事象と現在との結び付きを考える活動を通して，歴史への関心を高め，歴史を学ぶ意義に気付かせる。

(2) 近代の日本と世界

　開国前後から第二次世界大戦終結までの政治や経済，国際環境，国民生活や文化の動向について，相互の関連を重視して考察させる。

　ア　近代国家の形成と国際関係の推移

　　(ｱ)　近代の萌芽や欧米諸国のアジア進出，文明開化などに見られる欧米文化の導入と明治政府による諸改革に伴う社会や文化の変容，自由民権運動と立憲体制の成立に着目して，開国から明治維新を経て近代国家が形成される過程について考察させる。

　　(ｲ)　条約改正や日清・日露戦争前後の対外関係の変化，政党の役割と社会的な基盤に着目して，国際環境や政党政治の推移について考察させる。

　イ　近代産業の発展と両大戦をめぐる国際情勢

　　(ｱ)　産業革命の進行，都市や村落の生活の変化と社会問題の発生，学問・文化の進展と教育の普及，大衆社会と大衆文化の形成に着目して，近代産業の発展と国民生活の変化について考察させる。

　　(ｲ)　諸国家間の対立や協調関係と日本の立場，国内の経済・社会の動向，アジア近隣諸国との関係に着目して，二つの世界大戦とその間の内外情勢の変化について考察させる。

　ウ　近代の追究

　　近代における政治や経済，国際環境，国民生活や文化の動向が相互に深くかかわっているという観点から，産業と生活，国際情勢と国民，地域社会の変化などについて，具体的な歴史的事象と関連させた適切な主題を設定して追究し表現する活動を通して，歴史的な見方や考え方を育てる。

(3) 現代の日本と世界

　第二次世界大戦後の政治や経済，国際環境，国民生活や文化の動向について，現代の諸課題と近現代の歴史との関連を重視して考察させる。

　ア　現代日本の政治と国際社会

　　占領政策と諸改革，新憲法の成立，平和条約と独立，国際交流や国際貢献の拡大などに着目して，我が国の再出発及びその後の政治や対外関係の推移について考察させる。

　イ　経済の発展と国民生活の変化

　　戦後の経済復興，高度経済成長と科学技術の発達，経済の国際化，生活意識や価値観の変化などに着目して，日本経済の発展と国民生活の変化について考察させる。

　ウ　現代からの探究

　　現代の社会やその諸課題が歴史的に形成されたものであるという観点から，近現代の歴史にかかわる身の回りの社会的事象と関連させた適切な主題を設定させ，資料を活用して探究し，その解決に向けた考えを表現する活動を通して，歴史的な見方や考え方を身に付

けさせる。
3 内容の取扱い
(1) 内容の全体にわたって，次の事項に配慮するものとする。
　ア　我が国の近現代の歴史の展開について国際環境や地理的条件などと関連付け，世界の中の日本という視点から考察させること。
　イ　1の目標に即して基本的な事項・事柄を精選して指導内容を構成すること。
　ウ　年表，地図その他の資料を一層活用させるとともに，地域の文化遺産，博物館や資料館の調査・見学などを取り入れるよう工夫すること。
　エ　国民生活や文化の動向については，地域社会の様子などと関連付けるとともに，衣食住や風習・信仰などの生活文化についても扱うようにすること。
(2) この科目の指導に当たっては，客観的かつ公正な資料に基づいて，事実の正確な理解に導くようにするとともに，多面的・多角的に考察し公正に判断する能力を育成するようにする。その際，核兵器などの脅威に着目させ，戦争を防止し，平和で民主的な国際社会を実現することが重要な課題であることを認識させる。
(3) 内容の取扱いに当たっては，次の事項に配慮するものとする。
　ア　内容の(1)については，この科目の導入として位置付けること。また，近代，現代などの時代区分の持つ意味，近現代の歴史の考察に有効な諸資料についても扱うこと。
　イ　内容の(2)のウ及び(3)のウについては，資料を活用して歴史を考察したりその結果を表現したりする技能を高めること。内容の(3)のウについては，この科目のまとめとして位置付けること。

第4　日本史B
1　目　標
　我が国の歴史の展開を諸資料に基づき地理的条件や世界の歴史と関連付けて総合的に考察させ，我が国の伝統と文化の特色についての認識を深めさせることによって，歴史的思考力を培い，国際社会に主体的に生きる日本国民としての自覚と資質を養う。
2　内　容
(1) 原始・古代の日本と東アジア
　原始社会の特色及び古代国家と社会や文化の特色について，国際環境と関連付けて考察させる。
　ア　歴史と資料
　　遺跡や遺物，文書など様々な歴史資料の特性に着目し，資料に基づいて歴史が叙述されていることなど歴史を考察する基本的な方法を理解させ，歴史への関心を高めるとともに，文化財保護の重要性に気付かせる。
　イ　日本文化の黎明と古代国家の形成
　　旧石器文化，縄文文化及び弥生文化の時代を経て，我が国において国家が形成され律令体制が確立する過程，隋・唐など東アジア世界との関係，古墳文化，天平文化に着目して，古代国家の形成と展開，文化の特色とその成立の背景について考察させる。
　ウ　古代国家の推移と社会の変化
　　東アジア世界との関係の変化，荘園・公領の動きや武士の台頭など諸地域の動向に着目して，古代国家の推移，文化の特色とその成立の背景及び中世社会の萌芽について考察させる。
(2) 中世の日本と東アジア
　中世国家と社会や文化の特色について，国際環境と関連付けて考察させる。
　ア　歴史の解釈
　　歴史資料を含む諸資料を活用して，歴史的事象の推移や変化，相互の因果関係を考察す

るなどの活動を通して，歴史の展開における諸事象の意味や意義を解釈させる。
　イ　中世国家の形成
　　武士の土地支配と公武関係，宋・元などとの関係，仏教の動向に着目して，中世国家の形成過程や社会の仕組み，文化の特色とその成立の背景について考察させる。
　ウ　中世社会の展開
　　日本の諸地域の動向，日明貿易など東アジア世界との関係，産業経済の発展，庶民の台頭と下剋上，武家文化と公家文化のかかわりや庶民文化の萌芽に着目して，中世社会の多様な展開，文化の特色とその成立の背景について考察させる。
(3) 近世の日本と世界
　　近世国家と社会や文化の特色について，国際環境と関連付けて考察させる。
　ア　歴史の説明
　　歴史的事象には複数の歴史的解釈が成り立つことに気付かせ，それぞれの根拠や論理を踏まえて，筋道立てて考えを説明させる。
　イ　近世国家の形成
　　ヨーロッパ世界との接触やアジア各地との関係，織豊政権と幕藩体制下の政治・経済基盤，身分制度の形成や儒学の役割，文化の特色に着目して，近世国家の形成過程とその特色や社会の仕組みについて考察させる。
　ウ　産業経済の発展と幕藩体制の変容
　　幕藩体制下の農業など諸産業や交通・技術の発展，町人文化の形成，欧米諸国のアジアへの進出，学問・思想の動きに着目して，近世の都市や農山漁村における生活や文化の特色とその成立の背景，幕藩体制の変容と近代化の基盤の形成について考察させる。
(4) 近代日本の形成と世界
　　近代国家の形成と社会や文化の特色について，国際環境と関連付けて考察させる。
　ア　明治維新と立憲体制の成立

　　開国と幕府の滅亡，文明開化など欧米の文化・思想の影響や国際環境の変化，自由民権運動と立憲体制の成立に着目して，明治維新以降の我が国の近代化の推進過程について考察させる。
　イ　国際関係の推移と立憲国家の展開
　　条約改正，日清・日露戦争とその前後のアジア及び欧米諸国との関係の推移に着目して，我が国の立憲国家としての展開について考察させる。
　ウ　近代産業の発展と近代文化
　　国民生活の向上と社会問題の発生，学問の発展や教育制度の拡充に着目して，近代産業の発展の経緯や近代文化の特色とその成立の背景について考察させる。
(5) 両世界大戦期の日本と世界
　　近代国家の展開と社会や文化の特色について，国際環境と関連付けて考察させる。
　ア　政党政治の発展と大衆社会の形成
　　政治や社会運動の動向，都市の発達と農山漁村の変化及び文化の大衆化に着目して，政党政治の発展，大衆社会の特色とその成立の背景について考察させる。
　イ　第一次世界大戦と日本の経済・社会
　　国際社会の中の日本の立場に着目して，第一次世界大戦前後の対外政策の推移や大戦が国内の経済・社会に及ぼした影響について考察させる。
　ウ　第二次世界大戦と日本
　　国際社会の動向，国内政治と経済の動揺，アジア近隣諸国との関係に着目して，対外政策の推移と戦時体制の強化など日本の動向と第二次世界大戦とのかかわりについて考察させる。
(6) 現代の日本と世界
　　現代の社会や国民生活の特色について，国際環境と関連付けて考察させ，世界の中での日本の立場について認識させる。

ア　現代日本の政治と国際社会

占領政策と諸改革，新憲法の成立，平和条約と独立，国際交流や国際貢献の拡大などに着目して，我が国の再出発及びその後の政治や対外関係の推移について考察させる。

イ　経済の発展と国民生活の変化

戦後の経済復興，高度経済成長と科学技術の発達，経済の国際化，生活意識や価値観の変化などに着目して，日本経済の発展と国民生活の変化について考察させる。

ウ　歴史の論述

社会と個人，世界の中の日本，地域社会の歴史と生活などについて，適切な主題を設定させ，資料を活用して探究し，考えを論述する活動を通して，歴史的な見方や考え方を身に付けさせる。

3　内容の取扱い

(1) 内容の全体にわたって，次の事項に配慮するものとする。

ア　我が国の歴史と文化について各時代の国際環境や地理的条件などと関連付け，世界の中の日本という視点から考察させること。

イ　1の目標に即して基本的な事項・事柄を精選して指導内容を構成すること。その際，各時代の特色を総合的に考察する学習及び前後の時代を比較してその移り変わりを考察する学習それぞれの充実を図ること。

ウ　年表，地図その他の資料を一層活用させるとともに，地域の文化遺産，博物館や資料館の調査・見学などを取り入れるよう工夫すること。

エ　文化に関する指導に当たっては，各時代の文化とそれを生み出した時代的背景との関連，外来の文化などとの接触や交流による文化の変容や発展の過程などに着目させ，我が国の伝統と文化の特色とそれを形成した様々な要因を総合的に考察させるようにすること。衣食住や風習・信仰などの生活文化についても，時代の特色や地域社会の様子などと関連付け，民俗学や考古学などの成果の活用を図りながら扱うようにすること。

オ　地域社会の歴史と文化について扱うようにするとともに，祖先が地域社会の向上と文化の創造や発展に努力したことを具体的に理解させ，それらを尊重する態度を育てるようにすること。

(2) 内容の取扱いに当たっては，次の事項に配慮するものとする。

ア　内容の(1)のア，(2)のア，(3)のア，(6)のウを通じて，資料を活用して歴史を考察したりその結果を表現したりする技能を段階的に高めていくこと。様々な資料の特性に着目させ複数の資料の活用を図って，資料に対する批判的な見方を養うとともに，因果関係を考察させたり解釈の多様性に気付かせたりすること。

イ　内容の(1)のアについては，この科目の導入として位置付けること。内容の(2)のア及び(3)のアについては，原則として各時代の学習内容と関連させて適切な時期に実施すること。内容の(6)のウについては，この科目のまとめとして位置付けること。

(3) 近現代史の指導に当たっては，客観的かつ公正な資料に基づいて，事実の正確な理解に導くようにするとともに，多面的・多角的に考察し公正に判断する能力を育成するようにする。

その際，核兵器などの脅威に着目させ，戦争を防止し，平和で民主的な国際社会を実現することが重要な課題であることを認識させる。

第5　地理A

1　目　標

現代世界の地理的な諸課題を地域性や歴史的背景，日常生活との関連を踏まえて考察し，

現代世界の地理的認識を養うとともに、地理的な見方や考え方を培い、国際社会に主体的に生きる日本国民としての自覚と資質を養う。

2 内容

(1) 現代世界の特色と諸課題の地理的考察

世界諸地域の生活・文化及び地球的課題について、地域性や歴史的背景を踏まえて考察し、現代世界の地理的認識を深めるとともに、地理的技能及び地理的な見方や考え方を身に付けさせる。

ア 地球儀や地図からとらえる現代世界

地球儀と世界地図との比較、様々な世界地図の読図などを通して、地理的技能を身に付けさせるとともに、方位や時差、日本の位置と領域、国家間の結び付きなどについてとらえさせる。

イ 世界の生活・文化の多様性

世界諸地域の生活・文化を地理的環境や民族性と関連付けてとらえ、その多様性について理解させるとともに、異文化を理解し尊重することの重要性について考察させる。

ウ 地球的課題の地理的考察

環境、資源・エネルギー、人口、食料及び居住・都市問題を地球的及び地域的視野からとらえ、地球的課題は地域を越えた課題であるとともに地域によって現れ方が異なっていることを理解させ、それらの課題の解決には持続可能な社会の実現を目指した各国の取組や国際協力が必要であることについて考察させる。

(2) 生活圏の諸課題の地理的考察

生活圏の諸課題について、地域性や歴史的背景を踏まえて考察し、地理的技能及び地理的な見方や考え方を身に付けさせる。

ア 日常生活と結び付いた地図

身の回りにある様々な地図の収集や地形図の読図、目的や用途に適した地図の作成などを通して、地理的技能を身に付けさせる。

イ 自然環境と防災

我が国の自然環境の特色と自然災害とのかかわりについて理解させるとともに、国内にみられる自然災害の事例を取り上げ、地域性を踏まえた対応が大切であることなどについて考察させる。

ウ 生活圏の地理的な諸課題と地域調査

生活圏の地理的な諸課題を地域調査やその結果の地図化などによってとらえ、その解決に向けた取組などについて探究する活動を通して、日常生活と結び付いた地理的技能及び地理的な見方や考え方を身に付けさせる。

3 内容の取扱い

(1) 内容の全体にわたって、次の事項に配慮するものとする。

ア 1の目標に即して基本的な事項・事柄を精選して指導内容を構成すること。

イ 地理的な見方や考え方及び地図の読図や作図、衛星画像や空中写真、景観写真の読み取りなど地理的技能を身に付けることができるよう系統性に留意して計画的に指導すること。その際、教科用図書「地図」を十分に活用するとともに、地図や統計などの地理情報の収集・分析には、情報通信ネットワークや地理情報システムなどの活用を工夫すること。

ウ 地図を有効に活用して事象を説明したり、自分の解釈を加えて論述したり、討論したりするなどの活動を充実させること。

エ 学習過程で政治、経済、生物、地学的な事象なども必要に応じて扱うことができるが、それらは空間的な傾向性や諸地域の特色を理解するのに必要な程度とすること。

オ 各項目の内容に応じて日本を含めて扱うとともに、日本と比較し関連付けて考察させること。

(2) 内容の取扱いに当たっては、次の事項に配慮するものとする。

ア 内容の(1)については、次の事項に留意す

ること。

(ア) アについては，球面上の世界のとらえ方に慣れ親しませるよう工夫すること。日本の位置と領域については，世界的視野から日本の位置をとらえるとともに，日本の領域をめぐる問題にも触れること。また，国家間の結び付きについては，世界の国家群，貿易，交通・通信，観光の現状と動向に関する諸事象を様々な主題図などを基にとらえさせ，地理情報の活用の方法が身に付くよう工夫すること。

(イ) イについては，世界諸地域の生活・文化について世界を広く大観する学習と事例地域を通して考察する学習を組み合わせて扱うこと。その際，生活と宗教のかかわりなどについて考察させるとともに，日本との共通性や異質性に着目させ，異なる習慣や価値観などをもっている人々と共存していくことの意義に気付かせること。

(ウ) ウについては，地球的課題ごとに世界を広く大観する学習と具体例を通して考察する学習を組み合わせて扱うこと。その際，環境，資源・エネルギー，人口，食料及び居住・都市問題は，それぞれ相互に関連し合っていることに留意して取扱いを工夫すること。

イ 内容の(2)については，次の事項に留意すること。

(ア) アからウまでの項目については，地図の読図や作図などを主とした作業的，体験的な学習を取り入れるとともに，各項目を関連付けて地理的技能が身に付くよう工夫すること。

(イ) アについては，日常生活の中でみられる様々な地図を取り上げ，目的や用途に適した地図表現の工夫などについて理解させ，日常生活と結び付いた地図の役割とその有用性について認識させるよう工夫すること。

(ウ) イについては，日本では様々な自然災害が多発することから，早くから自然災害への対応に努めてきたことなどを具体例を通して取り扱うこと。その際，地形図やハザードマップなどの主題図の読図など，日常生活と結び付いた地理的技能を身に付けさせるとともに，防災意識を高めるよう工夫すること。

(エ) ウについては，生徒の特性や学校所在地の事情等を考慮し，地域調査を実施し，その方法が身に付くよう工夫すること。その際，これまでの学習成果を活用すること。

第6 地理B

1 目標

現代世界の地理的事象を系統地理的に，現代世界の諸地域を歴史的背景を踏まえて地誌的に考察し，現代世界の地理的認識を養うとともに，地理的な見方や考え方を培い，国際社会に主体的に生きる日本国民としての自覚と資質を養う。

2 内容

(1) 様々な地図と地理的技能

地球儀や様々な地図の活用及び地域調査などの活動を通して，地図の有用性に気付かせるとともに，地理的技能を身に付けさせる。

ア 地理情報と地図

地球儀の活用，様々な時代や種類の世界地図の読図，地理情報の地図化などの活動を通して，各時代の人々の世界観をとらえさせるとともに，地図の有用性に気付かせ，現代世界の地理的事象をとらえる地理的技能を身に付けさせる。

イ 地図の活用と地域調査

直接的に調査できる地域を地図を活用して多面的・多角的に調査し，生活圏の地域的特色をとらえる地理的技能を身に付けさせる。

(2) 現代世界の系統地理的考察

世界の自然環境，資源，産業，人口，都市・村落，生活文化，民族・宗教に関する諸事象

の空間的な規則性，傾向性やそれらの要因などを系統地理的に考察させるとともに，現代世界の諸課題について地球的視野から理解させる。

　ア　自然環境

　　世界の地形，気候，植生などに関する諸事象を取り上げ，それらの分布や人間生活とのかかわりなどについて考察させるとともに，現代世界の環境問題を大観させる。

　イ　資源，産業

　　世界の資源・エネルギーや農業，工業，流通，消費などに関する諸事象を取り上げ，それらの分布や動向などについて考察させるとともに，現代世界の資源・エネルギー，食料問題を大観させる。

　ウ　人口，都市・村落

　　世界の人口，都市・村落などに関する諸事象を取り上げ，それらの分布や動向などについて考察させるとともに，現代世界の人口，居住・都市問題を大観させる。

　エ　生活文化，民族・宗教

　　世界の生活文化，民族・宗教に関する諸事象を取り上げ，それらの分布や民族と国家の関係などについて考察させるとともに，現代世界の民族，領土問題を大観させる。

(3)　現代世界の地誌的考察

　　現代世界の諸地域を多面的・多角的に考察し，各地域の多様な特色や課題を理解させるとともに，現代世界を地誌的に考察する方法を身に付けさせる。

　ア　現代世界の地域区分

　　現代世界を幾つかの地域に区分する方法や地域の概念，地域区分の意義を理解させるとともに，その有用性に気付かせる。

　イ　現代世界の諸地域

　　現代世界の諸地域を取り上げ，歴史的背景を踏まえて多面的・多角的に地域の変容や構造を考察し，それらの地域にみられる地域的特色や地球的課題について理解させるとともに，地誌的に考察する方法を身に付けさせる。

　ウ　現代世界と日本

　　現代世界における日本の国土の特色について多面的・多角的に考察し，我が国が抱える地理的な諸課題を探究する活動を通して，その解決の方向性や将来の国土の在り方などについて展望させる。

3　内容の取扱い

(1)　内容の全体にわたって，次の事項に配慮するものとする。

　ア　1の目標に即して基本的な事項・事柄を精選して指導内容を構成すること。

　イ　地理的な見方や考え方及び地図の読図や作図，衛星画像や空中写真，景観写真の読み取りなど地理的技能を身に付けることができるよう系統性に留意して計画的に指導すること。その際，教科用図書「地図」を十分に活用するとともに，地図や統計などの地理情報の収集・分析には，情報通信ネットワークや地理情報システムなどの活用を工夫すること。

　ウ　地図を有効に活用して事象を説明したり，自分の解釈を加えて論述したり，討論したりするなどの活動を充実させること。

　エ　学習過程で政治，経済，生物，地学的な事象なども必要に応じて扱うことができるが，それらは空間的な傾向性や諸地域の特色を理解するのに必要な程度とすること。

　オ　各項目の内容に応じて日本を含めて扱うとともに，日本と比較し関連付けて考察させること。

(2)　内容の取扱いに当たっては，次の事項に配慮するものとする。

　ア　内容の(1)については，次の事項に留意すること。

　　(ア)　地球儀や地図の活用，観察や調査，統計，画像，文献などの地理情報の収集，選択，処理，諸資料の地理情報化や地図化などの作

業的，体験的な学習を取り入れるとともに，各項目を関連付けて地理的技能が身に付くよう工夫すること。

(イ) アについては，地理的認識を深める上で地図を活用することが大切であることを理解させるとともに，地図に関する基礎的・基本的な知識や技能を習得することができるよう工夫すること。

(ウ) イについては，生徒の特性や学校所在地の事情等を考慮し，地域調査を実施し，その方法が身に付くよう工夫すること。

イ 内容の(2)については，分析，考察の過程を重視し，現代世界を系統地理的にとらえる視点や考察方法が身に付くよう工夫すること。エについては，領土問題の現状や動向を扱う際に日本の領土問題にも触れること。

ウ 内容の(3)については，次の事項に留意すること。

(ア) ア及びイについては，内容の(1)及び(2)の学習成果を活用するよう工夫すること。

(イ) アについては，現代世界が自然，政治，経済，文化などの指標によって様々に地域区分できることに着目させ，それらを比較対照させることによって，地域の概念，地域区分の意義などを理解させるようにすること。

(ウ) イについては，アで学習した地域区分を踏まえるとともに，様々な規模の地域を世界全体から偏りなく取り上げるようにすること。また，取り上げた地域の多様な事象を項目ごとに整理して考察する地誌，取り上げた地域の特色ある事象と他の事象を有機的に関連付けて考察する地誌，対照的又は類似的な性格の二つの地域を比較して考察する地誌の考察方法を用いて学習できるよう工夫すること。

(エ) ウについては，この科目のまとめとして位置付けること。

第3款 各科目にわたる指導計画の作成と内容の取扱い

1 指導計画の作成に当たっては，次の事項に配慮するものとする。
 (1) 地理歴史科の目標を達成するため，教科全体として調和のとれた指導が行われるよう，適切に留意すること。
 (2) 中学校社会科及び公民科との関連並びに地理歴史科に属する科目相互の関連に留意すること。
2 各科目の指導に当たっては，次の事項に配慮するものとする。
 (1) 情報を主体的に活用する学習活動を重視するとともに，作業的，体験的な学習を取り入れるよう配慮すること。そのため，地図や年表を読みかつ作成すること，各種の統計，年鑑，白書，画像，新聞，読み物その他の資料を収集・選択し，それらを読み取り解釈すること，観察，見学及び調査・研究したことを発表したり報告書にまとめたりすることなど様々な学習活動を取り入れること。また，生徒が資料を適切に活用し，諸事象を公正に判断することができるようにすること。
 (2) 資料の収集，処理や発表などに当たっては，コンピュータや情報通信ネットワークなどを積極的に活用するとともに，生徒が主体的に情報手段を活用できるようにすること。その際，情報モラルの指導にも留意すること。
3 内容の指導に当たっては，教育基本法第14条及び第15条の規定に基づき，適切に行うよう特に慎重に配慮して，政治及び宗教に関する教育を行うものとする。

第3節 公 民

第1款 目 標

広い視野に立って，現代の社会について主体的に考察させ，理解を深めさせるとともに，人間としての在り方生き方についての自覚を育て，平和

で民主的な国家・社会の有為な形成者として必要な公民としての資質を養う。

第2款　各科目
第1　現代社会
1　目標
　人間の尊重と科学的な探究の精神に基づいて，広い視野に立って，現代の社会と人間についての理解を深めさせ，現代社会の基本的な問題について主体的に考察し公正に判断するとともに自ら人間としての在り方生き方について考察する力の基礎を養い，良識ある公民として必要な能力と態度を育てる。

2　内容
(1) 私たちの生きる社会
　現代社会における諸課題を扱う中で，社会の在り方を考察する基盤として，幸福，正義，公正などについて理解させるとともに，現代社会に対する関心を高め，いかに生きるかを主体的に考察することの大切さを自覚させる。

(2) 現代社会と人間としての在り方生き方
　現代社会について，倫理，社会，文化，政治，法，経済，国際社会など多様な角度から理解させるとともに，自己とのかかわりに着目して，現代社会に生きる人間としての在り方生き方について考察させる。

　ア　青年期と自己の形成
　生涯における青年期の意義を理解させ，自己実現と職業生活，社会参加，伝統や文化に触れながら自己形成の課題を考察させ，現代社会における青年の生き方について自覚を深めさせる。

　イ　現代の民主政治と政治参加の意義
　基本的人権の保障，国民主権，平和主義と我が国の安全について理解を深めさせ，天皇の地位と役割，議会制民主主義と権力分立など日本国憲法に定める政治の在り方について国民生活とのかかわりから認識を深めさせるとともに，民主政治における個人と国家について考察させ，政治参加の重要性と民主社会において自ら生きる倫理について自覚を深めさせる。

　ウ　個人の尊重と法の支配
　個人の尊重を基礎として，国民の権利の保障，法の支配と法や規範の意義及び役割，司法制度の在り方について日本国憲法と関連させながら理解を深めさせるとともに，生命の尊重，自由・権利と責任・義務，人間の尊厳と平等などについて考察させ，他者と共に生きる倫理について自覚を深めさせる。

　エ　現代の経済社会と経済活動の在り方
　現代の経済社会の変容などに触れながら，市場経済の機能と限界，政府の役割と財政・租税，金融について理解を深めさせ，経済成長や景気変動と国民福祉の向上の関連について考察させる。また，雇用，労働問題，社会保障について理解を深めさせるとともに，個人や企業の経済活動における役割と責任について考察させる。

　オ　国際社会の動向と日本の果たすべき役割
　グローバル化が進展する国際社会における政治や経済の動向に触れながら，人権，国家主権，領土に関する国際法の意義，人種・民族問題，核兵器と軍縮問題，我が国の安全保障と防衛及び国際貢献，経済における相互依存関係の深まり，地域的経済統合，南北問題など国際社会における貧困や格差について理解させ，国際平和，国際協力や国際協調を推進する上での国際的な組織の役割について認識させるとともに，国際社会における日本の果たすべき役割及び日本人の生き方について考察させる。

(3) 共に生きる社会を目指して
　持続可能な社会の形成に参画するという

観点から課題を探究する活動を通して，現代社会に対する理解を深めさせるとともに，現代に生きる人間としての在り方生き方について考察を深めさせる。

3 内容の取扱い

(1) 内容の全体にわたって，次の事項に配慮するものとする。

ア 中学校社会科及び道徳並びに公民科に属する他の科目，地理歴史科，家庭科，情報科及び特別活動などとの関連を図るとともに，項目相互の関連に留意しながら，全体としてのまとまりを工夫し，特定の事項だけに偏らないようにすること。

イ 社会的事象は相互に関連し合っていることに留意し，社会的事象に対する関心をもって多様な角度から考察させるとともに，できるだけ総合的にとらえることができるようにすること。また，生徒が自己の生き方にかかわって主体的に考察できるよう学習指導の展開を工夫すること。

ウ 1の目標に即して基本的な事項・事柄を精選して指導内容を構成すること。

エ 的確な資料に基づいて，社会的事象に対する客観的かつ公正なものの見方や考え方を育成するとともに，学び方の習得を図ること。その際，統計などの資料の見方やその意味，情報の検索や処理の仕方，簡単な社会調査の方法などについて指導するよう留意すること。また，学習の過程で考察したことや学習の成果を適切に表現させるよう留意すること。

(2) 内容の取扱いに当たっては，次の事項に配慮するものとする。

ア 内容の(1)については，次の事項に留意すること。

(ｱ) 内容の(1)は，この科目の導入として位置付けること。

(ｲ) 「現代社会における諸課題」としては，生命，情報，環境などを扱うこと。

イ 内容の(2)については，次の事項に留意すること。

(ｱ) 項目ごとに課題を設定し，内容の(1)で取り上げた幸福，正義，公正などを用いて考察させること。

(ｲ) アの「生涯における青年期の意義」と「自己形成の課題」については，生涯にわたる学習の意義についても考察させること。また，男女が共同して社会に参画することの重要性にも触れること。

(ｳ) イについては，地方自治に触れながら政治と生活との関連について認識を深めさせること。「政治参加の重要性」については，世論の形成の意義についても理解させること。

また，「民主社会において自ら生きる倫理」については，個人と社会との関係に着目して考察させること。

(ｴ) ウについては，法に関する基本的な見方や考え方を身に付けさせるとともに裁判員制度についても扱うこと。

(ｵ) エの「市場経済の機能と限界」については，経済活動を支える私法に関する基本的な考え方についても触れること。「金融」については，金融制度や資金の流れの変化などにも触れること。また，「個人や企業の経済活動における役割と責任」については，公害の防止と環境保全，消費者に関する問題などについても触れること。

(ｶ) オの「人種・民族問題」については，文化や宗教の多様性についても触れ，それぞれの固有の文化などを尊重する寛容の態度を養うこと。

ウ 内容の(3)については，この科目のまとめとして位置付け，内容の(1)及び(2)で学習した成果を活用させること。地域や学校，生徒の実態等に応じて課題を設定し，個人と社会の関係，社会と社会の関係，現役世代と将来世

代の関係のいずれかに着目させること。

第2 倫理

1 目標

人間尊重の精神と生命に対する畏敬の念に基づいて，青年期における自己形成と人間としての在り方生き方について理解と思索を深めさせるとともに，人格の形成に努める実践的意欲を高め，他者と共に生きる主体としての自己の確立を促し，良識ある公民として必要な能力と態度を育てる。

2 内容

(1) 現代に生きる自己の課題

自らの体験や悩みを振り返ることを通して，青年期の意義と課題を理解させ，豊かな自己形成に向けて，他者と共に生きる自己の生き方について考えさせるとともに，自己の生き方が現代の倫理的課題と結び付いていることをとらえさせる。

(2) 人間としての在り方生き方

自己の生きる課題とのかかわりにおいて，先哲の基本的な考え方を手掛かりとして，人間の存在や価値について思索を深めさせる。

　ア　人間としての自覚

人生における哲学，宗教，芸術のもつ意義などについて理解させ，人間の存在や価値にかかわる基本的な課題について思索させることを通して，人間としての在り方生き方について考えを深めさせる。

　イ　国際社会に生きる日本人としての自覚

日本人にみられる人間観，自然観，宗教観などの特質について，我が国の風土や伝統，外来思想の受容に触れながら，自己とのかかわりにおいて理解させ，国際社会に生きる主体性のある日本人としての在り方生き方について自覚を深めさせる。

(3) 現代と倫理

現代に生きる人間の倫理的課題について思索を深めさせ，自己の生き方の確立を促すとともに，よりよい国家・社会を形成し，国際社会に主体的に貢献しようとする人間としての在り方生き方について自覚を深めさせる。

　ア　現代に生きる人間の倫理

人間の尊厳と生命への畏敬，自然や科学技術と人間とのかかわり，民主社会における人間の在り方，社会参加と奉仕，自己実現と幸福などについて，倫理的な見方や考え方を身に付けさせ，他者と共に生きる自己の生き方にかかわる課題として考えを深めさせる。

　イ　現代の諸課題と倫理

生命，環境，家族，地域社会，情報社会，文化と宗教，国際平和と人類の福祉などにおける倫理的課題を自己の課題とつなげて探究する活動を通して，論理的思考力や表現力を身に付けさせるとともに，現代に生きる人間としての在り方生き方について自覚を深めさせる。

3 内容の取扱い

(1) 内容の全体にわたって，次の事項に配慮するものとする。

　ア　中学校社会科及び道徳並びに公民科に属する他の科目，地理歴史科，家庭科，情報科及び特別活動などとの関連を図るとともに，全体としてのまとまりを工夫し，特定の事項だけに偏らないようにすること。

　イ　先哲の基本的な考え方を取り上げるに当たっては，内容と関連が深く生徒の発達や学習段階に適した代表的な先哲の言説等を精選すること。また，生徒自らが人生観，世界観を確立するための手掛かりを得させるよう様々な工夫を行うこと。

(2) 内容の取扱いに当たっては，次の事項に配慮するものとする。

　ア　内容の(1)については，この科目の導入として位置付け，生徒自身の課題を他者，集団や社会，生命や自然などとのかかわりを視点

として考えさせ，以後の学習への意欲を喚起すること。
イ　内容の(2)については，次の事項に留意すること。
　(ｱ)　アについては，ギリシアの思想，キリスト教，イスラム教，仏教，儒教などの基本的な考え方を代表する先哲の思想，芸術家とその作品を，倫理的な観点を明確にして取り上げるなど工夫すること。
　(ｲ)　イについては，古来の日本人の考え方や代表的な日本の先哲の思想を手掛かりにして，自己の課題として学習させること。
ウ　内容の(3)については，次の事項に留意すること。
　(ｱ)　アについては，倫理的な見方や考え方を身に付けさせ，自己の課題として考えを深めていく主体的な学習への意欲を喚起すること。
　(ｲ)　イについては，アの学習を基礎として，学校や生徒の実態等に応じて課題を選択し，主体的に探究する学習を行うよう工夫すること。その際，イに示された倫理的課題が相互に関連していることを踏まえて，学習が効果的に展開するよう留意するとともに，論述したり討論したりするなどの活動を通して，自己の確立を促すよう留意すること。

第3　政治・経済

1　目標
広い視野に立って，民主主義の本質に関する理解を深めさせ，現代における政治，経済，国際関係などについて客観的に理解させるとともに，それらに関する諸課題について主体的に考察させ，公正な判断力を養い，良識ある公民として必要な能力と態度を育てる。

2　内容
(1)　現代の政治
　現代の日本の政治及び国際政治の動向について関心を高め，基本的人権と議会制民主主義を尊重し擁護することの意義を理解させるとともに，民主政治の本質について把握させ，政治についての基本的な見方や考え方を身に付けさせる。
　ア　民主政治の基本原理と日本国憲法
　　日本国憲法における基本的人権の尊重，国民主権，天皇の地位と役割，国会，内閣，裁判所などの政治機構を概観させるとともに，政治と法の意義と機能，基本的人権の保障と法の支配，権利と義務の関係，議会制民主主義，地方自治などについて理解させ，民主政治の本質や現代政治の特質について把握させ，政党政治や選挙などに着目して，望ましい政治の在り方及び主権者としての政治参加の在り方について考察させる。
　イ　現代の国際政治
　　国際社会の変遷，人権，国家主権，領土などに関する国際法の意義，国際連合をはじめとする国際機構の役割，我が国の安全保障と防衛及び国際貢献について理解させ，国際政治の特質や国際紛争の諸要因について把握させ，国際平和と人類の福祉に寄与する日本の役割について考察させる。

(2)　現代の経済
　現代の日本経済及び世界経済の動向について関心を高め，日本経済のグローバル化をはじめとする経済生活の変化，現代経済の仕組みや機能について理解させるとともに，その特質を把握させ，経済についての基本的な見方や考え方を身に付けさせる。
　ア　現代経済の仕組みと特質
　　経済活動の意義，国民経済における家計，企業，政府の役割，市場経済の機能と限界，物価の動き，経済成長と景気変動，財政の仕組みと働き及び租税の意義と役割，金融の仕組みと働きについて理解させ，現代経済の特質について把握させ，経済活動の在り方と福

社の向上との関連を考察させる。
　イ　国民経済と国際経済
　　貿易の意義，為替相場や国際収支の仕組み，国際協調の必要性や国際経済機関の役割について理解させ，グローバル化が進む国際経済の特質について把握させ，国際経済における日本の役割について考察させる。
(3)　現代社会の諸課題
　　政治や経済などに関する基本的な理解を踏まえ，持続可能な社会の形成が求められる現代社会の諸課題を探究する活動を通して，望ましい解決の在り方について考察を深めさせる。
　ア　現代日本の政治や経済の諸課題
　　少子高齢社会と社会保障，地域社会の変貌と住民生活，雇用と労働を巡る問題，産業構造の変化と中小企業，農業と食料問題などについて，政治と経済とを関連させて探究させる。
　イ　国際社会の政治や経済の諸課題
　　地球環境と資源・エネルギー問題，国際経済格差の是正と国際協力，人種・民族問題と地域紛争，国際社会における日本の立場と役割などについて，政治と経済とを関連させて探究させる。
3　内容の取扱い
(1)　内容の全体にわたって，次の事項に配慮するものとする。
　ア　中学校社会科，公民科に属する他の科目，地理歴史科，家庭科及び情報科などとの関連を図るとともに，全体としてのまとまりを工夫し，特定の事項だけに偏らないようにすること。
　イ　1の目標に即して基本的な事項・事柄を精選して指導内容を構成すること。また，客観的な資料と関連させて政治や経済の諸課題を考察させるとともに，政治や経済についての公正かつ客観的な見方や考え方を深めさせること。
　ウ　政治や経済について考察した過程や結果について適切に表現する能力と態度を育てるようにすること。
(2)　内容の取扱いに当たっては，次の事項に配慮するものとする。
　ア　内容の(1)については，次の事項に留意すること。
　　(ｱ)　アの「法の意義と機能」，「基本的人権の保障と法の支配」，「権利と義務の関係」については，法に関する基本的な見方や考え方を身に付けさせるとともに，裁判員制度を扱うこと。「民主政治の本質」については，世界の主な政治体制と関連させて扱うこと。また，「現代政治の特質」については，世論形成などについて具体的事例を取り上げて扱い，主権者としての政治に対する関心を高めることに留意すること。
　　(ｲ)　イについては，文化や宗教の多様性についても理解させること。また，「国際紛争の諸要因」については，多様な角度から考察させるとともに，軍縮や核兵器廃絶などに関する国際的な取組についても扱うこと。
　イ　内容の(2)については，次の事項に留意すること。
　　アについては，マクロ経済の観点を中心に扱うこと。「市場経済の機能と限界」については，公害防止と環境保全，消費者に関する問題も扱うこと。また，「金融の仕組みと働き」については，金融に関する環境の変化にも触れること。
　ウ　内容の(3)については，次の事項に留意すること。
　　(ｱ)　内容の(3)については，この科目のまとめとして位置付け，内容の(1)及び(2)で学習した成果を生かし，地域や学校，生徒の実態等に応じて，ア及びイのそれぞれにおい

て課題を選択させること。その際,政治や経済の基本的な概念や理論の理解の上に立って,事実に基づいて多様な角度から探究し,理論と現実との相互関連を理解させること。

(イ) アについては,国際社会の動向に着目させたり,諸外国における取組なども参考にさせたりすること。

第3款 各科目にわたる内容の取扱い

1 各科目の指導に当たっては,次の事項に配慮するものとする。

(1) 情報を主体的に活用する学習活動を重視するとともに,作業的,体験的な学習を取り入れるよう配慮すること。そのため,各種の統計,年鑑,白書,新聞,読み物,地図その他の資料を収集,選択し,それらを読み取り解釈すること,観察,見学及び調査・研究したことを発表したり報告書にまとめたりすることなど様々な学習活動を取り入れること。

(2) 資料の収集,処理や発表などに当たっては,コンピュータや情報通信ネットワークなどを積極的に活用するとともに,生徒が主体的に情報手段を活用できるようにすること。その際,情報モラルの指導にも留意すること。

2 内容の指導に当たっては,教育基本法第14条及び第15条の規定に基づき,適切に行うよう特に慎重に配慮して,政治及び宗教に関する教育を行うものとする。

編著者紹介

臼井　嘉一（うすい　よしかず）
　　1945年　富山県生まれ
　　福島大学名誉教授，元国士舘大学教授
　　主要著書　『戦後歴史教育と社会科』岩崎書店
　　　　　　　『社会科カリキュラム論研究序説』学文社
　　　　　　　『シティズンシップ教育の展望』ルック，ほか

柴田　義松（しばた　よしまつ）
　　1930年　愛知県生まれ
　　東京大学名誉教授，日本教育方法学会常任理事
　　主要著書　『21世紀を拓く教授学』明治図書
　　　　　　　『批判的思考力を育てる―授業と学習集団の実践』
　　　　　　　日本標準，ほか

〈新版〉社会・地歴・公民科教育法　　　　　　◎検印省略

1999年 4月 5日　第一版第一刷発行
2008年 3月31日　第一版第九刷発行
2009年 4月10日　新版第一刷発行
2014年 8月 5日　新版第六刷発行

編著者　臼井　嘉一
　　　　柴田　義松

発行者　田中　千津子
　　　〒153-0064　東京都目黒区下目黒3-6-1
発行所　株式会社 学文社
　　　電話　03（3715）1501（代）
　　　FAX　03（3715）2012
　　　http://www.gakubunsha.com

© Y. Usui/Y. Shibata 1999　　　　印刷　㈱新製版

乱丁・落丁の場合は本社でお取替えします。
定価は売上カード，カバーに表示。

ISBN978-4-7620-1957-9